罗亭 \ 贵族之家

［俄］屠格涅夫 著
戴 骢 译

文匯出版社

图书在版编目（CIP）数据

罗亭 贵族之家/（俄罗斯）屠格涅夫著；戴骢译. —上海：文汇出版社，2015.7
（文汇名译名著）
ISBN 978-7-5496-1395-3

Ⅰ.①罗… Ⅱ.①屠… ②戴… Ⅲ.①长篇小说—小说集－俄罗斯—近代 Ⅳ.①I512.44

中国版本图书馆CIP数据核字（2015）第009323号

主　　编／桂国强
执行主编／张　衍

○文汇名译名著○

罗亭　贵族之家

作　　者／［俄］屠格涅夫
译　　者／戴　骢
责任编辑／戴　铮
特约编辑／徐明中
装帧设计／王　翔

出版发行／**文汇**出版社
上海市威海路755号
（邮政编码200041）
经　　销／全国新华书店
排　　版／上海歆乐文化传播有限公司
印刷装订／上海中华商务联合印刷有限公司
版　　次／2015年7月第1版
印　　次／2015年7月第1次印刷
开　　本／890×1240　1/32
字　　数／200千
印　　张／10.375

书　　号／ISBN 978-7-5496-1395-3
定　　价／40.00元

序

桂国强

经过编辑团队的不懈努力,汇集了国外优秀文学名著的《文汇名译名著》第一辑十卷本终于与广大读者见面了。欣慰之余,不由得想起一位学者曾经说过的一句话:"优秀的文学是全人类的。"确实,作为一家为诸多读者所喜爱的出版社,我们理应将各个时期、各个国家和民族最优秀的文学作品奉献给中国的读者,共享人类的精神财富。

我们之所以将丛书定名为《文汇名译名著》,在很大程度上是藉以表达我们对那些为翻译事业作出巨大贡献的翻译家由衷的敬意。我们认为,要让中国读者最精准地读懂、理解一部外国名著,尽管名著中精彩的故事情节、场景描写、优美意境……如果没有翻译家高超的翻译水准和忘我的工作状态,那无疑是不可思议的。屈指数来,在中国,举凡在读者中影响巨大、脍炙人口的外国文学名著,几乎每一部都倾注着翻译家们的汗水与智慧!

《文汇名译名著》丛书是一个开放的系列,我们将不定期、规模化地推出由我国著名翻译家翻译的包括英语、法语、德语、俄语、西班牙语、日语等各种语言、各个国家的文学名著,适时奉献给读者。在策划、组稿、编辑的过程中,得到了许多翻译家及其家属的热情指导与大力支持,在此,谨向他们表示深深的敬意和衷心的感谢!

是为序。

(作者为中国出版协会理事,中国作家协会会员,文汇出版社社长、总编辑、编审,本丛书主编)

罗亭 贵族之家 目次

罗亭 /1

贵族之家 /145

译后漫笔 /325

罗 亭

一

那是一个恬静的夏晨。初阳已高悬在澄碧的天空,可田野里还闪烁着朝露,从刚刚睡醒不久的山谷里拂来阵阵幽香的凉风,在露珠犹泫、尚无喧声的树林里,只有早起的鸟雀在啁啾欢唱。坡势平缓的山坡上,到处都是刚刚扬花的黑麦,山坡顶上有个小小的村子。一个穿白色薄纱长裙、戴圆草帽、撑遮阳伞的少妇,正沿着狭窄的乡间小径向小村走去,一名小厮远远地跟随在她身后。

她款款地走着,像是在享受漫步的乐趣。周遭摇曳着高高的黑麦,长长的麦浪发出柔和的沙沙声,此起彼伏,时而泛出银绿色的波光,时而又幻化成淡红色的光影;云雀在高空流啭。少妇从她家的村庄出来,那个村庄离她正要去的小村不到一俄里①。她名叫亚历山德拉·帕夫洛夫娜·利平娜,是个富孀,膝下没有子女,和她弟弟、退役骑兵上尉谢尔盖·帕夫雷奇·沃伦采夫住在一起。她弟弟没有妻室,替她管理田产。

亚历山德拉·帕夫洛夫娜走到村头一幢窳陋、低矮的农舍前,喊来小厮,让他进屋去问候女主人的病况。不一会儿,小厮便由一个胡子雪白、老态龙钟的农夫陪着走了出来。

"喂,她怎么样?"亚历山德拉·帕夫洛夫娜问。

"她还活着……"老头答道。

"可以进屋吗?"

"怎么不可以?可以。"

亚历山德拉·帕夫洛夫娜走进农舍。屋内又小,又烟,又闷……火炕上有人动了动,呻吟起来。亚历山德拉·帕夫洛夫娜打量了一下屋内,在昏暗中看到了一张老婆子满是皱纹的蜡黄的脸。老婆子包着

---

① 一俄里合 1.06 公里。

方格头巾,齐胸盖着一件沉甸甸的粗呢大衣,压得她气都喘不过来,她无力地摊开两只枯瘦的手。

亚历山德拉·帕夫洛夫娜走到老婆子跟前,用手指按了按她的前额……额头烧得滚烫。

"马特廖娜,你觉得怎么样?"她俯下身去问炕上的老婆子。

"哎哟,"老婆子两眼盯着亚历山德拉·帕夫洛夫娜,呻吟了一声,"好太太,我不行了,不行了,眼看就要死了,亲爱的太太!"

"马特廖娜,上帝是慈悲的,你的病也许会好,我让人送来的药,你吃了吗?"

老婆子难受地哼哼着,没有回答。她没有听清问她的话。

"吃了。"站在门边的老头回答说。

亚历山德拉·帕夫洛夫娜掉过头去问他:

"除了你,她身边没有人了?"

"还有个小妞,是她孙女,这丫头坐不住,老是要跑开,连给奶奶倒杯水都懒得做。我又老成这样,还能干什么?"

"要不要把她送到我的医院去?"

"不用!干吗送医院!送也罢,不送也罢,反正都是死。她活够了,明摆着上帝要召她去了。她已经下不了炕,哪里还送得了医院!只要扶她起来,就会送掉她的命。"

"哎唷,"老婆子呻吟着说,"我的好太太,我的美人儿,别撂下我那没爹没娘的小孙女不管,我们的东家老爷住得远,可你……"

老婆子没有力气再说下去了。

"你放心,"亚历山德拉·帕夫洛夫娜说,"我会照料她的。你瞧,我给你带来了茶叶,还带来了糖。想喝就喝吧……你们家茶炊总有吧?"她看了看老头,加补说。

"茶炊吗?我们家没有,可以想办法去借一个。"

"那你去借借看,要不,我派人给你送一个来。对了,关照你的小孙女,别老是跑开。告诉她,这样做是可耻的。"

老头一句话也没有回答,伸出双手接过了糖和茶叶。

"好啦,马特廖娜,再见了,"亚历山德拉·帕夫洛夫娜说,"我还会来看你,别灰心,要按时吃药……"

老婆子稍微抬起头,凑近亚历山德拉·帕夫洛夫娜。

"太太,把你的手给我①。"她含糊不清地说。

亚历山德拉·帕夫洛夫娜没有把手递给她,而是俯下身去吻了一下她的额头。

她转身离去时对老头说:"千万别忘了给她吃药,按处方上写的给……茶也要给她喝……"

老头仍然没有回答,只是鞠了个躬。

亚历山德拉·帕夫洛夫娜走出农舍,敞开胸怀吸了一口新鲜空气。她撑开遮阳伞,正想往家走,忽见屋角后驶出一辆低矮的两轮轻便马车,车上坐着一个三十来岁的男子,身穿一件灰色亚麻布旧大衣,头上戴着同样料子的制帽。那人一看到亚历山德拉·帕夫洛夫娜,立即勒住马,朝她转过脸来。他脸盘很大,没有血色,一对小眼睛呈灰白色,唇髭呈浅白色,这使他的脸和他衣服的色调很是相称。

"您好,"他打招呼说,带着懒洋洋的微笑,"请问,您来这儿有何贵干?"

"我来看望一个女病人……米哈伊洛·米哈伊雷奇,您这是从哪儿来?"

那个叫米哈伊洛·米哈伊雷奇的人,直盯着她的眼睛,又笑了笑。

"看望病人,"他继续说,"好,这是行善,可您把她收进医院岂不更好?"

"她太虚弱,动不得。"

---

① 俄俗,农奴见到主子,须吻主子的手。

"您是否打算停办您的医院?"

"停办?为什么?"

"没什么,随便问问。"

"奇怪,您脑袋里怎么会有这个想法?"

"因为您经常和拉松斯卡娅往来,我想,您不免受她影响。按她的说法,什么医院啦,学校啦,都是乱弹琴,花点子,于事无补。行善应当在私人间个别进行,教育也一样,因为这是涉及灵魂的事业……她好像是这么说的吧。不知她拾的是谁人的牙慧[①],我倒很想知道。"

亚历山德拉·帕夫洛夫娜莞尔一笑。

"达莉娅·拉松斯卡娅是个聪明人,我很喜欢她,也尊重她;然而孰能无过,她的话也不见得没有谬误,所以我并不句句都信。"

"您能够不听信她,太好了,"米哈伊洛·米哈伊雷奇说,仍然没有下车,"因为她本人对自己说的话也并不相信。噢,遇见您,我很高兴。"

"为什么?"

"问得好!言下之意好像我并非每回见到您都感到高兴似的!您今天就像这个早晨一样明媚可爱。"

亚历山德拉·帕夫洛夫娜又莞尔一笑。

"您笑什么?"

"笑什么?要是您能看到您在说这番恭维话时那副没精打采冷冰冰的尊容就好了!我真奇怪,您说最后一个字时怎么没打哈欠。"

"冷冰冰的样子……您呀,就喜欢热火朝天;可火毫无用处。烧了一阵,冒一阵烟,就熄灭了。"

"火能使人温暖。"亚历山德拉·帕夫洛夫娜说。

"是啊……可火也能把人烧伤。"

[①] 果戈理在其《与友人通信集》中反对农村办学,反对办慈善机关、养老院及孤儿院,力主私人助贫,从事私人慈善事业,故此处是指拉松斯卡娅附和果戈理的见解。

"烧伤算得了什么!不过皮肉之苦罢了。无论如何,总比……"

"好,哪一天把您烧个痛快,且看您怎么说。"米哈伊洛·米哈伊雷奇不以为然地打断她的话,用缰绳抽了马一下,"再见!"

"米哈伊洛·米哈伊雷奇,请等等!"亚历山德拉·帕夫洛夫娜喊道,"您什么时候到我家来?"

"明天,请代为问候令弟。"

轻便马车扬长而去。

亚历山德拉·帕夫洛夫娜望着米哈伊洛·米哈伊雷奇的背影,心里想:

"活像个布袋!"他弓着背,满身尘土,便帽戴在后脑勺上,一绺绺黄发蓬乱地戳出在便帽外边,活脱是个大面粉袋。

亚历山德拉·帕夫洛夫娜缓步走回家去,双眼望着地。忽听近处响起嘚嘚的蹄声,她停下脚步,抬起头……原来她弟弟骑马接她来了;弟弟身旁走着一个身材不高的年轻人,身穿薄料子斜襟外套,衣襟敞开着,系一根薄料子领带,戴一顶薄料子灰色礼帽,手里拿着根手杖。他隔得老远就朝亚历山德拉·帕夫洛夫娜微笑,尽管明明看到她正低着头在想心事,根本就不会注意到他。来人一见她停下来,马上迎上前去,快活地、几乎是温情脉脉地说:

"您好,亚历山德拉·帕夫洛夫娜,您好!"

"啊!是您,康斯坦丁·季奥米德奇,您好!"她回答说,"您从达莉娅·米哈伊洛夫娜①那儿来吧?"

"是的,夫人,是的,"年轻人春风满面地回答,"从达莉娅·米哈伊洛夫娜那儿来,达莉娅·米哈伊洛夫娜吩咐我来见您;我宁愿步行到府上……这么美好的早晨,而且总共只有四俄里路。夫人,我去了府上,您不在。令弟告诉我,您去谢苗诺夫卡村了,令弟打算去大田看看;

---

① 即拉松斯卡娅。达莉娅是名字,米哈伊洛夫娜是父名。

我就跟他一块儿来了,来迎接您。是的,夫人。不胜荣幸!"

　　这个年轻人讲得一口俄语,纯正,准确,但是带点外国腔,至于是哪个国家的腔调就难以辨别了。从外貌来看,他有几分亚洲人的味道。长长的鹰钩鼻,呆滞的蛤蟆眼,红红的厚嘴唇,平削的前额,漆黑的头发——这一切都表明他属东方血统,可是这个年轻人却姓潘达列夫斯基①,自称祖籍敖德萨,虽然他是在白俄罗斯某地由一个好心的富孀出钱供他求学的。再由另一个寡妇替他谋得一个差事。总之,凡徐娘半老的太太都乐于关照这位康斯坦丁·季奥米德奇,因为他善于逢迎她们,博取她们的欢心。目前他就住在那个广有家财的女地主达莉娅·米哈伊洛夫娜·拉松斯卡娅家里,地位介于养子和食客之间。他待人极其温和,极其殷勤,善解人意,暗地里则十分好色。他嗓音悦耳,钢琴弹得相当不错,此外还有个习惯,跟人说话时总是把眼睛盯住对方。他衣着整洁,一套衣服能穿非常之久,宽阔的下巴总是刮得干干净净,头发也梳得纹丝不乱。

　　亚历山德拉·帕夫洛夫娜听他说完后,掉过头去对她弟弟说:
　　"今天我老是碰见熟人,刚才我还跟列日涅夫②谈话来着。"
　　"噢,跟他!他准是驾车去什么地方吧?"
　　"可不,你想象一下,驾着两轮轻便马车,穿一身像麻布袋一般的衣服,浑身上下全是尘土……真是个怪人!"
　　"是的,也许有点儿怪,然而他是个非常好的人。"
　　"二位说谁?列日涅夫先生?"潘达列夫斯基问,好像很是吃惊。
　　"怎么,正是米哈伊洛·米哈伊雷奇·列日涅夫,"沃伦采夫回答说,"好了,姐姐,待会儿见,我得去田里看看,正在给你播种荞麦。潘达列夫斯基先生会送你回家……"

----

① 这是俄罗斯人的姓。
② 即米哈伊洛·米哈伊雷奇的姓。

说罢,沃伦采夫策马离去。

"真是三生有幸!"康斯坦丁·季奥米德奇高声说,随即把手臂伸向亚历山德拉·帕夫洛夫娜。

她挽住他的手臂,两人沿着通往她庄园的道路向前走去。

能同亚历山德拉·帕夫洛夫娜挽臂同行,康斯坦丁·季奥米德奇显然乐不可支;他迈着碎步,喜形于色,那对东方型的眼睛甚至泪水汪汪,不过这在康斯坦丁·季奥米德奇来说是常见的事,他这人动辄就会感动得流泪。不过话要说回来,挽着一个如此绰约多姿的年轻女子,谁人不乐?提起亚历山德拉·帕夫洛夫娜,全省的人都会异口同声地说,她是迷人的,全省的人说的并非溢美之词。单凭她那笔直的、鼻尖儿稍稍翘起的小鼻子,就足以使任何一个男人为之神魂颠倒,更不用说她那双天鹅绒般的褐色明眸、浅黄色的发丝、丰润的双颊上的一对酒窝以及其他种种美色了。但是最美的还是她娇柔的脸蛋上的表情:那么坦诚,那么和蔼,那么温顺,令人不能不为之动容,不能不为之着迷。亚历山德拉·帕夫洛夫娜的眼波和笑靥像儿童一般天真;太太们无不认为她为人没有城府……如此丽质,还有什么可企求的呢?

"您是说达莉娅·米哈伊洛夫娜派您来见我?"她问潘达列夫斯基。

"是的,夫人,是主母派我来的,"他回答说,把俄语 C 的发音念成英语的 th,"主母希望您今天过去用午饭,盼咐我务必要请到您……主母(潘达列夫斯基说到第三人,特别是贵妇人时,总是严格地使用尊称),主母在等一位新客人,她一定要把他介绍给您认识。"

"是谁?"

"一位姓穆费尔的男爵,彼得堡的宫廷侍从。没几天前,达莉娅·米哈伊洛夫娜在加林公爵府上认识了他,主母对他赞不绝口,称他是个可爱的、有学问的年轻人。男爵先生对文学也深有研究,更确切地说……啊,您看,多么漂亮的蝴蝶!……更确切地说,对政治经济学深有研究。他写了一篇论文,谈一个非常有趣的问题,想拿来请达莉娅·米哈伊洛夫娜指教。"

"政治经济学论文?"

"就文字角度加以点拨,亚历山德拉·帕夫洛夫娜,就文字角度。我想,您是知道的,达莉娅·米哈伊洛夫娜是这方面的行家。茹科夫斯基①经常和主母切磋文字,连我的恩公,住在敖德萨的乐善好施的罗克索朗·梅季阿罗维奇·克桑德雷卡②他老人家……您想必知道他吧?"

"一点也不知道,从未听说过。"

"这么一位大名鼎鼎的人物,您从未听说过?不可思议!我想说的是,连罗克索朗·梅季阿罗维奇对达莉娅·米哈伊洛夫娜在俄罗斯语言方面的造诣也钦佩不已。"

"这位男爵不是个书呆子吧?"

"哪里的话,夫人,绝对不是;恰恰相反,达莉娅·米哈伊洛夫娜常说,一眼就可看出他是个风流倜傥的才子,谈起贝多芬来入木三分,如数家珍,连老公爵都听得眉开眼笑……说实话,我也盼着一聆教言,因为音乐是我的本行。请允许我摘下这朵漂亮的野花奉献给您。"

亚历山德拉·帕夫洛夫娜接过花,走了才几步,就把花扔在路边了……他俩已走到离她家至多不过两百来步的地方。宅第是不久前落成的,粉得雪白,绿荫丛浓的老椴树和槭树间,露出一扇扇宽大、明

---

① 茹科夫斯基(1783—1852),俄国浪漫主义诗歌的奠基人。
② 据俄文本编者称。此处系隐射斯杜尔查·亚历山大·斯卡尔拉托夫斯基(1791—1854)。他是蒙昧主义者,亚历山大一世时的外交官,著有一系列研究宗教和政治问题的书籍。作者似系讥嘲刊于《敖德萨通报》上的一篇札记:《亚·斯·斯杜尔查的生平和著作简介》。

亮的窗子,像是在欢迎客人光临。

"夫人,我该怎么回禀达莉娅·米哈伊洛夫娜?"潘达列夫斯基问,心里颇为他献上的那朵小花的遭遇感到委屈,"您会赏光过来用午饭吗?主母请令弟也来。"

"好的,我们来,一定来。娜塔莎①好吗?"

"感谢上帝,娜塔莉娅·阿列克谢耶夫娜身体挺好,夫人……瞧,我们已经走过了去达莉娅·米哈伊洛夫娜庄园的岔路口,请原谅我失陪了。"

亚历山德拉·帕夫洛夫娜站停下来。

"您难道不上寒舍去坐坐吗?"她以迟疑的口吻问。

"我巴不得去呢,可我生怕误了事。达莉娅·米哈伊洛夫娜要听塔尔堡②一支新的练习曲,所以我得赶着回去练练,熟悉一下。再者,说实在的,我还生怕我这么东拉西扯会让您生厌。"

"哪里话……怎么会……"

潘达列夫斯基舒了口气,似含深意地垂下了眼睛。

"亚历山德拉·帕夫洛夫娜,再见!"他沉吟片刻之后说,鞠了一躬,往后退了一步。

亚历山德拉·帕夫洛夫娜转过身,回家去了。

康斯坦丁·季奥米德奇也转过身,回他住所去。他脸上原来那种甜媚之态一变而为一副自命不凡的、几近铁板的表情。甚至连他的步态也变了,现在他昂首阔步,着地有声。他这么走了约摸两俄里,无拘无束地挥舞着手杖,突然间又咧开嘴笑了,原来他看见路旁有个长得相当俏丽的村姑,正在把几条小牛犊从燕麦地里撵出来。康斯坦丁·季

---

① 即下文娜塔莉娅的昵称。
② 塔尔堡(1812—1871),奥地利钢琴家、作曲家,一八三九年曾到俄国巡回演出,极受欢迎。

奥米德奇像只猫似的蹑手蹑脚地走到她身边,跟她搭讪起来。那村姑起先没作声,涨红了脸,咯咯地笑,后来用袖子掩住口,扭过头去,低声说:

"走开吧,老爷,真是的……"

康斯坦丁·季奥米德奇举起根手指威吓她,要她给他采矢车菊。

"你要矢车菊干吗?怎么,编花环用?"村姑不肯给他采,"走开吧,真是的……"

"你听我说,我的可爱的小美人儿。"康斯坦丁·季奥米德奇刚开口说。

"走开吧,"村姑打断他,"瞧,少爷们来了。"

康斯坦丁·季奥米德奇回过头去一看,达莉娅·米哈伊洛夫娜的两个儿子万尼亚和彼佳,果然正顺着这条路奔过来,他俩的教师巴西斯托夫,一个大学刚刚毕业的二十二岁的年轻人,走在后面。巴西斯托夫身材高大,其貌不扬,大鼻子,厚嘴唇,一双小眼睛像是猪眼,他不但不英俊,而且显得笨手笨脚,然而为人诚实、正直、善良。他不修边幅,倒不是为了赶时髦,而是因为懒;他喜欢吃,喜欢睡,但是也喜欢好书,喜欢热烈的交谈,同时打心底里憎恶潘达列夫斯基。

达莉娅·米哈伊洛夫娜的孩子都崇拜巴西斯托夫,可一点儿也不怕他,她家其余的人也都跟他亲密无间,女主人对此不太高兴,尽管她一再声称,她这人绝无门第偏见。

"你们好,我亲爱的孩子们!"康斯坦丁·季奥米德奇说,"今天你们这么早就出来散步了!不过我,"他掉过头来对巴西斯托夫说,"出来得更早,我这人的癖好就是欣赏大自然的景色。"

"我们已看到您是怎么欣赏大自然的景色来着。"巴西斯托夫嘟囔说。

"您是个实用主义者,天晓得您这会儿想到哪儿去了。我了解您!"

潘达列夫斯基跟巴西斯托夫一类的人说话时很容易发火,这时他会把字母 C 的发音念得特别纯正,甚至略带口哨音。

"您怕是在向那个女孩子问路吧?"巴西斯托夫问,左右转动着眼睛。

他感觉到潘达列夫斯基正盯着他的脸看,这使他极为反感。

"我再说一遍,您是个实用主义者,如此而已。无论什么事,您都要往庸俗的方面想……"

"孩子们!"巴西斯托夫突然下令,"你们看牧场上那棵爆竹柳,咱们比比看,谁先跑到那里……一、二、三!"

孩子们立刻使出全身力气朝那棵爆竹柳跑去。巴西斯托夫也跟在他们后面,飞快地跑着。

"乡巴佬!"潘达列夫斯基心里想,"他会把孩子教坏的……一个地地道道的乡巴佬!"

于是康斯坦丁·季奥米德奇得意洋洋地上下打量了一眼自己衣冠楚楚的身姿,伸开五个手指,掸了两下常礼服的袖子,抖了抖衣领,然后往前走去。回到自己房间里后,他换上了旧睡袍,坐到钢琴前,一脸担心的神色。

二

达莉娅·米哈伊洛夫娜·拉松斯卡娅的宅第堪称全省之冠。这是一幢按照拉斯特列利[①]的设计图纸建造、具有上世纪风格的美轮美奂的砖瓦结构的巨宅,雄伟地耸立在山丘顶上,俄罗斯中部的一条主要河流就在这座山丘下流过。达莉娅·米哈伊洛夫娜是个出身望族、富甲一方的贵妇人,三级文官的遗孀。虽说潘达列夫斯基一再说她认

[①] 瓦·瓦·拉斯特列利(1700—1771),俄国杰出的建筑师,十八世纪中叶俄罗斯巴罗克式建筑的代表,多座宫殿由他设计而成。

识全欧洲,全欧洲也认识她!其实欧洲知道她的人寥寥无几,即使在彼得堡她也没有什么名气,不过,在莫斯科却人人都知道她,都去拜访她。她属于上流社会,公认是个有点古怪的女人,脾气不好,然而聪明过人。她年轻时非常美丽。诗人竞相向她献诗,年轻人无不为之倾倒,达官贵人都以追逐她为荣。从那时起,已经过去了二十五年或者三十年了,当初的美色今天连一丝痕迹也没有留下。如今凡是她的初交都不禁纳闷:"难道这个又瘦又黄、鼻子尖尖、年纪还不算老的女人,当年果真是个颠倒众生的绝代佳人?当初果真有那么多人为她弹起七弦琴?……"于是所有的人都会在内心浩叹人生之无常。诚然,据潘达列夫斯基发现,达莉娅·米哈伊洛夫娜的双眸依然像当年那么顾盼生姿,然而正是这个潘达列夫斯基也曾扬言,全欧洲都认识她呢。

达莉娅·米哈伊洛夫娜每年夏天都要携同她的子女(她有一女二子,女儿叫娜塔莉娅,行年十七;两个儿子,一个十岁,一个九岁)住到她乡间的庄园来,过着放浪形骸的生活。也就是说,她家终日男客盈门,尤其是单身男人;至于外省的太太们,她是讨厌的,一概拒之门外。但是这些个太太议论起她来,也够她受的!据她们说,达莉娅·米哈伊洛夫娜目空一切,不守妇道,是个暴戾的泼妇;尤其可恨的是,她口无遮拦,简直不知人间有羞耻事!达莉娅·米哈伊洛夫娜乡居期间,对自己的确有所放任,出言吐语、待人接物都不够检点,隐隐约约可以觉察出这位京都社交界的名媛,对簇拥在她周围的这群闭塞、渺小的土包子是颇有几分蔑视的……她对待京都的熟人也十分放肆,甚至还讥嘲他们,但是没有一丝一毫的蔑视。

说句题外话。读者,你们有未发现,凡对下属漫不经心的人,对其上峰却从来不会漫不经心。这是什么缘故?不过,这类问题问了也是枉费口舌。

当康斯坦丁·季奥米德奇终于背熟塔尔堡的练习曲,离开他那间窗明几净的舒适的卧室,走到楼下客厅的时候,看到一家子人和这家的常客都已到齐。沙龙已经开始。女主人蜷腿坐在一张宽大的沙发床上,正在翻阅一本新出版的法文小册子;靠窗的绣架两旁,一边坐的是达莉娅·米哈伊洛夫娜的女儿,另一边坐的是家庭女教师 m-lle Boncourt[①],她是个老处女,六十来岁,又瘦又干瘪,头上戴着黑色的假发,假发上套着花里胡哨的包发帽,耳朵里塞着棉花;巴西斯托夫坐在门边的角落里看报,彼佳和万尼亚在他旁边下跳棋。靠壁炉背手站着一个中等身材的先生,头发蓬乱、花白,面色黝黑,一对乌黑的小眼睛十分灵活,此人就是阿夫里坎·谢苗内奇·皮加索夫。

这位皮加索夫先生是个怪人。他痛恨世上的一切事和一切人,尤其是女人。他从早到晚骂声不绝,有时骂对了,有时骂错了,但是不管对也罢,错也罢,只要是骂,在他来说就是莫大的享受。他动不动就要发怒,简直到了不可理喻的程度;他的笑声,他的嗓音,以及他整个人仿佛都是由怒火锤炼出来的。达莉娅·米哈伊洛夫娜乐意接待他,因为他乖戾的言行举止可以供她解闷。他的谈吐的确相当可笑。夸大其词已成为他的嗜癖。比方说吧,只要有他在场,无论谈起什么不幸的事,譬如有个村子遭了雷击,或者洪水冲毁了磨坊,或者有个庄稼汉不慎用斧头砍断了自己的手,他没有一回不满腔愤恨地问:"她叫什么名字?"——就是说,那个挑起这场灾祸的女人叫什么名字,因为根据他的信念,女人是祸水,凡有什么灾祸,只要刨根究底,没有不是女人引起的。有一回,一个跟他只有数面之交的太太要留他吃饭,他竟给她下跪,涕泗俱下而又怒容满面地求她饶他一命,说他从未开罪过她,而且今后再也不会到她府上来惊扰她了。有一回,达莉娅·米哈伊洛夫娜家的一个洗衣妇骑的马,冲下山去,将她摔进沟里,险些送掉她的命。从此,皮加索夫一提到这匹马,便一叠声称它好马,好马,而那座山和那条山沟在他眼里也成了风景胜地。皮加索夫一生坎坷,养成了

---

① 法语:蓬古小姐。

他这种乖戾的习性。他生于清贫之家。他父亲是给官府当差的,胸无点墨,所以对儿子的教育漠不关心,认为只要供儿子衣食就已尽到人父之责。她母亲疼爱他,可是很早就弃世了。皮加索夫靠自学成才,他自己拿主意进了县立学校,然后进文科中学攻读外语,学会了法语、德语、英语,乃至拉丁语,以优异成绩从文科中学毕业,考入杰尔普特大学①。在大学里他穷得不得不为吃饱肚子而奋斗,纵然如此,还是修完了三年的大学课程。皮加索夫资质平平,他的出众之处是坚韧和顽强,然而他身上最强烈的则是虚荣心,他一心想出人头地,跻身上流社会,不愿听凭命运播弄。他之发奋学习,他之进入杰尔普特大学,都是受虚荣心的驱使。贫穷使他愤世嫉俗,养成了他善于察言观色和玩弄手腕的习惯。他的言谈自有一功,他从青年时代起便练就了一种字字毒辣、句句愤慨的独特口才。他的才思并不高于一般水平,可他的谈吐却显得他是个聪明人,甚至非常聪明。在取得学士学位后,皮加索夫决心竭尽全力去获取更高学位,做名学者,因为他深知在其他任何竞技场上,他是怎么也竞争不过他的同窗的(他千方百计结交出身上层的同学,懂得怎样讨好他们,甚至不惜对他们阿谀奉承,尽管骂不绝口)。然而在做学问上,说白了,他可不是这块料。他发奋自学并不是出于对学术的热爱。实际上,皮加索夫知识十分有限。在论文答辩会上,他惨遭败北,而和他同寝室的那个大学生,虽然资质极为一般,平时一直被他冷嘲热讽,却因受过扎实的正规教育而大获全胜。这次失败把皮加索夫气疯了;他把自己的书籍和笔记本统统付之一炬,弃学求官去了。起初他倒官运亨通,虽说他并不十分精明干练,然而却极富自信心和魄力;可惜他想升官的心情过于迫切,操之过急,栽了大跟头,只得退出官场。有三年工夫,皮加索夫在他买下的一个小村子里闲居,突然间,他结婚了,娶的是一个略略读过几年书的富有的女地

---

① 杰尔普特大学于一八〇二年在爱沙尼亚创办,后曾改名塔尔图大学。

主,他就是凭着他那种放荡不羁、讥嘲挖苦的举止使她上钩的。但是皮加索夫的脾气过于暴戾,且懒散成习,把家庭生活视为累赘……他的妻子跟他生活了几年,便偷偷跑到莫斯科,把她的领地卖给了一个狡猾的骗子,而皮加索夫却刚刚在那片领地上修建了一个庄园。这最后一次打击彻底摧垮了皮加索夫,他同他妻子打起了官司,结果没有胜诉……从此他就过着独身生活,经常去四邻串门,他在背后甚至当面都要骂他们,可他们仍强装笑脸接待他,他们并不觉得他真那么可怕,——从此他也没有再拿起过书本;他的农奴们境况倒还过得去。

"啊!Constantin①!"潘达列夫斯基刚一走进客厅,达莉娅·米哈伊洛夫娜便招呼说,"Alexandrine②来吗?"

"亚历山德拉·帕夫洛夫娜要我向您道谢,她很高兴您邀请她。"康斯坦丁·季奥米德奇回答说,笑容可掬地向四方鞠躬,用他那只指甲剪成三角形的又白又胖的小手撸着梳得纹丝不乱的头发。

"沃伦采夫也来吗?"

"也来,夫人。"

"如此说来,阿夫里坎·谢苗内奇,"达莉娅·米哈伊洛夫娜转过脸来,看着皮加索夫,继续刚才的话题,"照您的看法,所有的小姐无不装腔作势啰?"

皮加索夫撇了撇嘴,神经质地牵动了一下胳膊肘。

"我这是笼而统之地说,"他不慌不忙地讲道——他即使大发雷霆时讲话也慢条斯理,而且口齿清楚,"我这是笼而统之地说所有的小姐,至于在座各位,我不敢妄评……"

"然而这并不妨碍您对她们也有看法,"达莉娅·米哈伊洛夫娜打断他的话。

---

① 法语:康斯坦丁。
② 法语:亚历山德拉。

"对她们，我不敢妄评，"皮加索夫重复了一句，"至于其他所有的小姐都装腔作势到了极点，连表达她们的感情也要拿腔作调。比方说吧，有位小姐吃了惊，为了什么事高兴了或者伤心了，必定先那么优美地扭一下自己的身子(说到这里，皮加索夫把他的身子难看地扭了扭，摊开双手)，然后才'喔'地惊叫一声，或是笑，或是哭。可有一回(说到这里，皮加索夫得意地笑了笑)，我总算让一位矫揉造作的小姐露了原形！"

"用什么法子？"

皮加索夫眼睛发亮了。

"我拿着根白杨棍子，从后边照准她腰眼就是一下子，她哇地一声大叫，而我呢，朝她喝彩：好，好！这才是天生的声音，自然的声音。今后得永远这样才是。"

满屋的人都笑了。

"阿夫里坎·谢苗内奇，您胡扯些什么！"达莉娅·米哈伊洛夫娜提高声音说，"我才不信呢，您竟会用棍子去捅一个姑娘家的腰！"

"真的，是用棍子，就跟守卫城堡用的兵器一般粗大的棍子。"

"Mais c'est une horreur ce que vous dites là, monsieur①，"m-lle Boncourt 尖声喊道，并狠狠瞪了一眼笑得直不起腰来的孩子们。

"别信他的，"达莉娅·米哈伊洛夫娜说，"您还不知道他！"

但是这位愤慨的法国女人久久不能平静下来，一直在自言自语地嘀咕着什么。

"你们尽可不相信我的话，"皮加索夫继续用冷峻的口吻说下去，"可我担保我说的句句是实。这件事除了我，还有谁敢做？既然连这件事你们都不信，那么我告诉你们，我们的邻居切普佐娃，叶莲娜·安东诺夫娜，亲口告诉我，请注意是她亲口告诉我，她怎样把她的亲侄子活活害死，怕你们更不会相信了吧？"

---

① 法语：先生，您说的这事真可怕。

"越说越离谱了!"

"对不起,对不起!听我说完,你们再作判断也不迟。请注意,我丝毫不想中伤她,我甚至还爱她,就是说,爱她到爱一个女人所可以达到的程度。走遍她整幢宅第,除了历书,找不到一本书。她看书非得念出声来才看得下去,这种朗读作业使她浑身冒汗,她抱怨说,书读得她眼珠都要炸裂了……总而言之,她是个好人,她的婢女一个个都吃得胖嘟嘟的。我干吗要造谣中伤她!"

"瞧!"达莉娅·米哈伊洛夫娜说。"阿夫里坎·谢苗内奇的拿手戏要开场了,不到天黑不会收场。"

"我只有一台拿手戏……可女人的拿手戏足足有三台,而且从不收场,除非睡着了。"

"哪三台?"

"埋怨、数落、说话嵌骨头。"

"听我说,阿夫里坎·谢苗内奇,"达莉娅·米哈伊洛夫娜说道,"您这样恨女人总不会是平白无故的吧?想必有个什么女人对您……"

"您是想说,有个什么女人对不起我吧?"皮加索夫打断了她的话。

达莉娅·米哈伊洛夫娜稍稍有些发窘,她想起了皮加索夫不幸的婚姻……只得点点头。

"的确有个女人对不起我,"皮加索夫说,"虽说她是个好人,一个非常好的人……"

"这人是谁?"

"我的母亲。"皮加索夫放低声音说。

"您的母亲,她有哪一点对不起您?"

"生下了我……"

达莉娅·米哈伊洛夫娜皱了皱眉头。

"我觉得,"她说,"我们的交谈转到了令人不快的……Constantin,请给我们弹弹塔尔堡的新练习曲吧……乐声说不定能驯服阿夫里坎·谢苗内奇。俄耳甫斯①不是连野兽都驯服了吗?"

康斯坦丁·季奥米德奇在钢琴前坐下,出神入化地弹奏着练习曲。起初,娜塔莉娅·阿列克谢耶夫娜全神贯注地听着,后来又动手刺绣。

"Merci, c'est charmant,②"达莉娅·米哈伊洛夫娜说,"我喜欢塔尔堡。Il est si distingué.③阿夫里坎·谢苗内奇,您在想什么心事?"

"我在想,"皮加索夫慢条斯理地说了起来,"有三种利己主义者:一种利己主义者自己活,让别人也活,另一种利己主义者自己活却不让别人活,第三种利己主义者自己不活,也不让别人活……大凡女人都属于第三种。"

"您说得太客气了!只是有一点我觉得奇怪,阿夫里坎·谢苗内奇,您对自己的判断怎么那么自信,好像你永远不可能错似的。"

"谁说的!我也会出错;男人也会出错。可是,您知道我们男人的错和女人的错之间有什么区别吗?不知道吧?区别在这里,比方说吧,男人会说二乘二不等于四,而是等于五或者三又二分之一,而女人则会说二乘二等于一支蜡烛。"

"您这番宏论,我好像已经听您说过了……我倒想请教您,您关于三种利己主义者的高见,跟您刚才听的音乐有无关系?"

"一无关系。再说我刚才也没有听音乐。"

"唉,你呀,老兄,我看你是无可救药了。"达莉娅·米哈伊洛夫娜套用了格里鲍耶陀夫④的这句诗,略作了些变动。"既然您连音乐都不

---

① 俄耳甫斯是希腊神话中的诗人和歌手,他弹起七弦琴能使顽石点头,百兽起舞。
② 法语:谢谢,这太迷人了。
③ 法语:他的曲子真优美。
④ 亚·谢·格里鲍耶陀夫(1795—1829),俄国作家。这句话出自他的喜剧《智慧的痛苦》。

喜爱,那您喜爱什么呢?喜爱文学?"

"我喜爱文学,不过,当代文学,恕我不敢恭维。"

"为什么?"

"听我道来。不久前我和一位贵族老爷同乘一条渡船过奥卡河。对岸的码头设在陡岸边,摆渡的马车都得靠人力拉上岸去,而那位贵族老爷的马车是辆四轮马车,特别笨重。船夫们用出吃奶的力气拼命把四轮马车往岸上拉,那位贵族老爷则站在渡船上,一个劲儿地唉声叹气,叫人听了觉得他怪可怜的……我心想,这就是分工制的应用!当代文学也是这样,别人在拉车,在忙着干事儿,它却在一旁唉声叹气。"

达莉娅·米哈伊洛夫娜微微一笑。

"这就叫做再现当代生活,"饶舌的皮加索夫唠唠不休地说道,"对社会问题的深刻同情,诸如此类,不一而足……我讨厌这种冠冕堂皇的大话!"

"受你攻击的女人们,至少不使用这种话。"

皮加索夫耸了耸肩膀。

"她们不是不用,而是不会用。"

达莉娅·米哈伊洛夫娜的脸稍稍有点儿红了。

"阿夫里坎·谢苗内奇,您连礼貌都不讲了!"她强笑着指出。

客厅里鸦雀无声。

"佐洛托诺沙在什么地方?"有个孩子突然问巴西斯托夫。

"我亲爱的孩子,在波尔塔瓦省,"皮加索夫接茬说。"在霍霍尔[①]那儿。(他很高兴可以乘机转换话题。)我们不正在谈论文学吗?"他继续说道,"如果我有闲钱的话,我马上摇身一变,当个小俄罗斯[②]

---

① 霍霍尔意为"一簇毛",是俄国旧时对乌克兰人和波兰人的蔑称。
② 旧时称乌克兰为小俄罗斯。

诗人。"

"又要什么花招了？好一个诗人！"达莉娅·米哈伊洛夫娜讥嘲地说，"难道您通小俄罗斯语？"

"一窍不通，不过也无需通。"

"怎么无需通？"

"就是无需通。只消拿过一张纸来，上书'杜玛'[①]二字；然后走笔写下：'喂，你呀，命运，我的命运！'或者'哥萨克纳利瓦伊科[②]坐在山岗上！'后面是'在山脚下，在绿荫下，嬉乐，嬉乐，雀雀儿跳呀跳！'以及诸如此类。[③]就这么一气呵成，拿去发表出版吧。准能让小俄罗斯人读着读着，托住腮帮，潸然泪下，——就是这么多愁善感的心灵嘛！"

"得了吧！"巴西斯托夫高声说道，"您都说些什么呀？无稽之谈。我在小俄罗斯住过，我爱小俄罗斯，懂得小俄罗斯语言，什么'嬉乐，嬉乐，雀雀儿'，闻所未闻，压根儿是生造的。"

"也许是的，可霍霍尔人读了照样会哭。您提到了语言……难道世上真有小俄罗斯语？有一回，我请一个霍霍尔把我随便想起的一句子'文法是正确地阅读和书写的方法'翻译成小俄罗斯语。您知道译成小俄罗斯语是什么样的：'语法乃准确的读的写的法。'依您之见，这能算是另一种语言吗？能算是一种独立的语言吗？我宁肯把我的好友放在研钵里捣成肉泥，也不会赞同您的看法。"

巴西斯托夫想反驳他。

"别睬他，"达莉娅·米哈伊洛夫娜说，"您又不是不知道，从他嘴里除了奇谈怪论什么也听不到。"

---

① 杜玛是乌克兰一种民歌体，叙述历史事件。
② 纳利瓦伊科是哥萨克农民起义领袖，曾在乌克兰起事反对波兰地主，一五九七年被波兰人处死。
③ 这些诗句原文都是乌克兰语。

皮加索夫冷冷地笑了笑。仆人进来通报亚历山德拉·帕夫洛夫娜和她的弟弟到。

达莉娅·米哈伊洛夫娜站起身来迎客。

"您好，Alexandrine！"她迎上前去，说，"您来了，太好了……谢尔盖·帕夫雷奇，您好！"

沃伦采夫同达莉娅·米哈伊洛夫娜握了握手，便到娜塔莉娅·阿列克谢耶夫娜身边去了。

"那位男爵，就是您的那位新朋友，今天来吗？"皮加索夫问。

"要来的。"

"据说他是个大哲学家，三句不离黑格尔。"

达莉娅·米哈伊洛夫娜没有答理他，管自请亚历山德拉·帕夫洛夫娜坐到沙发床上，自己坐在她身边。

"哲学，"皮加索夫说，"这是一种高瞻远瞩的见解！这种高瞻远瞩的见解，简直要我的命！站得那么高，还能看到什么？你想买匹马，总不至于爬到瞭望塔上去相马吧？"

"这位男爵是要拿篇什么文章来给您看吗？"亚历山德拉·帕夫洛夫娜问。

"是的，要拿篇文章来，"达莉娅·米哈伊洛夫娜故意做出满不在乎的样子回答说，"论俄国商业与工业的关系问题……不过您放心，我们不会在这里宣读这篇文章……我不是为这个请您来的。Le baron est aussi aimable que savant.① 他一口俄语说得真漂亮！C'est un vrai torrent...il vous entraine.②"

"他俄语说得漂亮到了需要用法语来加以称赞的地步。"皮加索夫不以为然地嘀咕说。

---

① 法语：男爵的可爱不亚于他的博学。
② 法语：口若悬河……让您着迷。

"阿夫里坎·谢苗内奇,您嘀咕去吧,尽管嘀咕去吧……这跟您一头乱发非常相称……不过,他怎么还不来?这样吧,mes-sieurs et mesdames①,"达莉娅·米哈伊洛夫娜环视了四周一眼,加补说,"我们上花园去走走……离吃午饭还有一个来小时,再说天气又这么好……"

大家都站起来,往花园走去。

达莉娅·米哈伊洛夫娜的花园一直伸展到河边。园内有好多条暗金色的、芬芳馥郁的老椴树林荫道,林荫道的尽头透出一道道翠绿的光,园内还有不少金合欢亭和丁香亭。

沃伦采夫同娜塔莉娅和 m-lle Boncourt 向绿荫丛浓的花园深处走去。沃伦采夫跟娜塔莉娅默默地并肩而行,m-lle Boncourt 跟在两人身后,离开一两步远。

"今天您都做了些什么?"沃伦采夫终于开口问道,同时捻着他那两撇神气的亚麻色唇髭。

他的相貌同他姐姐非常相像,但表情却不如姐姐那么丰富和有生气。他的眼睛也很漂亮,温暖,但是不知怎的,总有几分忧郁。

"没做什么,"娜塔莉娅回答,"无非是听皮加索夫骂人,以及刺绣,看书。"

"看什么书?"

"我在看……十字军东征史。"娜塔莉娅迟疑了一下,说。

沃伦采夫看了看她。

"噢!"他终于又开口,"这本书一定挺有趣吧。"

他折下一根树枝,凌空挥动着。两人又走了二十来步。

"您母亲结识的那个男爵是个什么人?"沃伦采夫又问道。

---

① 法语:先生们和女士们。

"是个宫廷侍从官,外省人;maman① 对他赞不绝口。"

"您母亲很容易对一个人着迷。"

"这说明她的心灵还非常年轻。"娜塔莉娅说。

"是的。我这几天就把您那匹马给您送回来。这匹马差不多调教好了。我还想教会它就地起跑,我能做到。"

"Merci...② 不过,我觉得过意不去,劳您亲自调教……据说,调教马匹是很辛苦的。"

"娜塔莉娅·阿列克谢耶夫娜,只要能给您稍稍带来点愉快,您知道吗,我甘愿……我……不单单是这种鸡毛蒜皮的小事……"

沃伦采夫语塞了。

娜塔莉娅友好地瞥了他一眼,又说了声:merci!

"您知道,"沃伦采夫沉吟了好一阵才接下去说,"世上没有一件东西能……可我何必说这个!您全都明白。"

就在这一刻,屋里敲钟了。

"Ah! la cloche du diner!③" m-lle Boncourt 高声说,"ren-trons.④"

"Quel dommage,⑤" 这位法国老女人跟在沃伦采夫和娜塔莉娅身后登上凉台台阶时,心里暗忖,"quel dommage que ce char-mant garcon ait si peu de ressources dans la conversation...⑥" 这句话译成俄语,可以是这样:你呀,我亲爱的,人挺可爱,就是有点儿傻。

男爵到吃午饭了还没有来。大家等了他半个来小时。大家围坐

---

① 法语:妈妈。

② 法语:谢谢。

③ 法语:啊!打铃吃饭了!

④ 法语:回屋去吧。

⑤ 法语:真可惜。

⑥ 法语:这个可爱的年轻人竟这样拙于言辞。

在餐桌旁,怎么也交谈不起来。谢尔盖·帕夫雷奇坐在娜塔莉娅身旁,两只眼睛只看着她,时不时殷勤地往她的杯子里添水。潘达列夫斯基拼命讨好坐在他旁边的亚历山德拉·帕夫洛夫娜,可是白费力气,尽管他使出浑身解数,满嘴甜言蜜语,她却差点儿没打哈欠。

巴西斯托夫把面包捏成一个个小球,脑子里什么也不想;连皮加索夫也一声不作,达莉娅·米哈伊洛夫娜向他指出,他今天很不可爱,他愁眉苦脸地回答说:"我何曾可爱过?可爱不是我的行当……"他苦笑了一下,加补说,"您稍微忍耐一下。要知道我不过是克瓦斯①,du prostoi② 俄国克瓦斯,而您的男爵是……"

"妙!"达莉娅·米哈伊洛夫娜大声叫好。"皮加索夫吃醋了,人家还没来他就先吃起醋来了!"

但是皮加索夫没有答理她,只是皱紧眉头瞥了她一眼。

钟敲七下,大家又聚集到客厅里。

"看来,他不会来了。"达莉娅·米哈伊洛夫娜说。

但是就在这一刻,响起马车的辚辚声,一辆不大的四轮马车驶进院子。不一会儿,一名仆人走进客厅,用一个银碟子托着一封信递呈给达莉娅·米哈伊洛夫娜。她飞快地把信浏览一遍,转过头来问仆人:

"送信来的先生在哪里?"

"在马车里,夫人。要请他进来吗?"

"请。"

仆人走了出去。

"想想看,多么扫兴,"达莉娅·米哈伊洛夫娜接着说,"男爵接到命令,要他立即回彼得堡。他让他的朋友,一位叫罗亭的先生,把他的文章送给我。男爵想把这位先生介绍给我,他对这位先生极口称赞。

---

① 俄国的传统饮料,用面包和水果发酵制成。
② 用法文字母拼读的俄语,意为"那种普通的"。

可是多么扫兴呀！我本来还希望男爵能在这儿住上一段时间……"

"德米特里·尼古拉耶维奇·罗亭到！"男仆通报说。

三

来人约摸三十来岁，高挑个儿，背微拱，鬈发，肤色黝黑，脸庞略欠端正，然而富有表情，聪明之态可掬，深蓝色的双目莹莹有光，很是灵活，鼻子大而直，嘴巴轮廓漂亮。他身上的衣服已经不新，而且嫌小，好像因为他长个儿了，所以衣服不合身了。

他快步走到达莉娅·米哈伊洛夫娜跟前，浅浅地鞠了一躬，说：他久已向往能有结识她的荣幸，又说，他的朋友男爵因不能亲自来辞行而深感遗憾。

罗亭的嗓音尖而细，跟他的身材和宽阔的胸脯不相称。

"请坐……我很高兴。"达莉娅·米哈伊洛夫娜说。她把他介绍给大家，接着问他是本地人还是外地人。

"我的领地在T省，"罗亭把帽子搁在膝上，回答说，"我到贵省不久，来办些事，暂时住在县城。"

"下榻谁家？"

"客居大夫家。他是我大学的老同学。"

"哦，大夫家。他口碑极好，都说他医术高明。您和男爵早就认识了吗？"

"我是去年冬天在莫斯科同他相识的，最近又在他家相聚近一个礼拜。"

"男爵是个绝顶聪明的人。"

"是的，夫人。"

达莉娅·米哈伊洛夫娜闻了闻她那洒满香水、打成结的手绢。

"您在哪里供职？"她问。

"谁？我吗，夫人？"

"是的。"

"不……我已经退职。"

冷场片刻。大家重又交谈起来。

"恕我好奇，请教个问题，"皮加索夫把脸转向罗亭，问道，"男爵先生托您送来的那篇文章的内容，您知道吗？"

"知道。"

"这篇文章论述的是商业的关系……哦，不对，想起来了，论述的是我国工业与商业的关系。达莉娅·米哈伊洛夫娜，好像您是这么说的吧？"

"是的，是论述这个……"达莉娅·米哈伊洛夫娜说，把一只手按在额上。

"虽然我在这类问题上是个门外汉，"皮加索夫继续往下说，"我还是要坦率地说，这篇文章的标题在我看来过于……怎么才能说得委婉些呢？……过于晦涩、费解。"

"您何以会有这样的看法？"

皮加索夫冷冷一笑，斜睨了达莉娅·米哈伊洛夫娜一眼。

"那么，依您看，清楚吗？"他又把他那张狐狸般的小脸盘转向罗亭，问道。

"依我看？清楚的。"

"哼……那还用说，在这种事上，您比我内行。"

"您头疼吗？"亚历山德拉·帕夫洛夫娜问达莉娅·米哈伊洛夫娜。

"不，不疼。我这是……C'est nerveux.①"

"恕我好奇，再请教个问题，"皮加索夫又夹着鼻音说道，"令友穆费尔男爵……他好像叫穆费尔吧？"

---

① 法语：是神经紧张。

"正是。"

"穆费尔男爵先生是专业从事政治经济学研究的呢,还是只在社交界交际应酬之余和公余抽点儿时间来做做这门有趣的学问的?"

罗亭凝神看了皮加索夫一眼。

"男爵在这方面是个业余爱好者,"他回答说,脸略略有点儿红了。"尽管如此,这篇文章不乏言之成理的独到见地。"

"我没有拜读过这篇文章,无法跟您争论……但是恕我大胆问一句,令友穆费尔男爵的文章内,想必一般推论多于事实吧?"

"文章内既有事实,也有以事实为依据的推论。"

"原来这样,先生,原来这样。不过我要奉告先生,按照我的看法……我是可以谈谈我的看法的,我曾在杰尔普特大学受过三年寒窗之苦……所有这些推论、假设、体系之类……恕我是个外省人,所谓的土老冒,说话直来直去……统统一文不值,都是坐而论道,糊弄人的。先生们,请拿出事实来,只要有事实就够了。"

"的确如此!"罗亭反驳说,"可是事实的涵义也要表述出来吧?"

"又扯到一般的推论上去了!"皮加索夫接口说,"这些个一般的推论、评论、结论简直要我的命!所有这一切都基于所谓的信念,每一个人都大谈其信念,还要求别人也尊重他的信念,赞美他的信念……唉!"

说到这里,皮加索夫凌空挥了一下拳头。潘达列夫斯基笑了起来。

"很好!"罗亭说,"如此说来,您认为信念是没有的?"

"没有——也不存在。"

"这是您的信念?"

"是的。"

"那您怎么说信念是没有的呢?您这不就先有了个信念。"

满屋的人都微微笑了笑,会意地相互看了一眼。

"且慢,且慢,但是……"皮加索夫刚开始说……

达莉娅·米哈伊洛夫娜已鼓起掌来,大声喝彩:"好,好,皮加索夫吃了败仗,吃了败仗!"随即轻轻地把罗亭手里的帽子拿掉。

"且慢高兴,夫人,有您高兴的时候呢!"皮加索夫悻悻然地说,"摆出一副高人一等的架势,说几句尖刻的话,是不够的,应当拿出证据来驳倒对方……我们已经偏离了争论的题目!"

"对不起,"罗亭冷静地指出,"事情非常简单。您不相信一般的推论,不相信什么信念不信念。"

"我不相信,不相信,说什么也不相信。"

"很好。您是个怀疑论者。"

"我看没有必要使用这种学术性的字眼。不过……"

"您别打断人家的话!"达莉娅·米哈伊洛夫娜插嘴说。

"咬,咬,咬!① "此刻潘达列夫斯基暗自在心里喊道,乐得咧开嘴笑了。

"怀疑论者这个字眼无非是表达我的看法。"罗亭往下说,"您理解这个字眼的意思,为什么不能使用这个字眼呢?您既然什么都不相信……那您为什么又相信事实呢?"

"为什么?问得好!事实是一目了然的,人人都知道事实是什么……我凭经验,凭我的感觉便可对事实作出判断。"

"难道感觉就不会欺骗您?感觉告诉您,太阳是绕地球转的……那您就不同意哥白尼了?连他都不相信了?"

笑容又从大家脸上掠过,所有的目光都汇集到罗亭身上。"他可不笨。"每个人都这么想。

"您很会说笑话,"皮加索夫说,"而且极富独创性,可惜文不对题。"

"到目前为止,我所说的话里边,"罗亭反驳说,"十分遗憾,独创的东西太少了,都是久已有之的老生常谈,说过成千上万遍了。问题不在于……"

---

① 原是猎人对猎犬发出的口令。

"那么在于什么?"皮加索夫老羞成怒,问道。

平时每逢争论,皮加索夫总是先把对手挪揄一通,然后出言伤人,最后铁板着脸一声不吭。

"问题就在于,"罗亭继续说,"我承认,我不能不感到由衷的遗憾,当我看到聪明人当着我的面攻击……"

"攻击体系?"皮加索夫打断他的话。

"对,就算是攻击体系也成。您何以要如此害怕这个字眼?任何一种体系都是建立在对基本规律、对生活原则的认识上……"

"夸夸其谈!要认识这些个规律、原则是断无可能的……"

"请原谅。这当然不是人人都能办到的,何况人又常常会出错。然而,您大概不会反对我的说法,举牛顿为例吧,他多少发现了几条基本规律。我们公认他是个天才,而天才的发现之所以伟大,就因为他的发现能成为人类共同的财富。力求从局部现象中找到普遍的原则,是人类智慧最主要的特性之一,而我们的全部学识……"

"先生,您扯到哪儿去啦!"皮加索夫拖长声音打断罗亭的话,"我是个讲求实际的人,对所有这些脱离实际的玄学从未研究过,也不想研究。"

"很好,随您便。但是,请注意,您想做一个彻头彻尾地讲求实际的人,这种向往本身就是一种体系,一种理论……"

"学识!您大谈其学识,"皮加索夫接口说,"亏您又想出了个哗众取宠的话题!叫您捧上了天去的学识,谁个稀罕!您那个学识,叫我花一个铜板我也不要!"

"阿夫里坎·谢苗内奇,您争论得有欠气度了!"达莉娅·米哈伊洛夫娜说,心里边对她新朋友的稳健和风雅极为满意。"C'est un homme comme il faut,①"她一边这么想,一边怀着善意的关切望了望

---

① 法语:这是个上流社会的人物。

罗亭,"得跟他亲热才是。"最后这句话她是在心里边用俄语讲的。

"我不必为学识辩护,"罗亭沉吟片刻,继续说,"学识也无须我替它辩护。您不喜欢它……人各有志。而且我们也扯得太远了。请容许我提醒您有这么一句古语:'朱庇特①,你生气了,所以你错了。'我想说的是,所有这些对体系、对一般的推论等等的攻击之所以特别可悲,就在于人们在否定体系的同时,把知识、科学和对科学的信心也一并否定了,因而也就否定了对自己、对自己的力量的信心。然而人是必需要有这种信心的,因为人不能单靠感觉来生活,人不应该害怕思想,不信任思想。无能和无力历来是怀疑论的特点……"

"全是空话!"皮加索夫嘟囔说。

"也许是。不过我要提请您注意,我们在说'全是空话'时,往往想借此逃避说出几句比空话有道理的话来。"

"先生,您说什么?"皮加索夫蹙紧眉头问。

"您明白我要对您说什么,"罗亭不由自主地不耐烦地反驳说,但立刻把不耐烦的情绪克制了下去,"我再噜苏一遍,一个人如果没有他坚信的原则,没有他坚持的立场,他怎能认清自己人民的需要、作用和未来呢?他又怎能知道自己该做些什么,如果……"

"恕我不再奉陪!"皮加索夫生硬地说,鞠了一躬,退到一旁,对谁都不看一眼。

罗亭望了他一眼,冷冷一笑,也住口了。

"啊哈!他败下阵来了!"达莉娅·米哈伊洛夫娜说。"您不必介意,德米特里……请原谅,"她亲切地微笑着说,"请教您的父名怎么称呼?"

"尼古拉伊奇②。"

---

① 朱庇特是古罗马神话的主神,又指盛气凌人的人。
② 即前"尼古拉耶维奇",这样称呼,更富敬意。

"亲爱的德米特里·尼古拉伊奇,您不必介意!他骗不过我们当中任何人。他想装成他不愿意争论下去的样子……其实他感觉到他没有能力跟您争论了。您最好坐得靠我们近一些,我们可以好好聊聊。"

罗亭把安乐椅挪近了些。

"我们怎么迟至今日才认识?"达莉娅·米哈伊洛夫娜继续说。"这使我百思不解……这本书您看过吗? C'est de Toc-queville, vous savez？①"

达莉娅·米哈伊洛夫娜说罢,把那本法文小册子递给罗亭。

罗亭接过那本薄薄的小册子,翻了几页,放回到桌上,回答说,托克维先生的这部著作,说实在的,他没有读过,但是书中所提的问题,他倒经常思考。于是一篇洋洋大观的宏论开始了。起初,罗亭似乎还在犹豫。拿不定主意要不要谈,也找不到恰当的字眼,但是他终于激情勃发,开始阐述自己的见解。一刻钟后,偌大的客厅内只听见他一个人的声音,大家都围坐在他身旁。

只有皮加索夫一人远远地待在壁炉旁边的角落里。罗亭的讲话才气洋溢,充满激情,且条理分明,表明他知识丰富,博览群书。谁也没有料到他竟是这么一位卓尔不群的人……他的衣着那么平常,况且又名不见经传。大家都感到不解,感到奇怪,这样一位大智大慧的人怎么会突然出现在这个穷乡僻壤。尤其使大家惊奇的是,他把大家,可以说,从达莉娅·米哈伊洛夫娜开始,都给迷住了……她为自己能物色到这么一位天才而自豪,已经预先在想怎样把罗亭引进上流社会。她尽管已上了年纪,但是在观察一个人时,她最初的印象却往往是相当幼稚天真的。亚历山德拉·帕夫洛夫娜对于罗亭的长篇大论,

---

① 法语:这是托克维写的,您知道吗? (阿·托克维〈1805—1859〉,法国政治家、政论家、历史学家,著有《论美国的民主》一书及许多政治性小册子。)

说实话,听懂的很少,但却感到非常惊异和喜悦;她的弟弟也感到惊异;潘达列夫斯基注视着达莉娅·米哈伊洛夫娜的一颦一笑,醋意大发;皮加索夫则在想:"我花上五百卢布买只夜莺,唱起来要比他好听得多!"但是最感震惊的,要数巴西斯托夫和娜塔莉娅。巴西斯托夫几乎气都喘不过来,他一直坐在那里,张开嘴巴,瞪大眼睛,听呀,听呀,好像他自出娘胎以来,从没听到过人讲话似的,而娜塔莉娅则脸上泛起了红晕,她的目光一动不动地凝视着罗亭,时而黯淡,时而灼灼生光……

"他的眼睛多么好看!"沃伦采夫跟她耳语说。

"是的,很好看。"

"可惜他的手太大,太红。"

娜塔莉娅没有答理。

送上了茶。大家闲聊起来。但是只要罗亭一开口,大家立刻缄口不语,足见他给人的印象之强烈。达莉娅·米哈伊洛夫娜突然想逗弄一下皮加索夫。她走到他跟前,悄声对他说:"您干吗一声不吭,只是一个劲儿冷笑?您再试试,跟他较量较量。"也不等他回答,她就招手叫罗亭过去。

"他还有件事您不了解,"她指着皮加索夫对罗亭说,"他极端仇视女性,一刻不停地谩骂她们;劳驾您将他引上正道。"

罗亭看了看皮加索夫……是居高临下地看的,其实这由不得他,因为他比皮加索夫高出两个头。皮加索夫气得差点儿脸都歪了,他满面激愤,面如纸色。

"达莉娅·米哈伊洛夫娜所言不实,"他以迟疑的口吻开始说,"我不单单骂女人,我对整个人类都没有什么好感。"

"您何以对人类不抱好感?"罗亭问。

皮加索夫直视着罗亭的眼睛。

"大概是因为我一直研究自己的内心世界,发现我的内心一天比一天卑鄙龌龊的缘故吧。于是我以己之心度人之腹。也许这是冤枉了别人,我要比别人坏得多;可是有什么办法呢？习惯使然！"

"我理解您,而且同情您。"罗亭说,"哪个高尚的心灵不曾有过这种妄自菲薄的冲动？然而不能滞留在这种作茧自缚的境况中而不求出路。"

"承蒙抬举,发给我一张心灵高尚的证书,感激莫名。"皮加索夫反唇相讥,"至于我的境况——还过得去,不算坏,因此即使有现存的出路我也不屑一顾！更别说去寻求出路了。"

"如此说来——恕我直言——您宁愿求得自尊心的满足,也不愿去寻求真理,为真理而生活……"

"那还用说！"皮加索夫高喊着说,"自尊心——我是懂得的,我相信您也懂得,人人都懂得；而真理——真理是什么？这个真理,它在哪里？"

"我得提醒您,您又在老调重弹了。"达莉娅·米哈伊洛夫娜指出。

皮加索夫耸了耸肩。

"就算重弹老调又有什么不可？我就是要问：真理何在？连哲学家们都不知道真理究竟是什么？康德说：真理是如此这般的；但是黑格尔却说,不对,你一派胡言,真理是这样的。"

"您可知道黑格尔关于真理是怎么说的吗？"罗亭问,没有提高嗓音。

"我再说一遍,"情绪激动的皮加索夫继续往下说,"我不懂真理是什么,也无法弄懂。据我看,世界上根本就没有真理,就是说,真理这个字眼是有的,真理本身却是没有的。"

"呸！呸！"达莉娅·米哈伊洛夫娜喊了起来,"您,罪孽深重的老家伙,怎么好意思说出这种话来！没有真理？要真是如此,那又何必活在世上？"

"达莉娅·米哈伊洛夫娜,我心里在琢磨,"皮加索夫面有愠色地反驳说,"对您来说,没有真理,总比没有您那个煮得一手好汤的厨师斯捷潘要好过些吧!请问,您要真理有什么用?又不能用真理去缝包发帽。"

"取笑算不上辩驳,"达莉娅·米哈伊洛夫娜说,"尤其是乱说一气,中伤别人……"

"我不知道什么是真理,但是很显然,说真话是刺耳的。"皮加索夫悻悻然地嘟囔了一句,气呼呼地退到一旁。

而罗亭却谈论起自尊心的问题来,句句叫人信服。他说,没有自尊心的人是一无价值的小人,自尊心是阿基米德杠杆,可以移动地球;只有善于驾御自己的自尊心,如骑手之善于驾御马匹,只有愿为大众的福利而牺牲自己的人,才配得上人的称号……

"而自私,"他结束他的话说,"却是自戕。一个自私的人,就像一棵孤零零的不结实的树,会枯萎而死;而自尊作为力求尽善尽美的一种强有力的渴望,却是一切伟大事业的源泉……是啊!一个人应当铲除自己身上顽固的利己主义,以便给自己的个性以充分表现的权利!"

"您可不可以借支铅笔给我?"皮加索夫对巴西斯托夫说。

巴西斯托夫一时没有弄懂皮加索夫向他借什么。

"您要铅笔做什么?"他终于反应过来,问道。

"我要把罗亭先生最后这句话记下来。不记,怕忘掉!您必定会同意,像这样的句子好比打纸牌赢了个大满贯!"

"阿夫里坎·谢苗内奇,对有些事是不该取笑和挖苦的!"巴西斯托夫涨红了脸说道,随即转过身去不再理他。

这时罗亭走到娜塔莉娅跟前。她站了起来,脸上露出忸怩不安的神态。

坐在她身旁的沃伦采夫也站了起来。

"我看到有架钢琴,"罗亭像个外出旅行的王子,温和而又亲切地问道,"是您弹的吗?"

"是的,是我弹的,"娜塔莉娅说,"不过弹得不太好。这位康斯坦丁·季奥米德奇弹得比我好得多。"

潘达列夫斯基伸出头,露齿一笑。

"娜塔莉娅·阿列克谢耶夫娜,您过谦了,您弹得一点儿不比我差。"

"您知道舒伯特的《Erlkönig》^①吗?"罗亭问。

"他知道,知道。"达莉娅·米哈伊洛夫娜接口说,"Constantin,请坐下弹……德米特里·尼古拉伊奇,您喜爱音乐?"

罗亭只是微微点了点头,用手抚了抚头发,像是说,他已准备洗耳恭听了……潘达列夫斯基开始弹奏。

娜塔莉娅站在钢琴边,面对罗亭。琴声刚一响起,他脸上顿时神采飞扬。他那双深蓝色的眼睛缓缓地游移着,偶尔驻留在娜塔莉娅身上。潘达列夫斯基弹完此曲。

罗亭什么话也没说,踱到敞开的窗口。香气馥郁的薄雾好似一层轻纱笼罩着花园,近处的果木散发出催人入睡的清新气息。满天星斗幽幽地闪着光。仲夏的夜晚悠闲自在,也使人悠闲自在。罗亭望了一会儿夜色朦胧的花园,又转过身来。

"这音乐和这夜色,"他说道,"令我忆起了我在德国度过的大学生时代:我们的聚会,我们的小夜曲……"

"您去过德国?"达莉娅·米哈伊洛夫娜问。

"我在海德堡生活了一年,在柏林生活了将近一年。"

"您还穿过大学生校服?听说,他们那里校服有点儿特别。"

"在海德堡脚上穿的是大皮靴,镶有马刺,身上穿的是轻骑兵式短外套,缀有流苏,头发长得披到肩上……在柏林,大学生的穿着跟普通人一样。"

"请讲点儿您的大学生活给我们听。"亚历山德拉·帕夫洛夫娜说。

---

① 德语:《森林王》。

罗亭开始讲他的大学生活。讲得不太成功。平淡无奇。他不善于引人发笑,幸好他很快就把话题从自己的国外经历转到一般议论上来,从总体上来谈论教育与科学的意义,从总体上来谈论大学和大学生活。他以粗犷奔放的线条大胆地勾勒出一幅气势磅礴的图画。大家都全神贯注地听着。他妙语连珠,激荡人心,但是意思不太清晰……然而正是有欠清晰反使他的讲话具有一种特殊的魅力。

罗亭的思潮汹涌而至,妨碍了他确切、明确地表达他的思想。一些形象替代另一些形象;一个比喻紧接另一个比喻,有的比喻出奇地大胆,有的比喻贴切得令人叫绝。他这番不吐不快的即兴之谈,决非惯于高谈阔论之流洋洋自得的文字卖弄,而是灵感一泻千里的抒发。他没有去搜索辞藻,因为辞藻自身顺着他的思路流畅地涌至他嘴边,每一个字像是从他心灵深处喷薄而出,燃烧着信念的火焰。罗亭掌握了一个几乎是最高的奥秘——辩才的音乐。他能够拨动一根心弦,而令其余所有的心弦随之隐隐鸣响,颤动不已。有的听者,看来没有完全听懂他讲的话,可是他们的胸脯仍然高高鼓起,他们眼前的帷幕仍然开启,让他们看到了前方璀璨夺目的光明。

罗亭的全部思想似乎都在向未来奔腾而去;这就赋予他的思想以某种一往直前、生气蓬勃的活力……他站在窗前,眼睛并不专门看着某个人,侃侃而谈,——大家如此赞赏他,注意他,妙龄女子近在咫尺,夜色又这般美丽,这一切激发了他的灵感,他本身汹涌澎湃的思潮则焕发了他的激情,从而使他登上了辩才的巅峰,诗意的绝顶……他聚精会神的平静的语调增强了他语言的魅力,似乎有一种崇高的、连他自己也意料不到的语言正借他之口滔滔不绝地说了出来……罗亭讲述着是什么赋予短暂的人生以永恒的意义。

"我想起了一个斯堪的纳维亚的传说。"他结束讲话时说,"那是在冬天的一个夜晚,在一间长长的黑咕隆咚的草屋里,皇帝和他的武士们正围火而坐,突然间,有只不大的鸟从洞开的门里飞进屋来,又从另一扇门里飞了出去。皇帝指出,这只小鸟好似人生在世:从黑暗中飞来,又往黑暗中飞去,在温暖和光明中只逗留了没有多久……一个年纪最大的武士持有异议,他说:'陛下,小鸟即使在黑暗中也不会迷失方向,能找到它的归巢……'的确,我们的生命是短暂的,不足道的,然而一切千秋伟业都是由人来建树的。如果一个人意识到自己是这些崇高力量的工具,那么这种意识便能替代其他乐趣,便能从死亡中找到自己的生命,找到自己的归巢。"

罗亭住口了,不由自主腼腆地微微一笑,垂下了眼睛。

"Vous êtes un poète①,"达莉娅·米哈伊洛夫娜轻声说。

所有的人心里都赞同她的评价——所有的人,除了皮加索夫。不等罗亭的长篇大论结束,他就悄悄拿起帽子走了,他对站在门口的潘达列夫斯基咬牙切齿地说:

"受不了!我还不如去找那些傻瓜!"

谁也没有留他,谁也没有发觉他已经不在了。

仆人们端上晚餐。半小时后,曲终人散,有的乘车,有的步行。达莉娅·米哈伊洛夫娜请罗亭留下过夜。亚历山德拉·帕夫洛夫娜和弟弟驱车回家,途中她好几次对罗亭非凡的聪明表示赞叹和惊奇。沃伦采夫同意她的看法,不过指出,罗亭的话偶尔有点晦涩……就是说,不太容易理解,他又这么加补说,大概是想把自己的意思表达清楚;然而他的脸色变得阴沉了,他那凝视着马车一角的目光,似乎更加忧伤。

潘达列夫斯基解下绣花丝背带,躺到床上的时候,大声说:"好一个机灵的人!"突然,他严厉地瞥了一眼侍候他的小厮,喝令他出去。巴西斯托夫一夜没有睡,也没有脱衣服,给他在莫斯科的一个同学写信,一直写到天亮;而娜塔莉娅虽然脱了衣服,睡到床上,可是连一分钟也没有睡着,整夜没有合眼。她用手支着头,目不转睛地凝睇着黑

---

① 法语:您是个诗人。

暗;她的血管狂热地跳动着,沉重的叹息时时使她的胸部微微隆起。

四

次日早晨,罗亭刚穿好衣服,达莉娅·米哈伊洛夫娜就派仆人来请他去她书房共进早茶。罗亭来到书房,看到只有她一个人。她非常亲热地向他道好,问他夜里睡得可香,亲手给他斟茶,甚至问他茶里加的糖够不够,还敬了他一支烟,而且两次表示相见恨晚。罗亭本想坐得稍远一些,但是达莉娅·米哈伊洛夫娜却要他坐到她安乐椅旁的一张小软凳上。她稍稍把身子靠近他,问他的家世、志向和有什么打算。达莉娅·米哈伊洛夫娜漫不经心地问这问那,心不在焉地听他回答;然而罗亭却十分清楚,她这是在讨他的欢心,几乎可以说在向他献媚。这次早晨的会面和她简朴而典雅的衣着,à la madame Récamier,① 都是她精心安排的。不过达莉娅·米哈伊洛夫娜很快就不再向他问长问短;她开始给他讲述她自己的事,她的青春年华,以及和她交往的人。罗亭兴致勃勃地细听她饶舌,然而——真是奇怪!——不管达莉娅·米哈伊洛夫娜谈到谁,站在首位的总是她自己,只有她自己一人,而那个她谈到的人却不知怎的渐渐模糊了,消失了。不过罗亭却从中详细地知道了达莉娅·米哈伊洛夫娜对某某家喻户晓的达官显贵说过些什么话,对某某同样家喻户晓的著名诗人有过什么影响。根据达莉娅·米哈伊洛夫娜的讲述,可以认为,近二十五年来,所有出类拔萃的名人梦寐以求的无不是一睹她的芳容,博得她的青睐。她随口提起他们,并不以与他们交往为荣,她对他们不加一句赞词,就像谈的是自己家里的人,并把有些人称作怪物。她谈论他们时,把他们说成是围

---

① 法语:雷加米契夫人式〔雷加米契夫人(1777—1849),巴黎著名文学政治沙龙的主持人,设计有以她名字命名的多袭时装。〕

绕在一颗宝石四周的华美的框饰,他们的名字好似众星捧月般捧着一个最重要的名字——达莉娅·米哈伊洛夫娜……

罗亭听着,抽着烟,不作声,只是偶尔在这位喋喋不休的贵妇人的谈话中插进一言半语。他善于说话,也喜欢说话;然而与人交谈他却感到不自在,不过他善于听对方讲。不论任何人,只要一开始没有被他的声势吓倒,都会信赖地向他袒露心曲,因为他不但非常乐意听别人讲,而且还鼓励别人畅所欲言。他生性十分善良——那是一种凡惯于觉得自己比他人高尚的人心中所充溢的特殊的善良。每逢争论,他很少等对方把话说完,就用自己急风骤雨般的充满激情的雄辩把对方压下去。

达莉娅·米哈伊洛夫娜用俄语讲话。她喜欢炫耀她的国语知识。虽然她时不时脱口而出,夹进一两个法语词汇或者法语化了的俄语单词。她还故意插些平民百姓的用语,但用得并不都恰当。达莉娅·米哈伊洛夫娜这种大杂烩式的怪里怪气的语言,罗亭听了并不觉得刺耳,不过他也未必听得出。

达莉娅·米哈伊洛夫娜终于说累了,把头靠在安乐椅的靠枕上,两只眼睛睃着罗亭,不再作声。

"现在我明白了,"罗亭慢吞吞地说,"我明白您为什么每年夏天都到乡下来。对您来说,这样的休息是必不可少的;在喧嚣的京城生活了一阵之后,乡间的宁静会使您神清气爽,身体健康。我相信,您对大自然的美一定深有感受。"

"大自然……是呀……是呀,那当然……我爱大自然,爱得无以复加;可您知道吗,德米特里·尼古拉伊奇,即使在乡下,不同人交往也是不行的。可这里几乎没有一个人。皮加索夫在此间算得上是个绝顶聪明的人了。"

"就是昨天生气的那个老头儿?"罗亭问。

"是的,就是他。不过在乡下,他是可以派用场的,哪怕逗个乐也好。"

"他这人并不傻,"罗亭说道,"但是他路没有走对。达莉娅·米哈伊洛夫娜,不知道您同不同意我的看法,否定,一概的、全盘的否定,有百弊而无一利。您否定一切,就能轻而易举地被誉为聪明人,其实这种花招,明眼人一看便知。老实人听了马上会认为您比您所否定的要高明。然而十有八九不是这么回事儿。首先,凡事都有欠缺之处;其次,即使您否定得在理,对您却更为不利,您把聪明才智都用在否定上,那您的聪明才智就会衰退,就会枯竭。您的虚荣心固然得到了满足,可您却失去了观察事物的真正乐趣;而生活——生活的实质——却从您浅薄而又偏颇的观察中溜走了,结果您只得当一个成天骂街、逗人发笑的角色。只有爱别人的人,才有权指摘别人,责骂别人。"

"Voilà m-r Pigassoff enterré①,"达莉娅·米哈伊洛夫娜说,"您真正是个有知人之明的高人!不过皮加索夫想必不会理解您。他只爱他自己。"

"他骂他自己,也只是为了有权骂别人。"罗亭接口说。

达莉娅·米哈伊洛夫娜笑了起来。

"这就叫拖人……就如常言说的……拖人下水之计。顺便问一下,您认为男爵这人怎样?"

"男爵?他是个好人,心地善良,也有知识……然而性格脆弱……所以他终其一生也只能成为半个学者、半个上流社会人士,换句话说,他是半瓶醋,也就是说,他不会有什么出息……我为他扼腕!"

"我也是那么看,"达莉娅·米哈伊洛夫娜说,"我看了他的文章……Entre nous...cela a assez peu de fond.②"

"您在此间还有什么人可以交往?"罗亭沉吟有顷,问道。

达莉娅·米哈伊洛夫娜用小指头弹掉烟灰。

---

① 法语:所以皮加索夫先生完蛋了。
② 法语:不足与外人道……文章并不深刻。

"几乎没有什么人。您昨晚见到的利平娜,亚历山德拉·帕夫洛夫娜,她非常可爱,不过仅此而已。她的弟弟——人也很好,un parfait honnête homme。① 还有您认识的加林公爵。就这些。再有两三个邻居,不值一提。不是装腔作势,目空一切,就是扭扭捏捏,上不了台面,要不就不分场合,肆无忌惮。至于太太们,您知道,我同她们素无往来。还有一个邻居,据说很有学问,甚至可以说学富五车,但是脾气怪僻得要命,满脑子幻想。Alexandrine 认识他,好像对他挺有好感……德米特里·尼古拉伊奇,您应该多多关心她,她是个可爱的人,只是得帮她再提高些,一定得帮她!"

"她非常讨人喜欢。"罗亭指出。

"德米特里·尼古拉伊奇,她完全是个孩子,真正是个孩子。她嫁过人, mais c'est tout comme②。如果我是个男人,我只爱这样的女人。"

"真的吗?"

"那还用问。像她这样的女人至少还是鲜嫩的,而鲜嫩是装不出来的。"

"那么其余都是装得出来的啰?"罗亭问罢,笑了起来,这在他是罕见的。他只要一笑,脸上就露出一种怪样的表情,活像个老头儿,眼睛眯成一条线,鼻子打起皱来……

"您说的利平娜太太对他颇有好感的那个怪人是谁?"他问。

"本地一个姓列日涅夫的地主,名叫米哈伊洛·米哈伊雷奇。"

罗亭吃了一惊,抬起了头。

"列日涅夫,米哈伊洛·米哈伊雷奇?"他问,"他难道是您的邻居?"

"是的。您认识他?"

罗亭沉默了一会儿。

---

① 法语:一个非常正派的人。
② 法语:但是这无伤大雅。

"我以前认识他……很久以前了。他好像很有钱吧?"他加补说。用手抚摩着安乐椅的穗子。

"是的,很有钱,可是穿着十分蹩脚,驾一辆两轮轻便马车,活像个管家。我非要请他来,据说,他很聪明,我有事要找他……您知道吗,我的庄园由我亲自掌管?"

罗亭点点头。

"是的,我亲自掌管。"达莉娅·米哈伊洛夫娜继续说道,"我从不搬用外国那些个五花八门的办法,我只按我们自个儿的、俄国的方法经营,您看,我管得好像还不错吧,"她用手臂挥了个弧形的手势,加补说。

"我一向认为,"罗亭彬彬有礼地指出,"那些不承认妇女有实际办事能力的人,是很不公正的。"

达莉娅·米哈伊洛夫娜高兴地笑了。

"您对妇女真是宽宏大量。"她说,"慢着,我刚才要说什么来着?我们说什么来着?对了!说起了列日涅夫。我得跟他划定地界。我几次三番请他来,今天还在等他;可是他,真是天晓得,就是不肯上门……就这么个怪人!"

门帘轻轻掀开,管家走了进来,他身材高大,头发花白,谢顶,身穿黑色燕尾服和白背心,系白领带。

"你有什么事?"达莉娅·米哈伊洛夫娜问来人,接着略略向罗亭转过头去,低声说,"N'est ce pas, comme il ressemble à Canning ?"①

"米哈伊洛·米哈伊雷奇·列日涅夫来了,"管家通报说,"您见他吗?"

"哎哟,我的天!"达莉娅·米哈伊洛夫娜叫了起来,"刚说到他,他就到。有请!"

管家退下。

---

① 法语:他真像康宁,是吗?〔按:乔治·康宁(1770—1827)系英国保守派政治家。〕

"这个怪人总算来了,可来得不是时候,把我们的谈话给搅了。"

罗亭站起身来要走,但是达莉娅·米哈伊洛夫娜示意他留下来。

"您去哪里?我们尽可当着您的面谈。我还希望您像剖析皮加索夫那样,给我剖析一下这个人。您讲话 vous gravez commeavec un burin①。您留下。"

罗亭本想说什么,但转念一想,没有走。

读者已经认识的米哈伊洛·米哈伊雷奇走进书房。他还是穿着那件灰不溜丢的大衣,晒黑的手里拿着的还是那顶旧制帽。他从容地向达莉娅·米哈伊洛夫娜鞠了一躬,走到茶桌前。

"麦歇②列日涅夫,您终于光临舍下!"达莉娅·米哈伊洛夫娜说。"请坐。听说二位早就认识,"她指了指罗亭,说。

列日涅夫瞥了罗亭一眼,怪模怪样地笑了笑。

"我认识罗亭先生。"他颔首说。

"读大学的时候我们在一起。"罗亭低声说,垂下了眼睛。

"后来我们还见过面。"列日涅夫冷冷地说。

达莉娅·米哈伊洛夫娜带着几分诧异之色看了看两人,请列日涅夫坐下。他坐了下来。

"您想见我。"他开始说,"是为了划定地界的事吧?"

"是的,是为了划定地界的事,不过,我真的希望见见您。我们可是近邻呀,而且还多少沾点儿亲。"

"十分感谢,"列日涅夫说,"至于划地界的事,我已经跟府上的管家谈妥了,我举双手赞同他的全部建议。"

"这事我已经知道。"

"不过他跟我说,不跟您面谈一次就签不了约。"

---

① 法语:就像用刻刀雕刻一样。
② 法语"先生"之音译。原文此处是用俄文来拼读此字的。

"是的,这是我定下的规矩。顺便问一句,您的农奴好像都是缴代役租的①?"

"是的。"

"划地界的事,由您亲自奔走吗?可敬可佩。"

列日涅夫沉默了一会儿,说:

"瞧,我这不前来面见夫人了。"

达莉娅·米哈伊洛夫娜冷冷一笑。

"我瞧见了。听您说话的这种口气……想必很不乐意来我这里。"

"我哪里都不走动。"列日涅夫沉着地反驳说。

"哪里都不走动?那您去亚历山德拉·帕夫洛夫娜家吗?"

"我同她弟弟是老朋友。"

"同她弟弟!不过,我这人从不勉强别人……米哈伊洛·米哈伊雷奇,我比你大几岁,恕我倚老卖老,我是可以说你几句的:您何苦要过这种孤芳自赏的生活?您究竟是不喜欢我的宅第,还是不喜欢我?"

"达莉娅·米哈伊洛夫娜,我跟您从未谋面,怎谈得上喜欢不喜欢您。您的宅第很漂亮;但是,我不得不坦诚相告,我这人不喜欢受拘束。我连一件像样的燕尾服都没有,手套也没有;再说,我也不是您的朋类中人。"

"米哈伊洛·米哈伊雷奇,论出身,论您受的教育,您都是我的朋类中人! vous êtes des nôtres.②"

"达莉娅·米哈伊洛夫娜,谈什么出身和教育!问题不在这里……"

"米哈伊洛·米哈伊雷奇,一个人应当跟他人交往!莫非您想学

---

① 俄国农奴分两种,一种是无偿地为地主劳动的,称劳役租制农奴;一种是缴纳田租的,称代役租制农奴。

② 法语:您是我们圈子里的。

第欧根尼①的样,坐在桶里?"

"首先,他觉得坐在桶里很舒服;其次,您又怎么知道我不跟他人交往呢?"

达莉娅·米哈伊洛夫娜咬了咬嘴唇。

"那就又当别论了!我只能深感遗憾,我无缘厕身于您愿意与之交往的人中。"

"麦歇列日涅夫,"罗亭插嘴说,"看来,您把那种最值得赞美的感情,热爱自由的感情,看得过重了。"

列日涅夫什么话也没有回答,只瞥了罗亭一眼。接着是短暂的冷场。

"那么,夫人,"列日涅夫一边说,一边站起身来,"我可以认为我们的事已经结束,请关照贵管家把契约给我送来。"

"请便……按理说,您的态度那么不友好……我是可以拒绝的。"

"可是要知道,这次划地界,您得益远比我多。"

达莉娅·米哈伊洛夫娜耸了耸肩膀。

"您连在舍下用点儿早餐都不肯赏光吗?"她问。

"太感谢您啦,可我一向不吃早饭,再说,我有急事要回去。"

达莉娅·米哈伊洛夫娜站起身来。

"我不留您,"她一边说,一边站起身来走到窗口,"也不敢留您。"

列日涅夫鞠躬告辞。

"麦歇列日涅夫,再见!对不起,惊扰您了。"

"没什么,别客气。"列日涅夫说罢就走了。

"怎样,看到了吧?"达莉娅·米哈伊洛夫娜问罗亭,"我早听人说

---

① 第欧根尼(约公元前404—约公元前323),古希腊犬儒学派哲学家,生活从不讲究舒适,传说他常年住在桶里。亚历山大王来看他,问他有何要求,他回答说:"请走开些,别挡住我的阳光。"

他是个怪物;怪僻是很要不得的!"

"他跟皮加索夫害的是同样的毛病,"罗亭说,"两人都想标新立异。皮加索夫想装成靡非斯特①,而这位想扮演犬儒主义者②。在这一切里边,自私自利的成分太多,虚荣心太多,而真诚和爱却微乎其微。这种人有他们的小算盘:一个人戴上冷漠和懒散的假面具后,说不定有人会想:瞧这人,把自己的才能都给断送了!可是只消仔细看一看,就可发现他根本什么才能也没有。"

"Et de deux!③"达莉娅·米哈伊洛夫娜说,"您知人论世真是入木三分。什么都瞒不过您的眼睛。"

"您这样想吗?"罗亭说……"不过,"他接着说,"说实在的,我不该议论列日涅夫;我曾经爱过他,情同手足……可是后来,由于种种误会……"

"你们吵架了?"

"没有。不过我们分道扬镳了,看来,永无重拾旧情之日。"

"我看出来了。他跟我交谈的时候,您一直好像很不自在……不管怎么说,为了今天这个早晨,我万分感激您,让我过得非常愉快。然而万事要适可而止。您请便吧,吃早饭时见。我这就要去处理些事情。我的秘书,您已经见到过他了,Constantin, c'est lui qui est mon secrétaire④,想必已经在等我了。我要把他介绍给您,他是个优秀的青年,克勤克俭,您使他欣喜若狂!再见,cher⑤德米特里·尼古拉伊奇!我是多么感激男爵把您介绍给我呀!"

---

① 靡非斯特是歌德诗剧《浮士德》中的魔鬼。喻否定一切,怀疑一切的人。
② 系指玩世不恭、恬不知耻的人。
③ 法语:这回是评第二个了!
④ 法语:康斯坦丁,这就是我的秘书。
⑤ 法语:亲爱的。

于是达莉娅·米哈伊洛夫娜把手伸给罗亭。罗亭先把这只手握了握,然后举到唇边吻了吻,随即离开书房,走进大厅,又从大厅走到凉台。他在凉台上碰见了娜塔莉娅。

五

达莉娅·米哈伊洛夫娜的女儿娜塔莉娅·阿列克谢耶夫娜,初看上去也许并不起眼。她还没有完全发育成熟,瘦骨嶙峋,肤色黝黑,微微拱着背。然而她的五官却美丽端正。虽然对一个十七岁的少女来说,她的脸庞过于大了些。她脸庞上最美的是前额,白如羊脂,平整匀称。额下两叶修眉好似到眉心才分开。她木讷寡言,专心于听和看,专心到了全神贯注的地步,像是要把一切底细探究明白。她常常一动不动地站在那儿,垂下双手,沉入遐思;这时她内心的思绪便会反映到她脸上……一丝几乎难以觉察的微笑会掠过她双唇,旋即又悄然隐去;乌溜溜的大眼睛会慢慢地抬起……"Qu'avez-vous?①" m-lle Boncourt 便会问她,接着就说她,哪有姑娘家这样心事重重、失魂落魄的,不成体统。但娜塔莉娅并未失魂落魄,相反,她学习勤奋,喜欢看书和女红。她感情深沉而强烈,但是含而不露,她就是小时候也不常哭,现在更是连叹气都很难得了,有什么事伤了她的心,她只是脸色变得苍白一些。她母亲认为她是个老实、明理的姑娘,开玩笑地叫她: mon honnête homme de fille②,对她的智力评价不高。她母亲常说:"幸好我的娜塔莎处事冷静,不像我……这样倒好。她今后会幸福的。"达莉娅·米哈伊洛夫娜错了。不过天下有几个做母亲的能够了解自己女儿?

娜塔莉娅爱达莉娅·米哈伊洛夫娜,但并不完全信任她。

---

① 法语: 您怎么啦?
② 法语: 我老实巴交的女小子。

"好在你没什么事要瞒我，"有一回，达莉娅·米哈伊洛夫娜对她说，"否则你会瞒得铁桶也似，你这人呀，什么事都藏在心里……"

娜塔莉娅瞅了瞅母亲的脸，心里思忖："为什么不藏在心里？"

罗亭在凉台上遇到她时，她正要同 m-lle Boncourt 回屋去戴帽子，上花园散步。她早间的课已经结束。家里已不再把她当小女孩看待，m-lle Boncourt 早已不再给她讲授神话课和地理课；不过娜塔莉娅每天早晨还必须在她监督下读历史书、游记和其他有益的书。书是由达莉娅·米哈伊洛夫娜选定的，好像她对女儿读什么书自有一套主张。其实她只是把彼得堡一个法国书商寄给她的书，一古脑儿拿给娜塔莉娅去读而已，当然，小仲马公司出版的长篇小说不在其内。达莉娅·米哈伊洛夫娜把那些小说留下来自己看。娜塔莉娅读历史书的时候，m-lle Boncourt 总要透过镜片，时不时特别严厉、特别不满地瞥娜塔莉娅一眼，因为在这位法国老小姐看来，自古迄今的整部历史充斥着为天地所不容的东西。可是不知怎的，古代伟人中，她却偏偏只知道一个冈比西[①]，而近代的又偏偏只知道路易十四和她深恶痛绝的拿破仑。其实娜塔莉娅还读 m-lle Boncourt 压根儿不知道的书，如普希金的著作，普希金的每一部作品，她都能倒背如流……

碰见罗亭，娜塔莉娅的脸微微一红。

"二位去散步？"他问她。

"是的。我们上花园去。"

"我可以奉陪吗？"

娜塔莉娅看了看 m-lle Boncourt。

"Mais certainement, monsieur, avec plaisir[②]，"法国老小姐连忙说。

罗亭拿着帽子，跟她们一起走去。

[①] 冈比西，古波斯帝国国王，公元前 529 年—公元前 522 年在位，曾征服埃及。

[②] 法语：当然，先生，很高兴。

同罗亭顺着一条小径比肩而行，娜塔莉娅起初颇为局促；过了好一会儿，才稍觉轻松些。他问她做些什么事，喜不喜欢乡下。她回答时多少有些胆怯，然而没有手足无措的小儿女作态，而姑娘家往往会做出这种样子来，认为这就叫羞答答。她的心怦怦地跳着。

"您在乡下不觉得无聊吗？"罗亭问，用眼角瞟了她一眼。

"在乡下怎么会觉得无聊呢？我很高兴我们住在乡下。我在这里非常幸福。"

"您觉得幸福……幸福是个伟大的字眼。不过这是可以理解的，您年轻。"

罗亭说最后这句话时，语气有些异样：又像是羡慕娜塔莉娅，又像是为她惋惜。

"是呀！青春！"他加补说，"科学的全部目的就是有意识地去求得青春不费任何代价便可取得的一切。"

娜塔莉娅探究地看了罗亭一眼，她不懂他说这话是什么意思。

"我今天和令堂谈了一个早晨，"他继续说，"她是个不同凡响的女性。我这才明白，为什么我们所有的诗人都珍视她的友情。"他沉吟片刻，又问："您喜欢诗吗？"

"他这是在考我，"娜塔莉娅暗忖，便回答说，"是的，我非常喜欢。"

"诗——这是神祇的语言。我也喜欢诗。但是诗并不仅限于诗句，诗无所不在，诗就在我们周围……您看这树、这天——到处都洋溢着美和生命；而哪里有美和生命，哪里就有诗。"

"我们不妨在这儿的凳子上坐一会儿，"他继续说，"小坐片刻。不知为什么，我预感到，等您跟我再熟些（他笑容可掬地看了她一眼），我们会成为朋友的。您说呢？"

"他把我当小姑娘看待。"娜塔莉娅又在心里暗忖，她不知道说什么好，就问他是不是打算在乡下久住。

"住过今年夏秋之后，也许再住一冬。您知道，我是一介寒士，家道中落,再说常年萍漂四方,我已经生厌。该是休息的时候了。"

娜塔莉娅感到惊讶。

"难道您认为,该是您休息的时候了?"她怯生生地问。

罗亭转过脸来看着娜塔莉娅。

"您这是指何而言?"

"我想说,"她有点不好意思地回答,"别人尽可休息,而您……您应当工作不息,尽力做个匡世济时的男子。非您莫属呀……"

"谢谢,您过奖了,"罗亭打断她的话说,"做个匡世济时的男子……谈何容易!(他举起手来抹了抹脸。)做个匡世济时的男子!"他重复了一遍。"即使你有此信念,并且坚定不移,即使我相信我有此能力——可是叫我上哪儿去寻觅真心诚意地同情我的知音?"

罗亭绝望地挥了挥手,忧伤地低下了头,娜塔莉娅不禁问自己:昨天晚上她听到的那席热血沸腾、满怀信心的谈话,难道出自于他之口?

"可是,不,"他突然甩动了一下如狮鬣般的长发,加补说,"我刚才是胡说,而您说得对。我感谢您,娜塔莉娅·阿列克谢耶夫娜,由衷地感谢您。(娜塔莉娅一点也不知道有什么好感谢她的。)您一句话向我提醒了我应尽的天职,指明了我应走的道路……是的,我应当有所作为。我不应当埋没我的才能,如果我有才能的话;我不应当把我的精力浪费在空谈上,浪费在华而不实的无益的空谈上,浪费在一味地高谈阔论上……"

于是他滔滔不绝地谈了起来。他谈得动听,热烈,令人折服,他谈到怯懦和懒惰的可耻,谈到人必须有所作为。他痛责自己,说议论先于行动是有害的,这就像用针去扎将要成熟的果子,只是白费力气和糟蹋果汁而已。他断言,凡崇高的思想必能得到呼应,只有自己还不知道自己要做什么的人,或者不配被人理解的人,才不为人所理解。他讲了很久,结束时再一次感谢娜塔莉娅·阿列克谢耶夫娜,而且完全出人意料地紧紧捏住她的手,说:"您是个美好、高尚的人!"

这个出轨的举动使 m-lle Boncourt 大吃一惊,她虽说来俄国已有四十年,可是听俄语仍很吃力,因此对罗亭能谈得如此动听,如此从容、流畅,只有惊叹的份儿。尽管如此,他在她眼里仍不过是个技艺高超的乐师或者戏子之类;按照她的理解,对这一类人是无法要求他们遵守礼数的。

她站了起来,匆匆整了整身上的衣裙,对娜塔莉娅说,该回屋去了,何况 monsieur Volinsoff①(她是这样叫沃伦采夫的)要来用早餐。

"瞧,他这不来了!"她朝一条通往宅第的林荫道望了一眼,加补说。

果真,在没几步远的地方出现了沃伦采夫。

他迟疑不决地走了过来,隔得老远就向大家鞠躬致意,脸上带着几乎是痛苦的神情对娜塔莉娅说:

"啊!你们在散步?"

"是的,"娜塔莉娅回答道,"我们已经要回屋去了。"

"噢!"沃伦采夫说,"那好,我们一起走吧。"

于是大家一起向宅第走去。

"令姐好吗?"罗亭以一种特别亲切的口吻问沃伦采夫。他昨晚对沃伦采夫就非常亲热了。

"非常感谢。她挺好。她今天也许会来……我走过来的时候,你们好像在谈论什么吧?"

"是呀,我在同娜塔莉娅·阿列克谢耶夫娜闲聊。她对我说的一句话,对我有很大影响……"

沃伦采夫没有问这是句什么话,大家在深深的沉默中回到达莉娅·米哈伊洛夫娜的宅第。

---

① 法语:沃伦采夫先生的变音。

午餐前,沙龙又形成了。可是皮加索夫没有来。罗亭没有谈兴;他一而再地请潘达列夫斯基弹奏贝多芬的乐曲。沃伦采夫不作声,眼睛望着地下。娜塔莉娅没有离开过母亲一步,时而凝神沉思,时而动手刺绣。巴西斯托夫两眼一直盯着罗亭,企盼他会说出什么精辟的话来。三个小时就这么乏味地过去了。亚历山德拉·帕夫洛夫娜没来用午餐。于是,大家刚一离开餐桌,沃伦采夫立即吩咐套车,没有同任何人打招呼,就溜之大吉。

他心情沉重。他早就爱着娜塔莉娅,几次三番打算向她求婚……她待他很好——但是她的心始终没有动情;对这一点,他看得很清楚。他也并不指望在她心里唤起柔情蜜意,他只是在苦苦等待那个时刻的到来,那时她将完全习惯了他,从而同他亲近。究竟是什么使得他心神不宁?这两天里,他觉察出了什么变化?娜塔莉娅对待他不还是跟以前一模一样嘛……

是不是因为他心里有这么一个根深蒂固的想法:他也许根本不了解娜塔莉娅的性格,她跟他也许比他想象的更为格格不入,他是不是在吃醋了,他是不是模模糊糊的有种不祥的预感……不管他怎样宽慰自己,他仍然感到痛苦。

他回到姐姐家里时,列日涅夫在她那里。

"你怎么这么早就回来了?"亚历山德拉·帕夫洛夫娜问。

"没什么!觉得无聊。"

"罗亭在那里吗?"

"在。"

沃伦采夫把帽子一扔,坐了下来。

亚历山德拉·帕夫洛夫娜兴奋地对他说:

"谢辽沙[1],请你来帮我说服这个顽固不化的家伙(她指指列日涅

---

[1] 谢辽沙是沃伦采夫的名字谢尔盖的小称。

夫),让他相信罗亭是个非常聪明、非常有口才的人。"

沃伦采夫嘟哝了一句什么。

"我丝毫不想跟您争论,"列日涅夫开始说,"我并不怀疑罗亭先生为人聪明,能言善辩;我只是说,我对他没有好感。"

"难道你已经见到过他了?"沃伦采夫问。

"今天早晨在达莉娅·米哈伊洛夫娜家里见到的。现在他在她家炙手可热。迟早有一天,她会同他分手——惟独潘达列夫斯基,才是她永远分不开的,——不过眼下,是罗亭在称王。我见过他了,当然见过!他坐在那儿——她把我牵来供他欣赏:像是在说,请看,老弟,我们这儿都有些什么样的怪物。我可不是养马场的马——我可不习惯让人牵来牵去。我掉头就走。"

"你去她那儿干什么?"

"划定地界的事儿,但这只是个借口,她想看看我究竟是副什么样的尊容。没什么好说的,人家是贵妇人嘛!"

"不就是罗亭优越的地位挫伤了您的自尊心吗!"亚历山德拉·帕夫洛夫娜不无激动地说,"所以您不肯原谅他。可我深信他这人不但聪明,他的心也必定是高尚的。您只消看看他的眼睛,当他……"

"当他大谈其崇高的正直①……"列日涅夫接口说。

"您再惹我生气,我可要哭了。我打心眼里后悔我怎么没去达莉娅·米哈伊洛夫娜家,却留下来陪您。您不配我陪。您别再惹我了,"她嗔怪说,"您还是给我讲讲他的青年时代吧。"

"讲罗亭的青年时代?"

"是啊,您不是告诉过我,您跟他很熟,早就跟他认识了?"

列日涅夫站了起来,在屋里踱起步来。

"是的,"他开始说,"我跟他很熟。您要我给您讲他的青年时代

---

① 引自格里鲍耶陀夫的喜剧《智慧的痛苦》。

吗？好吧，我讲。他出生于T省一个败落的地主家庭。他父亲很早就死了，撇下他和他母亲两人。他母亲是个心地非常善良的女人，把他视作命根子，她终年以燕麦粥糊口，而把仅有的一点儿钱都花在儿子身上。他是在莫斯科上的学，起初靠他的一个什么叔叔周济，后来他年纪大了些，翅膀硬了，便靠拍马屁拍上了……请原谅，以后不用这种词儿……结交了一个富有的公爵，一切开销都由公爵替他支付。后来，他进了大学。我是在大学里认识他的，并且成了好友。我们当时那段生活，我以后会讲给您听的。现在我不能讲。后来，他就出国了……"

列日涅夫继续在房间里踱来踱去；亚历山德拉·帕夫洛夫娜的目光一直跟着他转。

"到了国外，"他继续往下说，"罗亭很少给母亲写信，非常之少，而且只回国探望过母亲一次，总共十天左右……连老婆子死的时候，他也没去送终，全由邻里照料，她直到咽气，眼睛都没有离开过儿子的照片。我住在T省那阵子，常去看望她老人家。她是个心地善良的女人，非常好客，每回都请我吃樱桃酱。她爱她的米佳①，爱到了发疯的地步。毕巧林②式的先生们会告诉你们：我们总是爱那些本身不怎么懂得爱的人；我认为，天底下的母亲都爱自己的子女，尤其是不在身边的子女。后来，我在国外又遇见了罗亭。在那儿，有一个太太跟他打得火热，她是我们俄国人，是个附庸风雅的女学究，年纪已经不轻，长得也不漂亮，就是女学究该长的那种模样。他跟她相好了很长一段时间，临了，他把她给甩了……或者，对不起，我说错了，是她把他给甩了。就是在那个时候，我也把他给甩了。就是这些。"

---

① 米佳是罗亭的名字德米特里的小称。
② 毕巧林是俄国诗人莱蒙托夫的小说《当代英雄》的主人公，是俄国文学中"多余的人"的典型形象。

列日涅夫住口了,用手摸摸额头,好像感到疲倦似的,往安乐椅上坐了下去。

"米哈伊洛·米哈伊雷奇,您知道吗,"亚历山德拉·帕夫洛夫娜开始说,"您呀,我看您是个恶人;真的,您跟皮加索夫是一丘之貉。我相信您讲的全是实话,您并没有编造,然而您讲这一切的时候,您的口气是多么的尖刻!那个可怜的老婆子,她对儿子的爱,她孤苦伶仃的死,还有那位太太……说这一切用意何在?……您可知道,哪怕是一个最好的好人,他的生活也可用您那种色彩来加以描绘——无须添油加醋——就可以让任何人听了不寒而栗!要知道,这也是一种诽谤!"

列日涅夫站了起来,又在房间里踱起步来。

"亚历山德拉·帕夫洛夫娜,我压根儿不想让您受惊吓,"他终于开口说,"我不是一个专事诽谤的逸佞之徒。不过,"他沉吟有顷,加补说,"您的话也的确有点儿道理。我并没有诽谤罗亭;可是——谁知道呢!——也许,打那以后他已改弦易辙了——也许我对他抱有成见。"

"啊!您自己看到了吧……那您就答应我和他重修旧好,好好地了解了解他,到那时,再把您对他的结论讲给我听。"

"好吧……谢尔盖·帕夫雷奇,你怎么什么话也不说?"

沃伦采夫一怔,抬起了头,好像被人叫醒了似的。

"我有什么话好说?我跟他素昧平生。再说,我今天头疼。"

"的确,你今天脸色不大好,"亚历山德拉·帕夫洛夫娜指出,"你不舒服吗?"

"我头疼。"沃伦采夫又说了一遍,说毕就走了出去。

亚历山德拉·帕夫洛夫娜和列日涅夫目送他出去,交换了一个眼色,但是什么话也没有说。沃伦采夫的心事,无论对他或者对她来说,都已不成其为秘密了。

六

两个多月过去了。在这段时间里,罗亭几乎寸步不离达莉娅·米哈伊洛夫娜。她也一日不可无此君。跟他谈谈自己,听听他的议论,已成为她的需要。有一次,他表示要走,理由是他囊橐已空,她就给了他五百卢布。他还向沃伦采夫借了二百卢布。皮加索夫现在来拜访达莉娅·米哈伊洛夫娜的次数比以前少得多了,因为罗亭在场使他感到压抑。不过感到压抑的不止皮加索夫一个人。

"我不喜欢这个卖弄聪明的人,"皮加索夫说,"讲起话来拿腔拿调,跟俄国小说里的脚色一模一样;他一说到'我',总要自我陶醉地停顿片刻……'我怎样,怎样,我怎样,怎样……'讲来讲去,都是那一套,又臭又长。你打个喷嚏,他马上会讲出一番道理来,说你正是该打喷嚏,而不是该咳嗽……他夸奖起你来,活像是送给你个官做做……他骂起自己来,会把自己骂得狗血喷头——你心里会想:他这下可没脸见人了。没那个事!他反而更加来劲,像是灌饱了伏特加。"

潘达列夫斯基对罗亭心存畏惧,所以总是小心翼翼地讨好他。沃伦采夫同罗亭的关系十分微妙。罗亭称他为骑士,当面背后都称赞他,可是沃伦采夫对他却怎么也产生不了好感,每当罗亭当着他的面夸他的优点时,他便不由自主地恼火和烦躁。"他会不会是在取笑我?"他这样想,满腔敌意油然而生。沃伦采夫竭力想改变这种心态,然而因为娜塔莉娅的缘故,他嫉恨罗亭。至于罗亭本人,虽然每回看到沃伦采夫,总是热情洋溢地跟他打招呼,还向他借钱,心底里却未必对他抱有好感。当他们两人像朋友那样紧紧握手,四目相视之际,两人心里究竟在想些什么。老实说,是很难断定的……

巴西斯托夫继续崇拜罗亭,如饥似渴地捕捉他的每一句话。罗亭却很少注意他。有一天早晨他凑巧碰到罗亭,和罗亭一起待了整整一个早晨,罗亭向他纵论当今世界一系列最为重要的问题和任务,听得他激奋莫名,可是此后,罗亭就不再理他了……可见他说要寻求纯洁热忱的知音,只是口头上说说而已。至于列日涅夫,他开始经常来拜访达莉娅·米哈伊洛夫娜,罗亭从不和他争论,甚至还回避他。列日涅夫对罗亭同样冷淡,不过他始终没讲出他对罗亭的最终看法,这使亚历山德拉·帕夫洛夫娜很是纳闷。她敬佩罗亭,但是她也信任列日涅夫。达莉娅·米哈伊洛夫娜全家上下对罗亭唯命是从,哪怕是最微小的愿望都依从他。每天的日程安排都由他作主。没有一次 partie de plaisir① 少得了他。可是他对于种种即兴的出游和娱乐并没有多大兴趣,他只是不想扫别人的兴,才像大人参加孩子的游戏那样,带着和蔼的、有点儿乏味的心情来凑凑热闹。然而,他却又什么事情都要插手:和达莉娅·米哈伊洛夫娜讨论如何管理领地,如何教育孩子,如何经营田庄,总之,讨论大大小小的事务;他仔细地听她讲各种打算,哪怕再琐屑的他也不感到厌烦,他还向她提出各种改进和革新的措施。达莉娅·米哈伊洛夫娜对他的主意,口头上总是赞不绝口,但仅此而已。在经营管理方面,她完全按照她管家的主意办事。她的管家是个上了年纪的、只有一只眼睛的小俄罗斯人,一个心地善良的老滑头。"姜还是老的辣。"他常常眨着他的独眼,心平气和地微笑着说。

除了达莉娅·米哈伊洛夫娜本人之外,罗亭跟谁也没有像跟娜塔莉娅那样谈得多,谈得久。他常常悄悄地拿书给她看,信赖地披露给她听他的计划,把他正在写作中的文章和著述的开头几页念给她听。娜塔莉娅对文章的意思往往不甚了了。不过罗亭好像并不十分在乎她是否听得懂——只求她听他念。他跟娜塔莉娅接近,达莉娅·米哈伊洛夫娜是不十分高兴的。"不过,"她想,"在乡下,随她去跟他闲聊吧。她还是个小姑娘,所以他觉得她好玩。不会出什么大乱子的,况且她还可长长见识……等我回到彼得堡后,再把这一切改变过来也

---

① 法语:游乐。

不迟……"

达莉娅·米哈伊洛夫娜错了。娜塔莉娅并不是像小姑娘那样跟罗亭东拉西扯地闲聊的:她如饥似渴地聆听他的教言,竭力去揣摩他这些话的意思,她把自己的想法,自己的疑问都一古脑儿讲给他听,让他来分析判断;他成了她的导师,她的领袖。眼下,她还只是头脑发热……然而年轻人是不会长时间只让头脑发热的。每当娜塔莉娅坐在花园里的长凳上,在椴树轻纱般的树影下,听罗亭给她朗读歌德的《浮士德》、霍夫曼[①]或者贝蒂娜[②]的《书简》,或者诺瓦利斯[③]的诗作,遇到不明白的地方,让他停下来,解释给她听时,她总觉得这是多么甜美的时刻呀!她跟我们所有的千金小姐一样,德语说得不好,但是却能听懂,而罗亭呢,又整个身心沉湎于德国诗歌、德国浪漫主义和哲学的天地之中,于是他一步步把她引入一个又一个神秘的领域。这些前所不知的美妙、神秘的领域,一一展现在她全神贯注的目光前面;从罗亭手持的书本中,一个个奇妙的形象,一个个崭新的光辉的思想,像一股股玎玲的清泉,注入她的灵魂,流入她的心田,于是,在她被强烈的感受和崇高的喜悦所震撼的心田里,便会迸发神圣的喜悦的火花,并进而燃成烈火……

"请告诉我,德米特里·尼古拉伊奇,"有一日,她坐在窗前刺绣时,问道,"冬天您会去彼得堡吗?"

"说不好,"罗亭把他正在翻阅的一本书搁到膝上,回答说,"要是能筹到路费,我就去。"

他说话没精打采,今天打一早起,他就觉得人乏乏的,什么事也不想做。

[①] 霍夫曼(1776—1822),德国浪漫主义代表作家。
[②] 贝蒂娜(1785—1859),德国女散文作家。
[③] 诺瓦利斯(1772—1801),德国诗人。

"我想,您该不会筹不到路费吧?"

罗亭摇了摇头。

"这是您这么想!"

于是他意味深长地向旁边瞥了一眼。

娜塔莉娅本想说什么,可又把话咽了下去。

"您瞧,"罗亭指着窗外说,"您看这棵苹果树:它的果实太多,重得把它压断了。它是天才的真实写照。"

"它被压断是因为它没有支撑。"娜塔莉娅不以为然地说。

"娜塔莉娅·阿列克谢耶夫娜,我懂得您的意思,可一个人要找到这种支撑谈何容易。"

"我觉得别人的同情……至少,孤孤单单……"

娜塔莉娅有点前言不搭后语,她脸红了。

"那您冬天在乡下做什么呢?"她急忙加问一句。

"我做什么?完成我的长篇论文——您知道我在写这篇论文——论生活和艺术中的悲剧——前天我已经跟您谈了文章的提纲——写好后就寄给您。"

"拿去发表吗?"

"不。"

"干吗不发表?那您为谁呕心沥血写这篇文章呢?"

"不妨为您呀。"

娜塔莉娅垂下了眼帘。

"德米特里·尼古拉伊奇,我可不敢当!"

"请问,大作是谈什么的?"坐在稍远处的巴西斯托夫谦恭地问。

"论生活和艺术中的悲剧,"罗亭重复了一遍,"我也会把这篇文章请巴西斯托夫先生指正。不过我还没有最终确定文章的基本框架。我自己至今对爱情的悲剧意义还未了然于胸。"

罗亭喜欢谈爱情,也时常谈爱情。起初,m-lle Boncourt 一听到爱情二字,就像一匹老战马听到军号声那样,浑身一震,连忙竖直耳朵,可听多了也就习以为常了,她往往只是瘪一瘪嘴,嗅一嗅鼻烟。

"依我看,"娜塔莉娅怯生生地说,"爱情的悲剧就是不幸的爱情。"

"这就大谬不然了!"罗亭反驳说,"倒不如说这是爱情喜剧性的一面……对这个问题,应当完全从另一个角度切入……应当作更深入的提炼……爱情!"他继续说,"爱情处处都是神秘的:爱情怎么产生,怎么发展,怎么消失,无一不是神秘的。有时爱情突然来临,毫不迟疑,如白昼一般令人欢乐;有时又像死灰下的余烬,久久地阴燃着,待到一切都已破灭之后,却又在灵魂中蹿成烈火;有时像蛇一般潜入你心里,有时又突然从你心里溜走……是的,是这样;这是个至关重要的问题。可是在我们这个时代,有谁在爱?有谁敢爱?"

说罢,罗亭陷入了沉思。

"怎么好久都没见到谢尔盖·帕夫雷奇了?"他突然问。

娜塔莉娅的脸刷的一下红了,她把头埋在绣架上。

"我不知道。"她低声说。

"他是个最优秀、最高尚的人!"罗亭站起身来,说。"是当今俄国贵族的优秀楷模……"

m-lle Boncourt 用她那双法国人的小眼睛,睥睨了他一眼。

罗亭在屋里来回踱步。

"您注意到没有,"他鞋后跟着地,猛地转了个身,"橡树——橡树是一种坚实的树——只有爆出新的叶芽时,旧叶才会落掉?"

"是的,"娜塔莉娅慢慢地说,"我注意到的。"

"在一颗坚强的心里,旧的爱情也是如此。它已经死了,可仍然留在那里不肯离去;只有新的爱情萌发,才能把它逐走。"

娜塔莉娅什么话也没有回答。

"他这话是什么意思?"她琢磨道。

罗亭站了一会儿,把头发一甩,便走了。

娜塔莉娅回到她的卧室。她满腹狐疑,久久地坐在自己的床上,久久地咀嚼着罗亭的最后一句话,突然,她紧握双手,伤心地哭了。她为什么要哭——只有上帝知道!她自己也不知道为什么突然间泪如雨下。她擦掉泪水,可泪水又奔涌而出,好似泉水由水源丰沛的泉眼中源源不绝地涌出一般。

就在这一天,亚历山德拉·帕夫洛夫娜同列日涅夫间有一席关于罗亭的谈话。起初,列日涅夫支支吾吾,闪烁其词,可是她决心非问出个究竟来不可。

"我看得出,"她对他说,"您还是跟先前一样不喜欢德米特里·尼古拉耶维奇。我一直有意不来向您刨根究底;可是到今天,您已有足够的时间来观察他是否改弦易辙了,而且我还想知道,您为什么不喜欢他。"

"好吧,"列日涅夫以一贯的冷冰冰的口吻开始说,"既然您没有耐心再等等,那我就说,不过,请注意,您可别生气……"

"得啦,说吧,快说吧。"

"可您得让我把话说完。"

"行,行,您就说吧。"

"是,夫人,"列日涅夫开始说,慢慢地坐到沙发上,"我向您禀告,我的确不喜欢罗亭。他是个有头脑的人……"

"那还用说!"

"他是个非常有头脑的人,然而实际上却腹中空空……"

"信口开河!"

"然而实际上却腹中空空,"列日涅夫重复了一遍,"不过这也算不了什么,我们全都腹中空空。我甚至不想责备他内心深处专横暴戾,性情懒惰,知识贫乏……"

亚历山德拉·帕夫洛夫娜拍了下手。

"知识贫乏？说罗亭？"她高声说。

"知识贫乏，"列日涅夫用同样的语调重复说，"他喜欢吃别人的，花别人的，喜欢装模作样，等等，等等……这一切都情有可原。最糟糕的是，他冷得像冰。"

"他，这个火热的灵魂，冷得像冰！"亚历山德拉·帕夫洛夫娜打断他的话，说。

"是的，冷得像冰，他明知如此，却装得像火一样热。可恶的是，"列日涅夫继续说，渐渐来了精神，"他在进行一场危险的赌博，当然，对他并不危险，他连一个戈比、一根汗毛的赌注都不用下，可是别人却把灵魂都押上去了……"

"您指的是什么人，什么事？我不明白您的意思。"亚历山德拉·帕夫洛夫娜说。

"坏就坏在他这人心术不正。他是个聪明人，应当知道他的话值几义钱，可是他讲出来时，好像这些话对他来说是价值连城的……他有口才，这是无可争辩的，可惜他的口才不是俄国式的。再说，年轻小伙子说说漂亮话还情有可原，可是像他这么一把年纪了，还陶醉于夸夸其谈和装腔作势，那是可耻的！"

"米哈伊洛·米哈伊雷奇，我认为，对于听您讲话的人来说，您是否装腔作势，全都一个样……"

"对不起，亚历山德拉·帕夫洛夫娜，不一样。有的人对我说一句话，可以使我感动不已；可另一个人对我说一句同样的话，或许说得还要漂亮些，可我连耳朵都不会动一动。这是为什么？"

"那是因为您不想动您的耳朵。"亚历山德拉·帕夫洛夫娜打断他的话，说。

"说得对，我不想动我的耳朵，尽管我的耳朵也许挺大。问题是罗亭的话总是停留在口头上，永远不变为行动——然而他那些话却可以扰乱、戕害一颗年轻的心。"

"米哈伊洛·米哈伊雷奇,您指的是谁,到底是谁?"

列日涅夫站停下来。

"您想知道我指的是谁吗?我指的是娜塔莉娅·阿列克谢耶夫娜。"

亚历山德拉·帕夫洛夫娜听了一怔,可立刻就笑了。

"得了吧,"她说道,"您脑瓜子里净是些稀奇古怪的想法!娜塔莉娅还是个娃娃,退一万步说,即使有什么,难道您以为达莉娅·米哈伊洛夫娜就……"

"第一,达莉娅·米哈伊洛夫娜是个利己主义者,她为自己而活;其次,她深信自己教育子女有方,她压根儿没想到要防备儿女私情。呸!绝不可能!只消一摆手,一瞪眼,就乖乖地听话了。这位贵妇人就是这么想的,她自以为自己是学术和文艺的庇护人,是才女,是天晓得多么了不得的人物,其实,她只不过是上流社会的一个小老太婆而已。可娜塔莉娅并不是娃娃,请相信我,她想的远比你我多,远比你我深。想不到像她这样秉性真诚、热情而又刚烈的姑娘,却会碰上这么个戏子,这么个卖弄风情的娘们!不过,话要说回来,这也是司空见惯的事。"

"卖弄风情的娘们!您把他叫作卖弄风情的娘们?"

"当然,正是把他叫作……亚历山德拉·帕夫洛夫娜,您倒自己说说,他在达莉娅·米哈伊洛夫娜家扮演个什么角色?他作为这个家的偶像,这个家的先知,却什么事都要掺和进去,什么家务事啦、家庭里的搬弄是非呀、拌嘴呀,他都要插上一手,这难道和一个男子汉相称吗?"

亚历山德拉·帕夫洛夫娜惊异地望了望列日涅夫的脸。

"米哈伊洛·米哈伊雷奇,我认不出您了,"她说,"您脸都红了,您激动了,这里边必定另有蹊跷……"

"对,没错!你根据千真万确的事实,把一件事讲给一个女人听,可她硬是要想出个不相干的琐屑的理由来,硬逼着你照她的意思去讲,她才称心。"

亚历山德拉·帕夫洛夫娜生气了。

"好,麦歇列日涅夫!现在您攻击起女性来,一点儿也不比皮加索夫逊色;那您就看着办吧。不过,不管您的目光多么尖锐,我还是难以相信,您在这么短的时间里就能把所有的人和所有的事都了解得一清二楚。我认为,您错了。照您的说法,罗亭岂不成了达尔杜弗①。"

"问题在于,他连达尔杜弗都不如。那个达尔杜弗至少还知道他要达到什么目的,可这一位,尽管聪敏过人,却……"

"却怎样,怎样?把话说完呀,您这个不公正的人,可恶透了!"

列日涅夫站了起来。

"亚历山德拉·帕夫洛夫娜,请听我说,"他说道,"不公正的是您,而不是我。您为我对罗亭所下的评语用词尖锐而生我的气,可我有权利尖锐地数说他!我花了也许不小的代价才取得这个权利的。我非常了解他,我和他一起生活了很久。您记得吗,我曾经答应过您,有朝一日我会把我们在莫斯科的生活讲给您听。看来,现在是该讲给您听的时候了。可您有没有耐心听我把这段往事讲完?"

"讲吧,请讲吧!"

"那就请听。"

列日涅夫慢慢地在屋里踱着步,偶尔站停下来,头向前探着。

"您也许知道,"他说,"也许并不知道,我很早就失去双亲,到了十七岁上就没有人来管束我了。我住在莫斯科的姑母家里,想做什么就做什么。小时候我很浅薄,自尊心也很强,喜欢卖弄小聪明,喜欢吹牛。进了大学后,我的举止还像个中学生,于是很快就出了乱子。什么乱子就不告诉您了,不值一提。有一次,我撒了个谎,撒了个相当恶劣的谎……人家戳穿了我的谎言,我给揪了出来,当众出丑……我惊

---

① 达尔杜弗是法国剧作家莫里哀(1622—1673)的剧本《达尔杜弗》(中译本译作《伪君子》)中的主人公。他的名字成为伪君子的代名词。

慌失措,像个孩子一样哇哇大哭。这事发生在一个熟人家里,当时有好多同学在场。大家都笑话我,大家,只有一个大学生除外,请注意,在我死不肯承认我撒谎的时候,他对我最气愤。可这时,不知他是不是出于怜悯,挽起我的胳膊,把我带到了他的住所。"

"这人就是罗亭吧?"亚历山德拉·帕夫洛夫娜问。

"不,不是罗亭……这个人……他现在已经不在人世。这是个不同凡响的人。他叫波科尔斯基①,要我三言两语就把他勾勒出来,非我能力所及,可是只要我一谈起他,就不愿意再谈别人了。他是一个崇高的、纯洁的人,像他这样聪明的人,我后来就没有再碰见过。波科尔斯基住在一座破木屋的顶楼上,房间又小又矮。他很穷,靠给人补补课糊口。他往往连请客人喝杯茶的钱也没有,屋里唯一的一张沙发已塌陷得像只小船。尽管他家徒四壁,可去他家的人却很多。大家都爱他,他吸引着人们的心。您都不会相信,坐在他那间一贫如洗的小屋里心里有多么甜美,愉快! 我就是在他的小屋里认识罗亭的。他那时已同他那个公爵分手了。"

"这位波科尔斯基身上到底有什么特别的地方?"亚历山德拉·帕夫洛夫娜问。

"怎么跟您说呢? 诗情和真诚——这就是他把大家吸引过去的东西。他头脑清晰,知识广博,却又像孩子那么可爱和好玩。这么多年过去了,我耳边还响着他爽朗的笑声,同时他

---

① 据俄文本编者称,波科尔斯基的原型是尼·弗·斯坦凯维奇(1813—1840)。他是俄国社会活动家,哲学家,诗人,一八三四年毕业于莫斯科大学。一八三一年底,斯坦凯维奇在该大学成立斯坦凯维奇文学哲学小组。小组传播黑格尔辩证法思想,提倡启蒙人道主义思想,活跃了俄国的新闻事业。作者在斯坦凯维奇生命最后几个月里和他过从甚密。

> 在善的圣殿前
> 燃起了午夜的长明灯……

我们小组里一个疯疯癫癫而又十分可爱的诗人就这样形容他。"

"他口才怎么样?"亚历山德拉·帕夫洛夫娜又问。

"他情绪好的时候,讲得很流利,但语不惊人,就在当时,罗亭的口才也比他强二十倍。"

列日涅夫站停下来,交叉着双手。

"波科尔斯基和罗亭极不相像。罗亭讲话时,锋芒多,哗众取宠的成分多,夸夸其谈多,似乎也热情得多。表面看来,他的天资远远胜过波科尔斯基,可实际上,和波科尔斯基相比,他是个腹中空空,不学无术的人。罗亭能把任何思想出色地加以发挥,擅长于辩论;但是他的思想并非出自他的头脑,他是从别人那儿,特别是从波科尔斯基那儿搬来的。波科尔斯基外表安静,平和,甚至文弱,爱女人爱得发狂,还喜欢饮酒作乐,如果受到侮辱,他决不善罢甘休。罗亭从表面上看像是一团火,勇敢,充满活力,其实他的心是冰冷的,几乎胆小如鼠,除非他的自尊心受到了伤害,那他可要狗急跳墙。他千方百计要使人们折服他,但他征服人靠的是一般的原则和思想,他的确对许多人产生过强烈的影响。不过没有一个人喜欢他;也许只有我一个人依恋他。他是束缚住大家的桎梏……而对波科尔斯基大家都心悦诚服。话又说回来,罗亭从不拒绝同初次见面的人谈心和辩论……他并非读书破万卷的人,但无论如何比波科尔斯基,比我们大家读的要多得多;而且他的头脑条理分明,记忆力又强,这对征服青年人是大有作用的!你得给青年人做出论断,做出结论,哪怕是错误的,但只要是结论就行!老实人是做不出这种事的。您试试看,去对青年人说,您不可能给他们完完全全的真理,因为您自己还没有掌握这样的真理……这么一说,青年人连您的话都不要听。可是您又不能欺骗他们,所以您自己至少得大体相信您掌握了真理。这就是罗亭所以会对我们产生如此强烈影响的原因。您看,我刚才说,罗亭读的书并不多,但他毕竟读了好些哲学书,他的脑袋瓜生来就善于立即从读过的书里撷取一切具有普遍意义的东西,抓住事物的根本,然后又从事物的根本中向各个方面引伸出一条条闪亮、正确的思想线索,打开精神上的广阔天地。当时我们小组,老实说,是由一些孩子组成的,全都一知半解。什么哲学、艺术、科学,乃至生活本身,在我们看来全是空谈,全是诱人的、美好的,然而又是支离破碎的、互不相连的概念。对这些概念的总的联系、宇宙的总的法则,我们都认识不到,都理解不了,尽管我们也曾似懂非懂地讨论过,竭力想取得透彻的了解……然而听罗亭一讲,我们顿觉我们终于抓住了它,抓住了这个总的联系,帷幕终于揭开!哪怕他是拾人牙慧,那又有什么关系!反正我们所知道的一切都已理出了头绪,一切支离破碎的已连成一个整体,好似一座高楼拔地而起,一切都大放光明,处处生气蓬勃……再也没有什么不理解的和偶然的事了:一切都表现出它们合理的必然性和美,一切都获得了清晰的同时又神秘的意义,生活的每一个个别现象发出的都是和音,而我们自己,怀着某种虔敬的神圣的惊恐,怀着心灵甜美的战栗,觉得自己仿佛已升华为永恒真理的活生生的容器,成了真理的工具,负有使命去创建某种伟大的事业……您不觉得这一切可笑吗?"

"一点也不,"亚历山德拉·帕夫洛夫娜慢吞吞地说,"您为什么这么想?您的话,虽说我不完全听得懂,却并不觉得可笑。"

"从此,我们茅塞顿开,"列日涅夫继续往下说,"当然,所有这一切,现在我们会觉得十分幼稚……但是,我再重复一遍,当时我们在许多方面都该感激罗亭。波科尔斯基比他高得不可比拟,这是无需争辩的;波科尔斯基往我们大家心中灌注火和力量,可罗亭有时候却萎靡不振,一声不作。波科尔斯基是个神经质的、病恹恹的人,然而当他展开翅膀的时候——天哪!真是一飞冲天!直冲九霄!可罗亭呢,这个相貌堂堂的年轻人身上,却有许多不登大雅之堂的东西。他甚至喜欢搬弄是非,好管闲事,爱指手画脚,乐于揭人家短处。他整天忙忙碌碌,从不停歇……天生是做政客的料!我现在所说的,是我当初对他的看法。然而遗憾的是,这么多年了,他竟没有改变。而且连信念也没有改变……他都三十五岁了!……并不是每个人都能反躬自问的。"

"您坐下,"亚历山德拉·帕夫洛夫娜说,"您怎么像个钟摆似的,满屋子摆来摆去?"

"我这样觉得来劲些,"列日涅夫辩解说,"我加入波科尔斯基小组后,亚历山德拉·帕夫洛夫娜,我可以禀告您,我完全变了个人,安分守己,勤于钻研,勤于学习,心情愉快,满怀虔敬,就像走进了圣殿。真的,我回想起我们当初的集会,是呀,确确实实有多少美好的、甚至感人肺腑的事呀。您不妨设想一下,五六个男孩聚在一起,点着一支蜡烛,喝的是最蹩脚的茶,佐茶吃的点心是放了不知多久的陈面包干;可您要是能看到我们大家的面容,听到我们大家的谈话该有多好!我们每个人的眼睛里都充满喜悦,两颊通红,心怦怦跳动,我们谈到上帝,谈到真理,谈到人类的未来,谈到诗——有时我们尽说废话,为一些鸡毛蒜皮的事兴奋不已;可是这又有何妨!……波科尔斯基坐在那儿,蜷着腿,一手托着苍白的面颊,但他的眼睛却那么神采奕奕。罗亭站在屋中央,口若悬河,慷慨陈词,俨然是年轻的德摩斯梯尼[①]面对着惊涛骇浪的大海;头发蓬乱的诗人苏博京[②],时不时发出好似梦呓般的断断续续的赞叹;德国牧师的儿子席勒[③],一个年近四十的大学

---

① 德摩斯梯尼(公元前384—公元前322),古雅典雄辩家,民主派政治家,据说他青年时代常面对大海练习演说。
② 指诗人克拉索夫(1810—1855),他是斯坦凯维奇和别林斯基的友人。
③ 指凯切尔(1809—1886),他是赫尔岑和屠格涅夫的朋友,译有莎士比亚、席勒和霍夫曼的作品。

生,以他那种永恒的、什么也打不破的沉默而在我们中间获得最深刻的思想家之誉,这时不知怎的,特别庄严地沉默着;连闲不住的希托夫①本人,我们集会时的亚里斯多芬②,这时也安静下来,只是一个劲儿地微笑;两三个新参加的人兴奋地听着,欣喜莫名……而夜却像长了翅膀,悄没声儿地、从容不迫地向前飞去。直到东方吐出鱼肚白,我们才散,一个个都深受感动,满心喜悦,思想真诚,头脑清醒(那时我们对喝酒这种事,连想都不想),心头荡漾着一种愉快的倦意……我至今记得,我深受感动地走在阒无一人的街上,不知怎的,连仰望星星时都抱着信赖感,好像星星比过去要亲近多了,也可以理解了……唉!那是多么美好的时光呀,我真不愿相信这大好的时光被我们白白抛却了!不,它并没有被白白抛却,即使对那些后来在生活中成为庸人的同学来说,也未被白白抛却……我不知多少次碰到我早年的同学!其中有个人已变成衣冠禽兽,但是只要你向他提起波科尔斯基的名字,他心里残留的些许崇高的感情便会蠕动起来,这就好像你在一间肮脏的黑屋里打开一瓶被遗忘的香水的瓶塞……"

列日涅夫住口了,他那没有血色的脸发红了。

"那您究竟是为了什么跟罗亭吵翻的呢?"亚历山德拉·帕夫洛夫娜诧异地望着列日涅夫,问。

"我没有跟他吵翻,是到了国外,我彻底了解他的为人之后,与他分道扬镳的。其实我早在莫斯科就可能同他吵翻了。他那时不怀好意地跟我开了个大玩笑。"

"什么玩笑?"

"噢,是这么回事儿。我……怎么说呢?……像我这样其貌不扬

---

① 指诗人克柳什尼科夫(1811—1895),屠格涅夫的老师。他与克拉索夫、凯切尔均为斯坦凯维奇小组成员。
② 亚里斯多芬(约公元前446—约公元前385),古希腊早期喜剧代表作家。

的男子哪配谈情说爱……可我却一向很容易坠入情网。"

"您?"

"是的,我。这很奇怪,对吗? 可是事实就是如此……嗯,夫人,那时我爱上了一个非常可爱的姑娘……您干吗这样望着我? 我还可以讲给您听比这更让您吃惊的事呢。"

"请问,都是些什么样的奇事?"

"就拿这么一件事来说吧。我在莫斯科那段时间,每到晚上就跑出去幽会……您能想到跟谁幽会? 跟我花园里的一棵小椴树。我拥抱着小椴树纤巧挺拔的树身,觉得好像拥抱着整个大自然,我的心膨胀了,如醉似痴,仿佛真的把整个大自然纳入了我的心田……瞧,夫人,我当初就是这样一个人! ……岂止如此! 您大概以为我这人从未写过诗吧? 夫人,我不但写过诗,甚至还模仿《曼弗雷德》①写出了整整一部正剧。剧中人物里边有一个胸口满是鲜血的幽灵,请注意,这不是他自己的血,而是全人类的血……是的,夫人,是的,请不要觉得奇怪……不过还是言归正传吧。我刚才已开了个头,讲我的恋爱史。我认识了一个姑娘……"

"从此您就中止了同椴树的幽会?"亚历山德拉·帕夫洛夫娜问。

"中止了。这个姑娘心地非常之好,人又非常漂亮。有一双愉快晶莹的眼睛,声音像银铃一般动听。"

"您形容起来还真有两下子。"亚历山德拉·帕夫洛夫娜含笑说。

"您是个非常苛刻的批评家。"列日涅夫说,"言归正传,夫人,这个姑娘同她的老父亲住在一起……算了,细节我就不多讲了。我只跟您讲一点,这个姑娘的心地确实太好了,你只跟她讨半杯茶,可她准给你斟上浅浅的一杯! ……我跟她初次见面后的第三天,就热烈地爱上了她,到了第七天,我就按捺不住,把一切都向罗亭说了。一个坠入情

---

① 《曼弗雷德》是英国诗人拜伦的著名诗剧,写于一八一七年。

网的年轻人,不可能不到处张扬的;我向罗亭吐露了我的心曲。我那时完全处于他的影响之下。而这种影响,坦率地说,在许多方面都是有益的,他是第一个没有瞧不起我,而对我循循诱导,教我立身处世的人。我热爱波科尔斯基,但是在他纯洁的心灵面前,我却有几分畏惧;而罗亭,我觉得跟他要亲近些。他得知我在恋爱之后,高兴得难以形容,又是祝贺我,又是拥抱我,并且立刻就开导起我来,跟我大谈我的新处境的重大意义。我听得出神了……您是知道的,他这张利嘴是多么能说会道。他的话对我起了非同小可的作用。我突然觉得自己实在了不起,于是成天正襟危坐,不苟言笑。我记得当时我甚至连走路都小心翼翼,仿佛我怀里揣着一个容器,盛满琼浆玉液,生怕泼出来似的……我非常幸福,何况看到人家对我大加赞赏。罗亭希望见见我的心上人,而我自己也几乎硬是要把她介绍给他认识。"

"噢,这下我明白是怎么回事儿,明白了,"亚历山德拉·帕夫洛夫娜打断他的话说,"罗亭夺走了您的心上人,所以您至今不肯原谅他……我敢打赌,准没有错!"

"要打赌的话,您会输的,亚历山德拉·帕夫洛夫娜,因为您错了。罗亭没有夺走我的心上人,他根本不想夺走,可他照样破坏了我的幸福,虽然冷静下来想想,现在我还真该感谢他为我做了这件事。可当时我差点儿发疯了。罗亭丝毫不想坏我的好事——恰恰相反!但是由于他那该死的习惯,喜欢用言语来给不管是他自己的还是别人生活中的一言一行作出判断,就像用大头针把蝴蝶死死钉住一样,他开始当着我们两个的面,给我们两个分析我们的关系,告诉我们该怎样相处,专横地硬要我们弄清我们感情的来龙去脉,他称赞我们,责备我们,甚至给我们写信,您想想看……结果闹得我们两个如坠五里雾中!虽说我当时未必会娶我的这位小姐为妻(我头脑多少还清醒),但我跟她至少可以像保尔跟薇吉妮①那样恩恩爱爱地过上几个月;然而这时两人间却出现了层出不穷的误会,关系越来越紧张——总而言之,龃龉迭出!闹到末了,有一天早晨,罗亭在作了长篇大论之后讲,他坚信把这一切告诉她的老父亲,是他,作为我们两个的朋友,应尽的神圣义务——他真这样做了。"

"真有这种事?"亚历山德拉·帕夫洛夫娜叫了起来。

"是的。而且,请注意,他是在我同意之下做的——奇就奇在这里!我至今记得当时我脑子里一片混乱,就像在照相机的暗匣里那样,白的成了黑的,黑的变了白的,谎言成为真理,幻想变为义务……唉!直到今天,我一回想起来就觉得丢脸!可是罗亭——人家却若无其事……他怕什么!他为消除各种各样的误会和混乱而来回奔波,就像燕子在池塘上空飞翔。"

"您就这样和您的女郎分手了?"亚历山德拉·帕夫洛夫娜天真地歪着娇小的脑袋,扬起眉毛,问道。

"分手了……而且是狼狈地分手了,屈辱,尴尬,当众出丑,毫无必要的当众出丑……我哭了,她也哭了,鬼使神差……好像打了个高尔丢斯之结②,不得不把它斩断,可是这个疼呀!不过话要说回来,世上的事都会否极泰来。她后来嫁了个好人,如今过着幸福美满的生活……"

"可您得承认,不管怎么说,您不能原谅罗亭……"亚历山德拉·帕夫洛夫娜刚开口说,列日涅夫便打断了她的话:

"哪里的话!送他出国时,我哇哇直哭,活像个吃奶的孩子。不过,

---

① 保尔和薇吉妮是法国作家贝尔纳丹·德·圣皮埃尔(1737—1814)的同名小说中的男女主人公,书中描写这对少年男女的纯真爱情。
② 典出希腊神话。弗利基国王高尔丢斯曾打一乱结,无法解开。宙斯宣称能解此结者,可以统治整个亚细亚。后马其顿王亚历山大挥剑斩之。

说实话,怨恨的种子就是在那时埋在我心底的。后来我又在国外遇见了他……那时我已经老成多了……我识破了罗亭的真面目。"

"您究竟在罗亭身上看出了什么呢?"

"就是一小时前我给您讲的那些呗。够了,谈他谈得够多了。也许,一切都会顺顺当当。我只不过是想向您证明我对他的评语如此严厉,并非因为我不了解他……至于娜塔莉娅·阿列克谢耶夫娜,我不想多说,但是您要留意您的弟弟。"

"留意我的弟弟?为什么?"

"您好好看看他。难道您一点没有觉察?"

亚历山德拉·帕夫洛夫娜垂下了眼帘。

"您说得对,"她说,"的确……弟弟……已经有一阵子了,我都认不出他了……难道您当真认为……"

"轻点!他好像正往这儿来,"列日涅夫压低声音说,"请相信我,娜塔莉娅已经不是孩子了,虽说,不幸的是她像个孩子一样没有经验。您等着瞧吧,这个小女孩准会让我们大家大吃一惊的。"

"怎么让我们大吃一惊?"

"就这么让我们……您可知道,正是像她这样的女孩子,会做出投水、服毒等等的事吗?您别看她那么文文静静,不声不响,她内心却蕴藏着强烈的激情,她的性格,嗨哟,别提有多刚烈了!"

"得啦,我看您是在胡思乱想。在您这样冷冰冰的人眼里,怕我也成了一座火山吧。"

"噢,不对!"列日涅夫笑嘻嘻地说……"至于讲到性格——谢天谢地,您根本就没有性格。"

"您说这话太没礼貌了吧?"

"这话?请原谅,这是莫大的恭维……"

沃伦采夫走进屋来,怀疑地望了一眼列日涅夫和姐姐。近来他消瘦了。他俩有一搭没一搭地同他谈话,但是他听了他俩的笑话只是强颜一笑,他的神态,正如皮加索夫有一回所形容的那样,活像一只忧郁的兔子。不过话要说回来,世上怕还从未有过一个人,在其一生中,连一次都没有过比忧郁的兔子更忧郁的神态的。沃伦采夫感觉到娜塔莉娅离他越来越远,连他脚下的土地好像也跟着她离他而去。

七

第二天是礼拜天,娜塔莉娅很晚才起床。昨天直到天黑,她没说过一句话,暗自为自己的眼泪感到羞愧,夜里也没睡好。她披衣起床,坐到她的小钢琴前,时而弹几个和音,轻得几乎听不见,生怕吵醒 m-lle Boncourt,时而把前额贴在琴键上,一动不动。她一直在想——不是想罗亭这个人,而是想他说的话,她完全陷入了沉思。偶尔她也想起沃伦采夫。她知道他爱她。可她的思想立刻将他抛到九霄云外……她感到一种异样的激动。早上她匆匆穿好衣服,下楼向母亲请了安,乘机独自一人去了花园……这是个炎热、晴朗、阳光明媚的日子,虽然有时会飘过一阵雨。低低的烟色的雨云一朵接一朵从容地掠过碧空,没有遮住太阳,不时向田野倾注一阵急雨。黄豆大的雨点,闪闪发亮,好似一颗颗钻石,急速地打到地上,发出枯燥的喧声;而阳光则在雨网间嬉戏闪烁;刚才还在风中摇曳的青草,此刻静止不动了,贪婪地吮吸着甘霖,被雨水打湿的树上,一片片绿叶在慵倦地颤动;鸟儿不停地歌唱;伴随着哗哗而下的雨声,鸟儿絮叨的啁啾声听来分外叫人心旷神怡。在急骤而又密集的雨点的打击下,满地浮尘的道路上扬起了轻烟,路面现出淡淡的斑点。可不一会儿,雨云过去了,微风复来,青草又开始闪烁出翠绿和金黄的光华……一片片树叶粘在一起,好似透光的一般……到处弥漫着馥郁的芳香……

娜塔莉娅走进花园的时候,天空几无一朵浮云了。花园内处处清新、宁静,那是一种柔和、幸福的宁静,令人感到甜蜜的倦意,并在人的心底勾起隐隐的共鸣和依稀的憧憬……

娜塔莉娅沿着池畔一条长长的银白杨林荫道向前走去,突然,罗亭好似从地里钻出来似的,站在她面前。

她不知所措了。他直视着她的脸。

"您一个人?"他问。

"是的,我一个人,"娜塔莉娅回答,"我只出来走一会儿……这就该回屋了。"

"我陪您回去。"

于是他跟她并排而行。

"您好像有点儿忧郁?"他说。

"我……我倒想跟您说,我觉得您的心情好像不太好。"

"也许是的……我常常这样。这对于我,比对于您要情有可原些。"

"为什么?难道您以为我就没有什么可烦心的吗?"

"在您这样的年龄,该尽情享受生活。"

娜塔莉娅默默地走了几步。

"德米特里·尼古拉耶维奇!"她说。

"什么事?"

"您记得吗……昨天您的比喻……您记得吗……拿橡树打的比喻。"

"是的,我记得。怎么样?"

娜塔莉娅偷偷瞟了罗亭一眼。

"您为什么……您打这个比喻想说明什么?"

罗亭稍稍低下头,眼睛望着远处。

"娜塔莉娅·阿列克谢耶夫娜!"他面带他所惯用的有所克制的、含有深意的神态说,这种神态总是能使听者以为他只是把满腹的话说了十成中的一成。"娜塔莉娅·阿列克谢耶夫娜!您也许已经注意到,我很少谈我的过去。我心里有几根弦,我是从来不去拨动的。我的心……我的心有过些什么喜怒哀乐,谁会感兴趣?把这一切讲给别人听,我历来认为是一种亵渎。但跟您,我可以无所不谈,因为您赢得了我的信任……我不能瞒您,我也像所有的人一样,恋爱过,痛苦过……至于是在什么时候,经过情况怎样,就不值一提了;总而言之,我的心曾经饱尝欢乐,也历尽沧桑……"

罗亭沉吟有顷。

"昨天我跟您讲的话,"他接下去说,"也许在某种程度上适用于我,适用于我现在的处境。然而这也不值一提。对我来说,生活的这个方面已一去不返。我如今可以做的事只剩下乘着大车,颠簸于炎热的、尘土飞扬的道路上,从一个驿站驶往另一个驿站……什么时候才能到达,到底能否到达,只有天知道……我们还是谈谈您吧。"

"德米特里·尼古拉耶维奇,"娜塔莉娅打断了他的话,"难道您对生活已一无所求?"

"啊,不!我对生活有许多企求,但不是为了自己……事业和献身事业所得到的欢乐,我永远不会放弃;但是我放弃个人的享乐。我的希望、我的理想,同我个人的幸福是不可得兼的。爱情(说到这两个字时,他耸了耸肩)……爱情——没有我的份,我……我不配得到爱情;一个恋爱中的女人,有权要求得到那个男人的一切,可我已不能把整个身心献给她了。再说,两情相悦——本是青年的事,我已经老了。我哪有本事能搅得别人脑袋昏晕?但愿能够管住自己肩膀上的脑袋就上上大吉!"

"我理解,"娜塔莉娅说,"凡是追求伟大目标的人,就不该为自己着想;但是女性难道就不能敬重这样的男性吗?依我看,恰恰相反,女性才不会理睬自私自利的人呢……所有年轻人,所有青年,按您的说法,全都是自私自利的人,都只顾自己,甚至在谈恋爱的时候也是如此。请您相信,女性不但懂得何谓自我牺牲,而且她们自己也会作出自我牺牲。"

娜塔莉娅的两腮微微泛起了红晕,双眸灼灼生光。在认识罗亭之前,她从来没有说过这么长一段话,而且还是怀着这样的激情。

"您已不止一次听我讲过我对妇女的使命抱什么看法,"罗亭宽厚地微微一笑,说,"您知道,依我看,只有贞德①一人能拯救法国……但我要谈的不是这个问题。我要谈的是您。您正站在生活的门槛上……谈您的未来既是令人高兴的,也不是无益的……请听我说:您清楚我是您的朋友,我对您几乎像亲人一般关心……所以,我相信您不会怪我问得过于唐突:请告诉我,您的心到现在为止,一直是平静的吗?"

娜塔莉娅的脸涨得通红,什么也没说,罗亭站停下来,她也站停下来。

"您没有生我的气吧?"他问。

"没有,"她说,"可我怎么也没料到……"

"不过,"他继续说,"您尽可不回答我。您的秘密我知道。"

娜塔莉娅几乎是惊骇地瞥了他一眼。

"是的……是的,我知道您喜欢上了谁。我应当告诉您:您不可能有更好的选择了。他是个非常好的人,他会珍惜您的,他没有受到过生活的摧残——他单纯,性情开朗……他会给您带来幸福的。"

"德米特里·尼古拉伊奇,您指的是谁呀?"

"您不明白我指的是谁?当然是指沃伦采夫。怎么啦?难道不对?"

娜塔莉娅稍微扭开头去,不看罗亭。她已完全不知所措。

"难道他不爱您?得了吧!他的眼睛从不离开您,盯住您的一举一动;而且,说到底,难道爱情能瞒得过人?再说,您自己对他难道没

---

① 贞德(约 1412—1431),法国民族英雄,原是农民的女儿。英法战争时,贞德率部驰援被英军围困的奥尔良城,重创英军,解奥尔良之围,拯救了濒亡的法国,后被英军处火刑烧死。

有好感?据我观察,您母亲也挺喜欢他……您的选择……"

"德米特里·尼古拉伊奇!"娜塔莉娅打断了他的话,窘得把一只手伸向近旁的一棵灌木,"我,真的,这种事实在羞于启齿;但是,我可以肯定地告诉您……您错了。"

"我错了?"罗亭反问,"我不这样认为……我和您虽然认识不久,但是我已经很了解您。我所看到的,而且是清清楚楚看到的您身上发生的变化,表明了什么呢?难道您还是六个礼拜前我初次见到的您?……不,娜塔莉娅·阿列克谢耶夫娜,您的心不平静。"

"也许是的,"娜塔莉娅回答说,声音轻若游丝,"可您还是错了。"

"怎么错了?"罗亭问。

"让我走吧。您别问我!"娜塔莉娅说罢,快步朝宅内走去。

她为自己猛然意识到的一切而恐惧不已。

罗亭追上她,将她拦住。

"娜塔莉娅·阿列克谢耶夫娜!"他说,"我们这次谈话不能就这样戛然而止,这次谈话对我来说也是至关重要的……我该怎么理解您的话?"

"让我走吧!"娜塔莉娅仍然这么说。

"娜塔莉娅·阿列克谢耶夫娜,看在上帝份上!"

罗亭激动得脸色煞白。

"您什么都理解,您也该理解我呀!"娜塔莉娅说道,挣脱他的手,头也不回地走了。

"只说一句!"罗亭跟在她身后喊道。

她站停下来,但是没有转身。

"您问我,我昨天的比喻指的是什么。您要明白,我不愿欺骗您。我指的是我,我的过去——同时也是指您。"

"什么?指我?"

"是的,指您;我再说一遍,我不愿欺骗您……现在您总该知道,当时我所指的是一种什么样的感情,一种什么样的新感情……直到今天之前,我一直不敢……"

娜塔莉娅突然用双手捂住脸,向宅内奔去。

她没料到和罗亭的谈话会有这样出乎意料的结局,以至于惊骇得从沃伦采夫身旁跑过时都没有发觉他。沃伦采夫背靠在一棵树上,一动也不动。一刻钟前,他来到达莉娅·米哈伊洛夫娜家,在客厅里见到她,寒暄几句后,便悄悄走出来找娜塔莉娅。恋爱中人所特有的直觉指引他径直走进花园,正好看到娜塔莉娅在挣脱罗亭的手。沃伦采夫顿觉两眼一阵发黑。他目送着娜塔莉娅向宅内跑去,离开树下,向前走了两步,自己也不知道要去哪儿,去做什么。罗亭看见了他,便走上前去。两人四目相视,点点头,又默默分开了。

"这事不会就此了结的。"两人都这么想。

沃伦采夫走到了花园尽头。他感到痛苦、难受,心头像压着块铅那样沉,血直往上涌。天又淅淅沥沥下起雨来。罗亭回到自己的卧室。他的心也不平静:他的思绪像旋风似的在头脑里飞旋。同一颗年轻的纯洁心灵这样意想不到地、开诚布公地碰撞,谁个不心荡神移?

餐桌上的气氛,不知怎的有几分尴尬。娜塔莉娅脸色煞白,几乎坐都坐不稳,眼帘一直低垂着。沃伦采夫同往常一样,坐在她旁边,不时硬挤出一两句话来跟她攀谈。事有凑巧,这天皮加索夫来达莉娅·米哈伊洛夫娜家用午餐。在餐桌上,数他话最多。他信口说道,人同狗一样,有短尾巴和长尾巴之分。"短尾巴的人,"他说,"有的是天生的,有的是自己作的孽。短尾巴的人没一个不是倒霉蛋,总是一事无成——他们没有自信心。而长有一根毛蓬蓬的长尾巴的人——却没一个不是幸运儿。他也许比短尾巴的差得多,也弱得多,但是他有自信;尾巴一翘,大家都会拍手叫好。这岂不是值得奇怪的事:尾巴是人体毫无用处的部分,这一点,你们想必同意,尾巴能派什么用处?可是大家却都根据尾巴来判断你的优劣。"

"我,"他叹了口气,加补说,"属于短尾巴一类,而且最令人遗憾的,是我自己砍掉了自己的尾巴。"

"您想要说的,"罗亭随口说道,"早在您之前很久,拉-罗什福科① 就已说过:要人信你,必先信自己。何必要扯到尾巴上去,我不明白。"

"您应该让每一个人,"沃伦采夫怒容满面地说,两眼射出火来,"让每一个人讲他要讲的话。有种人大谈其专制……我认为再也没有比聪明人的专制更加可恶的了。见他们的鬼去吧!"

沃伦采夫的失态使大家为之愕然,满屋子的人都静了下来。罗亭本想看他一眼,但受不了他的目光,便扭过脸去微微一笑,没有开口。

"嘿!原来你也是短尾巴!"皮加索夫心里暗忖,而娜塔莉娅吓得心都提到了喉咙口。达莉娅·米哈伊洛夫娜深感纳闷地审视了沃伦采夫好一会儿,终于首先开口,讲起她的朋友某某部长的一条不同凡响的狗……

饭后,沃伦采夫很快就走了。他向娜塔莉娅告辞时,忍不住对她说:

"您为什么这样惶惶不安,好像做了对不起人的事?您是不会做对不起任何人的事的!……"

娜塔莉娅听得如坠五里雾中,什么也没说,只是目送他离去。喝茶前,罗亭走到她跟前,好像要翻阅报纸似的,把身子俯向桌子,悄声说:

"这一切都像梦,不是吗?我必须跟您单独见次面……哪怕只一分钟。"他掉过头来对 m-lle Boncurt 说:"瞧,这就是您要找的那篇小品文,"随即又俯下身悄声对娜塔莉娅说,"无论如何想办法十点左右到凉台附近的丁香亭来,我在那里等您……"

皮加索夫俨然成了这天晚上的英雄。罗亭把战场拱手相让,他逗

---

① 拉-罗什福科·弗朗索阿(1613—1680),法国作家。他的箴言集《关于道德的思考或箴言和格言》(1665)负有盛名。

得达莉娅·米哈伊洛夫娜不时哈哈大笑。他先讲他一个邻居的趣事：这个邻居非常怕老婆，怕了足足三十年，以致阳刚之气荡然无存，反练就了一副娘娘腔。有一回，他涉水过一个浅水洼时，皮加索夫正巧在旁，只见他把一只手伸到身后，往一边撩起常礼服的后襟，活像女人撩起她们的裙子那样。随后他又谈到另一个地主，此人起初是共济会①会员，后来得了精神忧郁症，最后又想当银行家。

"菲利普·斯捷潘内奇，您怎么当上共济会会员的？"皮加索夫问他。

"因为大家都知道我的小指头留着长指甲。"

但是更使达莉娅·米哈伊洛夫娜发笑的，是皮加索夫在大谈其爱情时，凿凿有据地说，也曾有人为他害了相思病，有个情火如炽的德国女人甚至管他叫"迷人的小阿夫里坎，哑嗓子的宝贝疙瘩"哩。达莉娅·米哈伊洛夫娜笑得前仰后合，可皮加索夫却并非吹牛，他的确有权夸耀自己多次情场奏捷。他断定，再也没有比让一个女人——不管她是什么样的女人——爱上你更容易的事了，你只消一连十天反复对她说，她的双唇就是天堂，她的两眼就是幸福，别的女人和她一比，简直连脏抹布都不如。待到第十一天上，她自己就会说什么她的双唇就是天堂，她的两眼就是幸福，于是她就爱上了你。世上的事千奇百怪。所以谁知道呢？也许皮加索夫说得有道理。

罗亭九点半就到了丁香亭。在遥远、苍白的苍穹深处，星星刚刚开始闪烁；而在西边天上还是红霞绮丽——那边的天陲也清晰明亮得多；半轮残月透过疣桦黑蒙蒙的枝叶间隙，洒下金色的清辉。其他树木，有的像阴沉的巨人高高屹立，其千百个枝叶间的空隙好似千百只眼睛；有的则融为黑压压的庞然大物。没有一片树叶在颤动；丁香和金合欢高处的枝条伫立在暖洋洋的夜空中，仿佛在凝听着什么。近处是黑乎乎的宅第；一扇扇映着灯光的长窗为这幢华宅勾画出一个又一

---

① 欧洲一种秘密社团。

个亮闪闪的红色的色块。夜温柔而又宁静；然而在这片宁静中，似乎可以听到尽力加以克制的、热情的叹息。

罗亭站在亭内，双手交叠在胸前，竖起耳朵听着动静。他的心剧烈地跳动，他不由自主屏住呼吸。他终于听到了轻盈、急促的脚步声，娜塔莉娅随即走进凉亭。

罗亭抢步上前，握住她的手。她的手冷得像冰。

"娜塔莉娅·阿列克谢耶夫娜！"他低声说，连声音都发颤了，"我非要见到您不可……我无法等到明天。我一定要告诉您我没有意料到，甚至今天早晨还没有意识到的一件事：我爱您。"

娜塔莉娅的双手在他的手心中微微发抖。

"我爱您，"他重复说，"我怎么能这么久地欺骗自己，怎么这么久没有意识到我是爱您的……那么您呢？……娜塔莉娅·阿列克谢耶夫娜，告诉我，您呢？"

娜塔莉娅几乎连气都喘不过来。

"您看，我这不是来了。"她终于说出了口。

"不，告诉我，您爱我吗？"

"我觉得……是的……"她轻声说。

罗亭把她的手握得更紧，想把她拉到怀里……

娜塔莉娅急忙回头看了一眼。

"放开我，我害怕——我觉得有人在偷听我们……看在上帝份上，您千万要小心。沃伦采夫已经起疑心了。"

"管他呢！您看到了，我今天白天都没理睬他……唉，娜塔莉娅·阿列克谢耶夫娜，我是多么幸福呀！现在无论什么都不能把我们分开了！"

娜塔莉娅直视着他的眼睛。

"放开我，"她轻声说，"我该走了。"

"再待一会儿。"罗亭开口说。

"不,放开我,让我走……"

"您好像怕我?"

"不,可是我该走了……"

"那么至少您再说一遍……"

"您说,您是幸福的?"娜塔莉娅问道。

"我?世上再也找不到比我更幸福的人了!难道您还怀疑?"

娜塔莉娅仰起了头。在丁香亭神秘的阴影中,在夜空投下的微弱的亮光下,她苍白的脸高贵、年轻、激动,美丽得无以复加。

"那么我告诉您,"她说,"我将属于您。"

"天啊!"罗亭叫出了声来。

但是娜塔莉娅闪开身子,走掉了。罗亭还站了一会儿,才慢慢步出凉亭。月华如水,把他的脸照得清晰可见;一抹微笑掠过他的双唇。

"我是幸福的,"他放低声音说。"是的,我是幸福的。"他又说了一遍,像是要使自己深信不疑。

他挺直身子,甩了甩头发,快活地挥动双臂,疾步向花园走去。

而这时,丁香亭内的灌木丛轻轻分开,潘达列夫斯基走了出来。他小心翼翼地环顾了一下四周,摇了摇头,抿紧了嘴唇,然后意味深长地说:"您哪,原来是这么回事儿。这事非得禀告达莉娅·米哈伊洛夫娜不可。"说毕,随即一溜烟走了。

八

沃伦采夫回到家里,神情沮丧,一脸忧愤之色,姐姐问他话,他都不乐意回答,一转眼就躲进书房,把自己反锁在里边,弄得她只好赶紧派人去请列日涅夫来。她每回遇到棘手的事,都是请他来解围的。列日涅夫让来人告诉她,他第二天来。

第二天早上,沃伦采夫的心情没有好转。他本想喝过早茶后去处理农务,结果却没有去,而是往沙发上一躺,看起书来,这在他是不常有的事。沃伦采夫对文学素无兴趣,对诗更是望而却步。"这事简直跟诗一样不可理解。"他常常这样说,而且总要引用诗人艾布拉特[①]下面四句诗为证:

> 在忧伤的日子告终之前
> 无论是理智还是自豪的经验
> 都不能用自己的手把生命之血
> 染红的毋忘我花摧残。

亚历山德拉·帕夫洛夫娜不时担心地望弟弟一眼,但是没有向他问长问短打扰他。这时有辆马车驶抵门口。"好啦,"她想,"谢天谢地,列日涅夫……"仆人走进来禀报,说罗亭来了。

沃伦采夫把书往地上一扔,抬起头来。

"谁来了?"他问。

"罗亭,德米特里·尼古拉伊奇。"

沃伦采夫站了起来。

"有请,"他说,"你,姐姐,"他转身对亚历山德拉·帕夫洛夫娜说,"出去,我单独跟他谈。"

"那为什么?"

"我当然知道为什么,"他气咻咻地打断她的话,"我求你。"

罗亭走了进来。沃伦采夫站在屋中央,冷冰冰地朝他点点头,没有把手伸给他。

"您得承认,您没有料到我会来吧。"罗亭说,把帽子放到窗台上。

[①] 艾布拉特是俄国诗人伊·罗森(1800—1860)的笔名。这四句诗出自他的诗作《两个问题》。

他的嘴唇微微抽搐了一下。他显得有点儿尴尬，但竭力掩饰自己的窘态。

"的确，我没有料到您会来，"沃伦采夫说，"发生了昨天的事以后，我倒是在等有什么人受您的委托前来。"①

"我明白您指的是什么，"罗亭说道，坐了下来，"而且十分高兴您如此坦率。这样的话，事就好办得多。我所以亲自登门拜访，因为您是个高尚的人。"

"不来这套恭维就不行吗？"沃伦采夫指出。

"我想向您解释一下我为什么前来造访。"

"我跟您是熟人，您为什么不可以来舍间，况且您又不是第一次光临寒舍。"

"我到府上来，是作为一个高尚的人来拜访另一位高尚的人。"罗亭重复了一遍，"是来听候您发落的……我完全信任您……"

"这是怎么回事儿？"沃伦采夫说。他仍然站在原地，一脸愠色地望着罗亭，间或揪一下唇髭的髭尖。

"对不起……我来是想解释一下，当然，这不是一下子就能解释清楚的。"

"为什么不能？"

"这件事还牵涉到一个第三者……"

"什么第三者？"

"谢尔盖·帕夫雷奇，您明白我的意思。"

"德米特里·尼古拉伊奇，我一点也不明白您的意思。"

"如果您愿意……"

"我愿意您把话痛痛快快说出来！"沃伦采夫接口说。

他真的怒火中烧了。

---

① 指受罗亭委托前来向沃伦采夫提出决斗。

罗亭皱了皱眉头。

"好吧……这儿只有你我二人……我应当告诉您——不过,您大概已经猜到了(沃伦采夫不耐烦地耸了耸肩),——我应当据实相告,我爱娜塔莉娅·阿列克谢耶夫娜,而且我也有权利推测,她也爱我。"

沃伦采夫的脸色一下子白了,他什么也没有回答,走到窗前,把身子转了过去。

"谢尔盖·帕夫雷奇,您明白,"罗亭继续说,"假如我不是确信……"

"得啦!"沃伦采夫急忙打断他的话,"我丝毫不怀疑……那有什么!听便!我只是不明白,您怎么会想到专程来寒舍告诉我这么个消息……这跟我有什么关系?您爱谁,谁爱您,与我何干?我不明白。"

沃伦采夫仍然望着窗外。他的嗓音发哑了。

罗亭站了起来。

"谢尔盖·帕夫雷奇,我想告诉您,为什么我决定到府上来见您,为什么我认为自己甚至无权向您隐瞒我同她的……我同她的相互感情。我一向非常敬重您,这就是为什么我要来的缘故……我们俩都不愿意在您面前做戏。您对娜塔莉娅·阿列克谢耶夫娜的感情我是清楚的……请相信我,我有自知之明:我深知我多么不配取代您在她心里的位置;但是命运既然作出了这样的安排,把话挑明岂不比蒙哄、欺骗、做假要好些吗?岂不比彼此误会,乃至发生昨天餐桌上那种事要好些吗?谢尔盖·帕夫雷奇,您自己说呢?"

沃伦采夫把两手交叠在胸前,好像在极力压下心头的怒火。

"谢尔盖·帕夫雷奇!"罗亭继续说道,"我给您带来了痛苦,这个我是感觉到的……可是请您理解我们,我们没有别的办法来表明我们对您的敬重,表明我们何等珍视您坦荡的胸怀和高贵的品质。坦诚相告,一无保留地坦诚相告,这种态度不管对什么人,都是使不得的,可是对您,就该如此,而且这是我们应尽的义务。想到我们的秘密掌握在您手里,我们非常高兴……"

沃伦采夫气得嘿嘿笑了起来。

"多谢你们的信任！"他高声说道,"不过我要请您注意,我既不想知道你们的秘密,也不想把我的秘密泄露给你们,可你们却已经把你们的秘密当作财产来派用场了。但是,请原谅,您说话的口气好像是代表两个人。因此,我可以假设,您这次来访以及来访的目的,娜塔莉娅·阿列克谢耶夫娜都是知道的啰？"

罗亭感到有点窘。

"不,我没有告诉娜塔莉娅·阿列克谢耶夫娜我要来拜访您；不过我知道,她会同意我的想法。"

"好呀,非常好,"沃伦采夫略一沉吟,然后用手指敲着窗玻璃说道,"不过,老实说,您要是对我少来点敬重,那要好得多。我,说实在的,压根儿不在乎您的敬重；说吧,您到底要我怎么样？"

"我什么都不要……喔,不,我只要一样：我希望您别把我看作一个奸诈的小人,希望您理解我……我深信,您现在已不会怀疑我的一片真诚……我希望,谢尔盖·帕夫雷奇,我们能像朋友一样告别……希望您仍像以前那样把手伸给我……"

于是罗亭向沃伦采夫走近去。

"请原谅我,阁下,"沃伦采夫说,掉过脸去,往后退了一步,"我愿意肯定您来意是好的,完全是好的,甚至可以说是崇高的,但是,我们是普通的人,吃的是普通的蜜糖饼干,我们可没有这份能耐跟在您这样大智大慧的人的思想后边飞翔……您认为是一片真诚,在我们看来却是胡搅蛮缠,厚颜无耻……您看来是简单明了,一清二楚的,对我们来说却是不明不白,难以理解的……您拿来吹嘘的东西,恰恰是我们认为应当秘而不宣的,所以叫我们怎么理解得了您！请原谅我,我不能把您当作我的朋友,也不能把手伸给您……这也许是小器,可我本来就是个小器的人。"

罗亭从窗台上拿起帽子。

"谢尔盖·帕夫雷奇!"他伤心地说,"告辞了,真正是始料不及。此次造访的确冒失,不过,我原来深信您会(沃伦采夫做了个不耐烦的动作)……请原谅,我不再说这些了,考虑到各方面的情况,我认为您是对的,您也只能如此。再见,至少请容许我再一次,最后一次请您相信我的来意是纯洁的……我深信您会守口如瓶……"

"这太过分了!"沃伦采夫喊了起来,气得浑身发抖,"我根本就没有央求您信任我,所以您也根本没有权利要求我为您守口如瓶!"

罗亭还想说什么,但转念一想,只是把双手一摊,鞠了一躬,走了,而沃伦采夫则倒在沙发上,把脸对着墙壁。

"可以进来吗?"门外响起亚历山德拉·帕夫洛夫娜的声音。

沃伦采夫没有马上回答,偷偷用手抹了抹脸。

"不,萨莎①,"他说,声音有点儿变了,"稍等一会儿。"

半小时后,亚历山德拉·帕夫洛夫娜又来到房门口。

"米哈伊洛·米哈伊雷奇来了,"她说,"你见他吗?"

"见,"沃伦采夫说,"让他到这儿来。"

列日涅夫走了进来。

"怎么,你不舒服?"他问,一边坐到沙发旁边的一张安乐椅上。

沃伦采夫欠起身子,用臂肘撑着,久久地、久久地审视着朋友的脸。随后把自己和罗亭的全部谈话一字不漏地告诉他听。直到今天之前,他还从未向列日涅夫谈过他对娜塔莉娅的感情,连暗示都没有过,不过他也料到,人家列日涅夫早就看出来了。

"嗨,老弟,你讲给我听的事真让我吃惊,"沃伦采夫刚一讲完他的故事,列日涅夫就接口说,"他会做出各种稀奇古怪的事,都在我意料之中,可是这件事……不过即使在这件事上,也可看出他的为人。"

"得了吧!"沃伦采夫激动地说,"这简直是恬不知耻!我差点没

---

① 萨莎是亚历山德拉的小称。

把他从窗口扔出去。他是想在我面前夸耀,还是做贼心虚?他何必要这样做?竟敢上门来……"

沃伦采夫双手托着脑袋,不再作声。

"不。老弟,并非如此,"列日涅夫平心静气地反驳说,"你尽可不相信我的话,其实,他这样做动机是好的。真的……瞧,我这事办得多么高尚,多么光明磊落,而且还可以有个说话的机会,发挥一下口才;要知道,这正是我所需要的,否则我就活不下去……唉,他的舌头——就是他的敌人……不过,也是他的仆人。"

"他进来时那副郑重其事的样子,说话时那种德行,你根本想象不到!……"

"那有什么,不这样他就不行。他把常礼服的纽扣统统扣得整整齐齐,像是来履行一项神圣的天职。我倒想把他放到一个没有人烟的荒岛上去,再躲在一边,看他在那里怎样摆弄那些烦琐的臭规矩。可偏偏是他,大谈精简的必要性!"

"老兄,看在上帝份上告诉我,"沃伦采夫问,"这算什么,是哲学吗?"

"怎么跟你说呢?从一方面看,也许这正是哲学,而从另一方面看,这又完全不是。把各种各样的无稽之谈都归于哲学名下是不行的。"

沃伦采夫瞥了他一眼。

"依你看,他是不是在吹牛?"

"不,我的孩子,他不是吹牛。不过话又要说回来,谁知道人家肚子里打的是什么主意?够了,别再讨论这件事了。老弟,让我们抽斗烟吧,再把亚历山德拉·帕夫洛夫娜请过来……有她在场,说话要好说些,不说话也轻松些。她会斟茶给我们喝。"

"好吧,"沃伦采夫说,"萨莎,进来吧!"他喊了一声。

亚历山德拉·帕夫洛夫娜走了进来。他抓起她的手,把它紧紧贴在唇上。

罗亭回到住所,心烦意乱,很不是滋味。他埋怨自己,责备自己不可原谅的冒失、轻率。无怪人家说,没有什么事比意识到自己刚做了一件蠢事更加痛苦的了。

悔恨啮噬着罗亭。

"真见鬼,"他含糊不清地喃喃自语,"怎么会想到跑去找这个地主!异想天开!自找没趣!……"

达莉娅·米哈伊洛夫娜家里好像出了什么事,跟平时大不一样。女主人本人整整一个早晨没有露面,午饭也没有出来吃。据潘达列夫斯基——只有他一个人能见到女主人——说,她头疼。而娜塔莉娅呢,罗亭也几乎没见到过她,她由 m-lle Boncourt 陪着,待在自己的卧房里……她在餐室里遇见他时,那么忧伤地瞥了他一眼,令他心都碎了。她的脸变了样,像是从昨天起有桩祸事降到了她头上。一种模模糊糊的不祥的预感使罗亭心神不宁。为了排遣焦虑,他找巴西斯托夫长谈,发现巴西斯托夫是个热血青年,满怀热烈的希望和纯洁的信念。直到傍晚,达莉娅·米哈伊洛夫娜才出来,在客厅里坐了两个来小时,她对罗亭很客气,不过显得有些疏远,时而微微一笑,时而皱起眉头,说话小声小气,讲的尽是些嵌骨头的话……俨然一副宫廷贵妇的气派。这两天她对罗亭似乎有些冷淡。"这是个什么样的谜?"他打一旁打量着她仰起的小脑袋,心里这么琢磨。

他无需等多久,谜底就可揭开了。夜里十一点多,他正穿过黑洞洞的走廊回自己的卧房,突然有个人把一张纸条塞到他手里。他回头一看,只见有个姑娘打他身边走开去,那姑娘好像是娜塔莉娅的侍女。他回到房里,支走了仆人,展开纸条,读到了娜塔莉娅手书的几行字:

明晨最晚不超过七时,请去橡树林后的阿夫久欣池畔。任何其他时间都无可能。这将是我们最后一次会面,一切都将迎刃而解,如果……您来吧。应该作出决定……

又及:假如我来不了,那就是说,我们已永无再见之日,到时我会设法通知您……"

罗亭沉思起来,把纸条拿在手上,翻来覆去看了好几遍后,将纸条放到枕头底下,解衣而卧,但未能很快入睡,也睡不踏实,没到凌晨五点,他就醒了。

九

娜塔莉娅约罗亭会面的地点阿夫久欣池塘,早已不是池塘了。大约三十年前,池塘决堤,就此废弃至今。只有浅平的壑底淤积的肥沃的污泥和塘堤的残迹,还可让人想起这里曾是一个池塘。也是在这里,还有过一座庄园。可这座庄园也在很久很久以前就湮灭了。只有两棵巨松还令人忆起这座庄园;凄风永远在巨松又高又稀的绿枝间呼呼哀号……老百姓中间流传着神秘的传说,说在这两棵巨松脚下曾发生过一件令人毛骨悚然的罪行;还说这两棵巨松中无论哪棵倒下,必定会压死一个人;又说这里原先还有一棵松树,有一回让风暴刮倒,把一个小女孩给活活压死了。大家都说,这个古老的池塘四周经常闹鬼;这片荒凉的不毛之地,即使在出太阳的日子,也阴气逼人,加之附近又有片久已枯死的老橡树林,就更增添了这里的萧然阴森的氛围。几棵稀稀落落的大树的灰不溜秋的树干,兀立在低矮的灌木丛上,像是阴郁的幽灵。一看到它们就让人心里发怵,觉得它们仿佛是几个心地歹毒的老人,正聚在一起,密谋杀人越货的勾当。近旁有条依稀可辨的踩出来的小径逶迤前去。非万不得已,谁也不会到阿夫久欣池塘边来。娜塔莉娅是有意选这个荒僻的所在的。这里离达莉娅·米哈伊洛夫娜家约摸半俄里。

罗亭走到阿夫久欣池塘旁边的时候,太阳早出来了;但这天的早晨是阴沉沉的。乳白色的浓云遮满了天空;风呼啸着,尖厉地号叫着,飞快地驱赶着满天的密云。罗亭在长满带刺的牛蒡和发黑的荨麻的残堤上来回走着,心里忐忑不安。这种约会,这种新的感受,固然使他兴奋,却也使他焦虑不安,尤其是在接到昨晚的纸条之后。他意识到是吉是凶马上就要分晓,不由得惴惴不安,然而看到他双手交叠在胸前,两眼环视四周那副专心致志、镇定自若的神态,谁又会想到他心里边却很不踏实。难怪有一回皮加索夫说他像个中国泥娃娃,脑袋瓜特别沉。但是一个人光有脑袋瓜,不管这个脑袋瓜有多灵,那么他甚至连自己心里在想些什么,也难以弄清……罗亭,聪明的、洞幽烛微的罗亭,都不能肯定自己是否爱娜塔莉娅,是否感到痛苦,万一娜塔莉娅跟他分手,他是否会痛不欲生。既然他无意扮演洛弗拉斯①——这句公道话是该替他说的——那他何必把一个可怜的姑娘弄得神魂颠倒?为什么在等她来赴约的时候,他的心要颤抖?答案只有一个:越是清心寡欲的人越容易动情。

他在残堤上踱着步,而娜塔莉娅则穿过田野,踩着湿漉漉的草,急急忙忙赶来见他。

"小姐!小姐!您把脚踩湿了,"她的侍女玛莎朝她喊道。几乎跟不上她。

娜塔莉娅不理她,头也不回地跑着。

"唉,但愿别叫人看见我们!"玛莎一再说,"奇怪,怎么叫我们从家里溜了出来。法国小姐可千万不能醒……幸亏路不远……啊,先生

---

① 洛弗拉斯是英国作家理查森(1689—1761)的小说《克拉丽莎,又名一个年轻女人的历史》中的男主人公。他是十八世纪英国贵族中持自由主义态度,但是生活放荡一类人的典型。

在等着了,"她看到罗亭匀称的身躯像画中人那样伫立在残堤上,又加补说,"他不该站在这么高的地方,得躲到洼地里去。"

娜塔莉娅站停下来。

"玛莎,你在这儿等着,就在松树旁边,"她说道,往池塘下边走去。

罗亭迎上前去,走到她跟前,惊骇地站住了。他还从未见到她脸上有过这样的表情。她眉头皱成了疙瘩,嘴唇紧闭,目光严厉,笔直地望着前方。

"德米特里·尼古拉伊奇,"她开始说道,"我们不能浪费时间。我只能待五分钟。我必须告诉您,妈妈全都知道了。潘达列夫斯基先生前天盯了我们的梢,把我们怎么约会告诉了她。他一向是妈妈的暗探。妈妈昨天把我叫了去。"

"天啊!"罗亭叫道,"太可怕了……那您妈妈怎么说?"

"她没有对我发脾气,没有骂我,只是责备我做事过于轻率。"

"就这些?"

"是的,她还跟我说,她宁愿看见我死,也不愿看见我做您的妻子。"

"她真这么说?"

"是的。她还说,您根本就不想娶我做妻子,您不过是出于无聊才来向我献殷勤的,她没料到您会做出这种事;她说,不过这也得怨她自己,她不该让我成天跟您在一起……还说她一向相信我是有头脑的,这回我太让她吃惊了……她还说了些,我记不全了。"

娜塔莉娅是用一种没有高低起伏的平直的、几乎听不见的声音说这些话的。

"那么娜塔莉娅·阿列克谢耶夫娜,您是怎么回答她的?"罗亭问。

"我怎么回答她的?"娜塔莉娅反问道,"事到如今,您打算怎么办?"

"我的天啊!我的天啊!"罗亭说道,"这太残酷了!来得这么快!……这么突如其来的打击!……您妈妈竟生这么大的气?"

"是的……是的,她连您的名字都不愿听到。"

"太可怕了！如此说来,没有一点希望了？"

"没有了。"

"我们怎么这样不幸！潘达列夫斯基这个卑鄙的小人！……娜塔莉娅·阿列克谢耶夫娜,您问我打算怎么办？我只觉得天旋地转——什么办法也想不出来……我只觉得自己太不幸了……我觉得奇怪,您怎么还这么镇静？……"

"您以为我心里比您好受？"娜塔莉娅说。

罗亭又在残堤上来回走动。娜塔莉娅目不转睛地盯着他。

"您妈妈没有追问详情吗？"他终于开口说。

"她问我爱不爱您。"

"那么……您怎么说？"

娜塔莉娅沉默了一会儿。

"我说了实话。"

罗亭握住了她的一只手。

"您无论什么时候,无论遇到什么事情都是那么高尚,那么宽宏大量！啊,少女的心——这是纯金！难道您妈妈当真这样斩钉截铁地说,不许我们俩结婚？"

"是的,斩钉截铁。我跟您说了,她深信您自己也是不想娶我的。"

"如此说来,她把我看成了骗子！我做了什么坏事,叫她这么看轻我？"

说罢,罗亭抱住了自己的脑袋。

"德米特里·尼古拉伊奇！"娜塔莉娅说,"我们在白白地浪费时间。请您记住,我这是和您最后一次见面。我到这儿来不是为了哭,不是为了诉苦——您看,我没有哭——我是来叫您拿主意的。"

"可是,娜塔莉娅·阿列克谢耶夫娜,我能给您拿什么主意呢？"

"拿什么主意？您是堂堂的男子汉;我已经习惯于信任您,而且我将信任您到底。告诉我,您有什么对策？"

"我有什么对策？您妈妈肯定要把我拒之门外了。"

"有这个可能。她昨天已经向我宣布，我必须同您断绝一切往来……可您还没有回答我的问题。"

"什么问题？"

"您认为现在我们俩该怎么办？"

"我们俩该怎么办？"罗亭说，"当然是屈从。"

"屈从，"娜塔莉娅慢慢地重复着他说的两个字，她的嘴唇发白了。

"屈从命运的安排，"罗亭继续说，"有什么办法！我非常清楚，这是多么痛苦，多么沉重，多么难以忍受，可是您自己不妨权衡一下，娜塔莉娅·阿列克谢耶夫娜，我穷……虽说我可以工作；然而即使我是个富翁，您能忍受得了被迫和您的家庭决裂，能忍受得了您母亲的愤怒吗？……不，娜塔莉娅·阿列克谢耶夫娜；这根本连想都不用去想。显然，我们命中注定不能结合，我梦想的幸福，不属于我！"

娜塔莉娅突然用双手捂住脸，哭了起来。罗亭走到她跟前。

"娜塔莉娅·阿列克谢耶夫娜！亲爱的娜塔莉娅！"他激动地说，"别哭，看在上帝的份上，别折磨我，别这么伤心……"

娜塔莉娅抬起了头。

"您叫我别伤心，"她说，噙满泪水的眼睛灼灼生光，"我哭，并不是因为您想的那个原因……我并不是为那个事痛苦的，我痛苦的是我看错了您……怎么不是呢！我来找您，要您拿出主意来，而且是在多么紧要的关头，可您的第一句话却是屈从……屈从！原来您就是这样把您关于自由、关于牺牲的言论付诸行动的……"

她的声音哽住了。

"可是，娜塔莉娅·阿列克谢耶夫娜，"窘得无地自容的罗亭说，"请记住……我并非言行不一——……只是……"

"您问我，"她又鼓起力量，继续往下说，"我母亲对我说，她宁愿看我去死，也不愿我同您结婚，我是怎么回答她的？我回答她说，我宁愿死也不愿嫁给别人……可您却叫我屈从！这么说,她说对了,您的确因为无事可做、因为无聊,才拿我来取乐的……"

"娜塔莉娅·阿列克谢耶夫娜,我向您发誓……请您相信……"罗亭辩解说。

可是她不听他说。

"那您当时为什么不劝阻我？为什么您自己也……要么您没有估计到会有障碍？一提到这事,我就害臊……好在一切都已经结束。"

"娜塔莉娅·阿列克谢耶夫娜,您得静下心来,我们俩得好好想想,看看有什么办法……"罗亭刚开了个头,她便打断了他：

"您平日满口自我牺牲,可是您知道吗,要是您今天,就是说刚才,您对我说:'我爱你,不过我没有能力跟你结婚,也没有能力对将来负责。把你的手给我,跟我走。'您知道吗,我真会跟您走,我会不顾一切,您知道吗？然而,由言到行距离大概很远,非常之远,何况您现在胆怯了,就像前天餐桌上您在沃伦采夫面前胆怯了一样！"

罗亭的脸顿时涨得通红。娜塔莉娅会有这样的激情出乎他的意料,使他惊讶不已；但她最后那句话伤害了他的自尊心。

"娜塔莉娅·阿列克谢耶夫娜,您现在正在盛怒之中,"他说,"您不理解您是多么残酷地侮辱了我。我相信,随着时间的推移,您会给我公正的评价；您将来会理解,我为了放弃如您所说的无需承担任何责任的幸福,付出了多大代价。您的安定,对我来说,比世界上一切都宝贵。假如我想乘人之危的话,那我就成了世界上最卑鄙的人……"

"也许,也许,"娜塔莉娅打断他,"也许您是对的；我不知道我在说些什么。不过,在今天以前,我是相信您的,相信您的每一句话……我劝您今后说话要三思,要多掂掂分量,不要信口开河。我对您说我爱您的时候,我可是知道这句话的分量的,因此我作好了一切准备……而现在对我来说,只剩下感谢您给我的教训,并向您道声永别了。"

"别说了,娜塔莉娅·阿列克谢耶夫娜,看在上帝的份上,我求您。

我向您发誓,我是不该受到您的蔑视的。您也该设身处地替我想想。我要对您负责,要对自己负责。要是我并非以赤诚的爱爱着您的话——啊,我的天哪!那我马上就会主动向您提出跟我私奔……您母亲迟早会原谅我们……到那时……但是在考虑自己的幸福之前,应当……"

他讲了一半,戛然而止。娜塔莉娅的目光直视着他,令他惶惑。

"德米特里·尼古拉伊奇,您竭力要向我证明,您是个正直的人,"她说,"这一点我并不怀疑。您不是见利忘义之徒;不过,我巴巴地跑到这儿来难道是想证实这个,难道是为了这个……"

"娜塔莉娅·阿列克谢耶夫娜,我没料到……"

"啊!这下您可说漏了嘴!是呀,这一切您没料到——您不知道我是这么个人。您放心……您不爱我,我是不会缠着人家不放的。"

"我爱您的!"罗亭高声说。

娜塔莉娅挺直了身子。

"也许是吧;可您是怎么爱我的呢?德米特里·尼古拉伊奇,我至今记得您讲的每一句话。您还记得吗,您曾经跟我说过,没有完全的平等就没有爱情……对我来说,您太高了,我配不上您……我自取其辱。您前途无量,去做值得您去做的事业吧。我不会忘记今天的……别了……"

"娜塔莉娅·阿列克谢耶夫娜,您就这样走了?难道我们就此分手了?"

他把双手伸向她。她站停下来。他央求的声音好像使她有点回心转意了。

"不,"她终于说,"我觉得我心里有什么东西碎了……我像生了热病似的,巴巴地跑到这儿来跟您说话;我该醒醒了。这是不容许的,您自己说的,不能做这样的事。我的天哪,我来这儿时,我已经在心里同我的家、同我的整个过去告别了——可结果呢?在这里跟我相会的是个什么样的人?一个懦夫……您怎么知道我忍受不了同家庭的决裂?'您妈妈不同意……这太可怕了!'这就是我从您嘴里听到的一切。这就是您,就是您罗亭?不!永别了……唉!要是您真的爱过我,此刻,在这一瞬间,我会感觉到的……不,不,永别了!……"

她迅速转过身,向玛莎跑去,玛莎早已等得心急火燎,一个劲儿朝她做手势。

"胆怯的是您,不是我!"罗亭冲着娜塔莉娅的背影喊道。

她已不再注意他,急急穿过田野往家跑去。她平安无事地回到自己的卧室;但是刚跨过房门的门槛,就脱力了,晕倒在玛莎的怀里。

而罗亭还在残堤上站了很久。临了,他终于打起精神,缓步走到小径上,慢慢地向前走去。他感到十分羞愧……感到伤心。"真是了不得!"他想,"才十七岁!……不,我不了解她……她是个了不起的姑娘。多么坚强的意志力!……她是对的;配得上她的,不是我对她有过的那种爱……有过的?"他问自己,"难道我对她已不再有爱情了?这么说,这一切也只能这样结束!我在她面前是何等的可怜和渺小啊!"

一辆两轮轻便马车的辚辚声使罗亭抬起眼睛。是列日涅夫驾着那匹永远是那副样子的小走马迎面驶来。罗亭默默地同他点了点头,接着,好像因猛然想起了什么似的吃了一惊,连忙折过身子,朝达莉娅·米哈伊洛夫娜的宅第方向匆匆走去。

列日涅夫给他让出一条路,目送他远去,随后稍稍考虑了一下,也拨转马头,回到沃伦采夫家去。他是在那里过的夜。沃伦采夫还在睡,他吩咐不要叫醒他,随即坐到凉台上,抽着烟斗,等着喝早茶。

十

沃伦采夫九点多钟起的床,得知列日涅夫坐在凉台上,十分奇怪,吩咐快去请他进来。

"出了什么事?"他问列日涅夫,"你不是回家去的吗?"

"是呀,是回家去,可是半道上碰到了罗亭……他一个人在野地里走,一副失魂落魄的样子。我就掉转马头回来了。"

"你回来是因为碰见了罗亭?"

"说实话,我自己也不知道为什么回来;兴许是因为我想起了你:想跟你坐会儿,反正回家还早。"

沃伦采夫苦笑了一下。

"是呀,现在一想到罗亭就不可能不想到我……来人!"他大声喊道,"给我们上茶。"

两个朋友开始喝茶。列日涅夫谈到了农务,谈到了用苫纸盖谷仓顶的新方法……

突然间,沃伦采夫从安乐椅上猛地跳了起来,狠命捶了一下桌子,把茶杯和碟子震得叮当直响。

"不!"他喊道,"我再也忍受不了啦!我要跟这个聪明人决斗,让他一枪把我打死,要不我就把子弹打进他装满学问的脑袋瓜。"

"怎么啦,怎么啦,消消气吧!"列日涅夫嘟囔说,"怎么可以这样嚷嚷!我叫你吓得烟斗都掉到了地上……你这是怎么啦?"

"我一听到他的名字就按捺不住,浑身的血都沸腾了。"

"行了,兄弟,行了!你怎么不害臊!"列日涅夫说道,从地上拾起烟斗,"一个人要拿得起,放得下!管他呢!……"

"他侮辱了我,"沃伦采夫一边说,一边在房间里来回走着……"是的!他侮辱了我。这你该同意吧。我叫他给气惯了,所以一时不知该怎么办,谁会料到他竟然下这个毒手?但是,我要向他证明,想跟我开玩笑,没门……我要把他这个该死的哲学家,像打山鹑那样,打个对穿。"

"那还用说,这下你就可以大大地赢一票了!且不说你的姐姐。自然,你怒火中烧……哪里还会想到什么姐姐!可还有那一位呢——

你以为杀死了哲学家,你就可以让她回心转意?"

沃伦采夫瘫坐到安乐椅上。

"那我就一走了之!否则痛苦会把我的心揉碎的。我坐也不是,站也不是。"

"离开这儿,那就又当别论了!这是个好主意,我赞成。你知道我建议你什么?咱们一块儿去——去高加索,要不干脆去小俄罗斯,吃面疙瘩。老弟,这可太棒了!"

"是呀,可是我们把姐姐交托给谁呢?"

"亚历山德拉·帕夫洛夫娜为什么不跟咱俩一块儿去呢?那可太棒。侍候她这件事,由我包了!我保管做得十全十美,要是她愿意,我可以每天晚上安排人在她窗下唱情歌,我可以往驿站马车夫身上浇香水,把鲜花撒满一路。至于你我,老弟,可以说是重投人生;咱俩要痛痛快快地享乐,等到回来的时候都大腹便便,什么样的爱情都不能叫我们动心了。"

"米沙①,你就爱说笑话!"

"不,我不是说笑话。你想出了一个非常好的主意!"

"不!乱弹琴!"沃伦采夫又大声吼了起来,"我要决斗,我要跟他决斗!……"

"又来了!你呀,老弟,今天吃火药了!……"

仆人拿着封信走了进来。

"谁来的信?"列日涅夫问。

"罗亭·德米特里·尼古拉耶维奇。是拉松斯卡娅家的仆人送来的。"

"罗亭来信?"沃伦采夫重复说,"给谁的?"

"老爷,给您的。"

"给我的……拿来。"

---

① 列日涅夫的名字米哈伊洛的小称。

沃伦采夫一把抓过信来,急忙打开来看。列日涅夫一直望着他;沃伦采夫的脸上露出几乎是惊喜交集的表情,他放下了手。

"什么事?"列日涅夫问。

"你自己看,"沃伦采夫压低声音说,把信递给他。

列日涅夫接过信来看。下面就是罗亭的信:

谢尔盖·帕夫洛维奇阁下:

我今天即离开达莉娅·米哈伊洛夫娜家,永远不再回来。这大概会使您感到惊讶,特别是在昨天那件事之后。我何以要离去,恕我不能向您解释;但不知何故,我觉得我应当把我要走的事先行奉告。您不愿与我交好,甚至认为我是坏人,我无意分辩,时间自会替我辩白。我认为一个男子汉向一个对他抱有成见的人证明其成见有失公允,是不体面的,无益的。想了解我的人自会谅解我,不想了解我或不能了解我的人,他的指责也不会使我痛苦。我把您估计错了。在我眼里,您仍然是个高尚正直的人,然而我原本以为您是能够高出您所生长的环境的……可是我错了。有什么办法?! 这在我不是第一次,也不是最后一次。我再向您说一遍:我要走了。祝您幸福。请您同意我这个祝愿是绝无私心的,而且我深信,您现在可以幸福了。也许,随着时间的推移,您会改变对我的看法。今后我们是否还会见面,不得而知,不管怎样,我仍然由衷地尊敬您。

德·罗·

P.S.[①] 所借二百卢布,待回到T省敝村之后,当即寄奉。并祈

---

① 拉丁语:又及。

在达莉娅·米哈伊洛夫娜前切勿提及此信。

　　P.P.S.① 还有一个最后的,但是很重要的请求:我既已他去,务祈勿在娜塔莉娅·阿列克谢耶夫娜前提及我趋府造访一事为祷……

　　"你有什么话要说?"列日涅夫刚一看完信,沃伦采夫便问他。

　　"有什么可说的!"列日涅夫回答道,"照东方人那样高呼:'安拉②! 安拉!'惊讶得目瞪口呆,这就是你所能做的一切。他要离开了……好呀! 一路平安。太有趣啦,他把写这封信看成是应尽的义务,他来看你也是出于义务感……这些个先生每走一步都不忘义务,老是义务,义务——成了债务③,"列日涅夫笑着指指 post scriptum④,加补说。

　　"瞧他说的漂亮话!"沃伦采夫高声说,"什么把我估计错了。原本以为我是能够高出那个什么环境的……去他的吧! 比诗还糟!"

　　列日涅夫什么也没有回答,只是双眼露出了笑意。沃伦采夫站了起来。

　　"我这就去达莉娅·米哈伊洛夫娜家,"他说,"我要去看看究竟是怎么回事儿……"

　　"慢着,老弟,让他走吧,你何必再去跟他发生冲突? 他就要隐退了——你还要怎么样? 你最好躺下来睡一觉;你昨天一夜大概翻来覆去没睡好。可现在你时来运转了……"

　　"你根据什么得出这个结论?"

　　"凭我的直觉。真的,睡一会儿吧,我上你姐姐那儿去——陪她

---

① 拉丁文:又又及。
② 伊斯兰教信奉的唯一神的名称。
③ 俄语中义务和债务是同一个词。
④ 拉丁语:又及,附启。

坐坐。"

"我一点儿也不想睡。我干吗要睡觉!……我还是下地去看看的好。"沃伦采夫说,整了整大衣下摆。

"那也好。去吧,老弟,去吧,下地去看看……"

列日涅夫说罢,便到亚历山德拉·帕夫洛夫娜所住的那半边屋去了。他在会客室里见到了她。她亲热地向他问好。她总是很高兴他来,可今天她却有几分愁容。昨天罗亭的来访使她惴惴不安。

"您从弟弟那儿来吗?"她问列日涅夫,"他今天怎么样?"

"没什么。他下地去看看了。"

亚历山德拉·帕夫洛夫娜沉默了一会儿。

"请您告诉我,"她仔细地看着手帕上的花边,终于开口说道,"您知不知道,为什么……"

"为什么罗亭要来?"列日涅夫接口说,"我知道,他是来辞行的。"

亚历山德拉·帕夫洛夫娜抬起了头。

"什么——辞行?"

"是的。您难道没听说?他要离开达莉娅·米哈伊洛夫娜家了。"

"要离开?"

"永远不再回来,至少他是这么说的。"

"尽胡扯,这叫人怎么理解,在发生了那一切之后……"

"可现在是另一回事了!这叫人没法理解,可事实却是这样。想必他们之间发生了什么事。他把弦绷得太紧,弦就断了。"

"米哈伊洛·米哈伊雷奇!"亚历山德拉·帕夫洛夫娜说,"我一点儿也不明白,您怕是在跟我开玩笑吧……"

"是真的……告诉您,他是要走了,甚至都写信通知朋友们了。这事从某个观点来看,不是坏事;不过他这一走,却使我和令弟已着手研究的那个惊人的计划成了泡影。"

"怎么回事?什么计划?"

"是这么回事。我建议令弟出去旅行,散散心,把您也带上。旅途中服侍您的事,由我包了……"

"好极了!"亚历山德拉·帕夫洛夫娜大声说,"我可以想象得出您怎样来服侍我。您呀,准会把我饿死。"

"亚历山德拉·帕夫洛夫娜,您这样说是因为您不了解我。您以为我是个笨蛋,十足的笨蛋,榆木脑袋;可您是不是知道,我也能像白糖一样溶化,可以整天整天地跪在地上?"

"说实话,我还真想看看您这副样子哩!"

列日涅夫霍地站了起来。

"亚历山德拉·帕夫洛夫娜,那您就嫁给我吧,您就全能看见了。"

亚历山德拉·帕夫洛夫娜脸一直红到了耳根。

"米哈伊洛·米哈伊雷奇,您说什么呀?"她羞答答地说。

"我说的话,"列日涅夫回答,"是我早就想说的,已经在我舌尖上滚了上千次。我终于说出了口,您可以采取行动了,您知道该采取什么行动。我这就走出去,免得您难为情。要是您愿意做我的妻子……我这就出去。要是您不讨厌我,您只要喊人来叫我一声,我就心领神会了……"

亚历山德拉·帕夫洛夫娜想留住列日涅夫,可是他一眨眼已经走了,也没戴帽子,他去了花园,倚在小门上,两眼望着远处。

"米哈伊洛·米哈伊雷奇!"他身后传来侍女的声音,"请去太太那儿。太太吩咐我来请您。"

米哈伊洛·米哈伊雷奇转过身来,双手捧住侍女的头,吻了一下她的额头,令她大吃一惊,随即他就到亚历山德拉·帕夫洛夫娜那儿去了。

十一

罗亭途遇列日涅夫后,立即返回家,把自己关在卧室里,写了两封信：一封致沃伦采夫（这封信的内容，读者已经知道），另一封给娜塔莉娅。后一封信他写了很久，字斟句酌，几经删改，才誊到一张薄如蝉翼的信笺上，然后他把信笺折得小而又小，放进口袋，忧心忡忡地在房间内来回踱了好几次，后又坐到窗前的安乐椅上，手托着腮，呆呆地出神，泪水慢慢地涌到他睫毛上……他站起身来，扣上所有钮扣，唤来仆人，让他去问达莉娅·米哈伊洛夫娜，可不可以去见她。

仆人很快就回来禀报说，达莉娅·米哈伊洛夫娜有请。罗亭便去她那里。

同两个月前初次见他时一样，她在书房里接待他。不过这一回。她不是一个人，有潘达列夫斯基坐在一旁，他永远是那么谦恭、潇洒、整洁、温文尔雅。

达莉娅·米哈伊洛夫娜客客气气地接待罗亭，罗亭也客客气气地向她鞠躬行礼，但是哪怕涉世尚浅的人，也一眼就可看出，尽管两人满面笑容，可彼此心里存有芥蒂。罗亭知道，达莉娅·米哈伊洛夫娜在生他的气。而达莉娅·米哈伊洛夫娜则在琢磨，他是否已知道底细。

听了潘达列夫斯基的密报，她很是不安。她的上流社会的傲气受到了触犯。罗亭，一个穷酸的书生，身无一官半职，眼下还是个无名小卒，竟敢同她的女儿，堂堂达莉娅·米哈伊洛夫娜·拉松斯卡娅的千金小姐私下约会！！

"就算他聪明，是个才子！"她说，"那又能说明什么？这样一来，岂不谁都可以指望做我的女婿了吗？"

"可不，我好久都不敢相信自己的眼睛，"潘达列夫斯基逢迎说，"我奇怪，这人怎么没有一点儿自知之明。"

达莉娅·米哈伊洛夫娜很是激动，把娜塔莉娅痛斥了一顿。

她请罗亭坐下。他坐了下来，然而已非昔日几是一家之主的罗亭，甚至连知交都不是了，而只是一名客人，一名关系疏远的客人。这一切变化发生于一瞬之间……一如水之骤然变成冰。

"达莉娅·米哈伊洛夫娜,"罗亭开口说,"我是来面谢您的盛情款待的。今天敝村带信来,要我立即赶回去。"

达莉娅·米哈伊洛夫娜探究地审视了一下罗亭。

"他倒抢先了一步,八成叫他猜着了,"她思忖道,"这样也好,省得我多费口舌。到底是聪明人,了不起!"

"有这样的事?"她大声说,"啊,这多么扫兴!可又有什么办法呢!但愿今年冬天能在莫斯科见到您。我们一家不久就要回莫斯科去了。"

"达莉娅·米哈伊洛夫娜,我不知道我能否去莫斯科;不过,要是我能凑足盘缠的话,理当趋府拜谒。"

"嘿,小子!"潘达列夫斯基暗自想道,"曾几何时,你像个老爷似的,在这里指手画脚,可今天,你说话就不能不变个调了!"

"您想必收到了贵村不尽如人意的消息吧?"潘达列夫斯基像惯常那样一字一顿地说。

"是的。"罗亭满脸寒霜地回答说。

"想必收成不好?"

"不……是别的事……达莉娅·米哈伊洛夫娜,请您相信,"罗亭加补说,"在贵府度过的日子,我终生难忘。"

"我也如此,德米特里·尼古拉伊奇,我永远会愉快地想起同您的相识……您什么时候动身?"

"今天,午饭以后……"

"何以如此仓促!……那只好祝您一路平安了。不过,要是尊府的事不耽搁您太久的话,您还可能在此间遇见我们。"

"恐怕赶不回来了。"罗亭说罢,站了起来。"您借给我的钱,请您原谅,我行前难以璧还,待我一回到敝村就……"

"说哪里话,德米特里·尼古拉伊奇!"达莉娅·米哈伊洛夫娜打断他的话,说。"您太见外了……几点钟了?"她问。

潘达列夫斯基打坎肩口袋里掏出一只镶珐琅的小金表,把他粉红色的面颊小心翼翼地抵在又白又硬的竖领上,看了看表。

"两点三十三分。"他说。

"我该更衣了,"达莉娅·米哈伊洛夫娜说,"德米特里·尼古拉伊奇,再见!"

罗亭站了起来。他和达莉娅·米哈伊洛夫娜的交谈有种特殊的味道。演员就是这样来背他们的台词的,外交官就是这样在会议上交换他们事先酌定的辞句的……

罗亭走出了书房。他现在亲身体会到,上流社会的人士对待他们已用不着的人,甚至连摈弃都不屑,而是像对待舞会后只剩了一只的手套,像对待一张包糖果的纸,或者一张没有中奖的彩票那样,随手撂在地上。

他匆忙打点好行李,焦急地等待起程的时刻。全家上下知道他突然要走,都十分惊讶,甚至连仆人都困惑不解地望着他。巴西斯托夫没有掩饰自己难过的心情。娜塔莉娅显然是在回避罗亭,她竭力避免同他的目光相遇;可他还是设法把信塞给了她。用午餐时,达莉娅·米哈伊洛夫娜又一次表示,希望去莫斯科前能再次见到他,但是罗亭一言不发。潘达列夫斯基几次三番找他搭讪。有好几回,罗亭恨不得扑过去,照准他气血旺盛的红润的腮帮子,扇他一耳光。m-lle Boncourt时不时用狡黠的、异样的眼神瞥他一眼,这种眼神在非常通灵性的老猎狗的眼睛里往往可以看到……"嘿!"她像是在心里说,"把你整得够戗!"

终于钟敲六点,送罗亭走的马车来了。他和大家匆匆告别。他心情非常坏。他没料到他会这样离开这幢宅第,像是叫人驱逐出去的……"怎么闹出这样的结局!何必如此心急慌忙?不过话要说回来,还是一走了之的好。"他强笑着向大家点头告别时,心里就是这么想的。他最后一次看了一眼娜塔莉娅,他的心不由得战栗了,她向他投来的目光是永诀的目光,满含悲痛的谴责。

他快步走下台阶,跳进马车。巴西斯托夫自愿送他至第一个驿站,于是在他身边坐了下来。

"您记不记得,"马车刚出院子,驶上两旁栽有云杉的大路时,罗亭开口说,"您记不记得堂吉诃德驶离公爵夫人的宫殿时。对他的侍从说的那番话?他说:'我的朋友桑丘,自由是人最宝贵的财富,凡托天之福能有一片面包而无需仰人鼻息的人,是幸福的!'当时堂吉诃德的感慨也就是我此时此刻的感慨……我的好心肠的巴西斯托夫,愿上帝保佑您有朝一日也能发此感慨!"

巴西斯托夫紧紧握住罗亭的手,这个正直的年轻人的心,在深受感动的胸膛里剧烈地跳动。车抵驿站前,罗亭一路上滔滔不绝地阐述着人的尊严,阐述着完全的自由的意义,他讲得那么热烈,那么优美,那么实在,以致到了分手的时刻,巴西斯托夫忍不住扑过去抱住他的颈项,泣不成声。罗亭自己也潸然泪下,然而他哭并非因为要跟巴西斯托夫分别了,他流的是自尊的泪水。

娜塔莉娅回到卧室,展读罗亭的信。

亲爱的娜塔莉娅·阿列克谢耶夫娜:

我决意走。舍此别无他途。我决意在未及向我下逐客令前先行告辞。我这一走,种种猜疑便可告终,未必有人会为我惋惜。我还有什么可期待的呢?……走为上策;但是我为什么还要给您写信?

看来,我要和您永别了,给您留下了一个比实际上的我要坏得多的印象,这于我太痛苦了。我所以要给您写信,原因就在于此。我既无意为自己辩白,也不想归咎于任何人,只能归咎于我自己;我只想在可能范围内作些解释……近几天发生的事情这样突如其来,非我始料所及……

今天的会面给了我永志难忘的教训。是的,您说得对:我并不了解您,却自以为了解您!我一生中,与各色人等多有交往,与许多妇人和女郎过从甚密;但只是在遇见您以后,才初次遇见一个完全诚实、正直的心灵。这在我来说是不熟悉的,所以我未能给予您应有的评价。我们相识的第一天。我就觉得我被您吸引住了——您想必觉察到了这点。我和您朝夕相处,却不了解您,甚或不想了解您……而我居然以为我爱上了您!!为了这个罪孽,我现在受到了惩罚。

我过去曾爱过一个女人,她也爱我……我对她的感情是复杂的,她对我也一样;正因为她并不单纯,所以这种感情得以将就过去。那时,爱的真谛未曾向我显现;所以一旦爱的真谛呈现在我面前,我竟浑然不知……待到临了,我终于知道了,却为时已晚……逝者已矣,岂能追回……我俩的生命本有可能结合,可现在已永无结合的可能。我自己也不知道我是否能够以真正的爱——发自内心的爱而不是想象中的爱——来爱您,我又如何向您证明我能够这样爱您呢!

天赋赐予我很多——我是知道这一点的,我不愿在您面前以虚伪的谦逊避而不谈这一点,尤其是现在,在我这样痛苦、这样备受羞辱的时刻……是的,天赋赐予我很多;但是我会虚度此生,做不成一件与我能力相称的事,身后也不会留下一丝值得称道的痕迹。我的全部才智都将虚掷;我不会看到我的种子开花结果。我感觉到我缺少……可我自己也说不上我究竟缺少什么……大概我缺少的是那种凡要打动人们的心和赢得女人的心都不可或缺的东西;单单对头脑建立的控制是脆弱的,且一无用处。我的命运是奇怪的,而且几乎是滑稽的,我愿意满腔热忱地、毫无保留地献出我的一切,——却献不出去。到头来,我为之牺牲的将是某种连我自己都不相信的无稽之谈……天哪!都已经三十五岁了,还在盘算去做番什么事业!……

我还从未向什么人这样披肝沥胆——这是我的忏悔。

关于我,已经说得够多了。我想谈谈您,向您进一忠言,除此以外,我什么都不配做了……您还年轻,但是不管您还要活多少年,您时时刻刻都要按您内心的感觉行事,切不可听命于自己的或者别人的理智。相信我的话,生活越简单,生活圈子越窄小就越好;切勿在生活中标新立异,而要致力于适时地使生活中的各个转折阶段臻于完美。'幸福的人在年轻时就像年轻人……'[①]但是我发现这个忠告对于我要比对于您适用得多。

娜塔莉娅·阿列克谢耶夫娜,我坦白地跟您说,我的心情很不好。对于我曾博得的达莉娅·米哈伊洛夫娜的好感的性质,我从未抱过奢望;不过我原希望贵府可成为我的栖身之所,哪怕只是暂时的……可现在我又得浪迹天涯了。对于我来说,天下还有什么能替代您的谈话、您的相伴和您关注而又聪颖的目光?……这都怨我自己;不过,您也想必同意,命运似乎把我们戏弄了一番。一个礼拜前,我自己也不曾意识到我爱您。前天晚上在花园里,我第一次听到您说……何必重提当时您说的话呢——可今天我却要离去了,含辱而去,经过和您那番令人柔肠寸断的解释之后,我不抱任何希望地离去了……您不知道,我对您的负疚之心有多沉重。我身上有一种愚不可及的想到什么就说什么的饶舌的恶习……但是还谈这个干什么!我要离去了,永远地离去了!

(写到这里,罗亭向娜塔莉娅谈了他去见沃伦采夫的事,可转念一想,把这一段整个删掉了,然后在致沃伦采夫的信上添了第二个

[①] 引自普希金《叶甫盖尼·奥涅金》第八章第十节。

post scriptum。）

　　自此我孑然一身留在世上,以献身于——像您今天早上带着冷酷的讥笑对我所说的——值得我去做的事业。唉！要是我终于克服我懒散的习性,真能献身于这类事业就好了……但是事与愿违！我终将碌碌无为地了此一生。稍有挫折,我便彻底溃退；我们之间发生的事就是明证。如果我牺牲我的爱情是为了我未来的事业,为了去尽我的天职,至少还可聊以自慰；然而我却害怕负起落到我肩上的责任,因此我的确配不上您。我不值得您为我而脱离您的环境……不过,话要说回来,这样反而好。我经受这番考验之后,也许会变得纯洁些,坚定些。

　　祝您美满幸福。永别了！望有时会想到我。希望您仍会听到我的消息。

罗　亭

　　娜塔莉娅把罗亭的信放在膝上,呆呆地坐了很久,眼睛望着地板出神。这封信比一切可以想见的理由都更加清楚地向她证明,早上和罗亭分别时,她情不自禁地高声说他并不爱她,是完全正确的！然而这并没有使她心里好受些。她一动不动地坐着,好像觉得有种无可名状的黑浪,正一股又一股无声无息地涌至她头顶,她正在默默地、木然地沉入水底。初次失恋对于任何人来说都是沉重的,而对于心地真挚、不愿自欺欺人、不识轻佻,且又寡言的人来说,更是不堪忍受。娜塔莉娅想起她儿时傍晚出去散步,她总爱朝燃着落霞的光亮的那边走去,而不肯朝黑暗的那边走。可现在,她的生活却面朝黑暗,背对光明……

　　娜塔莉娅双眸中噙满泪水。眼泪并不是总能起到良好作用的。那种在胸中郁积了很久,后来终于流出来,起初流得很吃力,渐渐地越流越畅,越流越甜,这样的眼泪能化悲为喜,有益身心,可以令压在心头的痛苦涣然冰释……但也有冰冷悭吝的眼泪,排遣不掉的痛苦以千钧重荷压在心头,把心底的泪水一滴一滴地挤压出去;这样的泪水就不可能化悲为喜,不可能令人轻松。只有到了悲痛欲绝的地步方会流这种眼泪,没有流过这种眼泪的人,还算不上不幸。娜塔莉娅这天尝到了这个滋味。

约摸过了两个小时。娜塔莉娅打起精神,站起身来,抹掉泪水,点燃了一支蜡烛,把罗亭的信付之一炬,将灰烬扔到窗外。然后随手翻开一本普希金的诗集,读了最先映入她眼帘的几行诗(她常常用普希金的诗占卦)。这几行诗是:

> 谁动过情,一去不返的岁月的
> 幽灵就会扰乱他的心……
> 他不会再迷恋生活,
> 回忆好似蛇蝎,
> 伴着悔恨将他咬啮……[1]

她站了一会儿,冷笑着照了照镜子,微微点了点头,就下楼到会客厅去。

达莉娅·米哈伊洛夫娜一看到她,就把她带进书房,让她坐在自己身旁,爱抚地拍了拍她的面颊,同时仔细地、几乎怀着好奇注视着她的眼睛。达莉娅·米哈伊洛夫娜心里好生不解:她怎么直到今天才第一次想到,她其实对自己的女儿并不了解。她听到潘达列夫斯基告诉她娜塔莉娅和罗亭约会,固然生气,却更感到惊讶,她的明白事理的女儿竟会做出这样的事来。但是当她把女儿叫来,开始责骂她——全然不像欧洲贵妇理应的那样,而是像泼妇骂街——的时候,娜塔莉娅坚定的回答、她的目光和举止中所显示出来的决心,使达莉娅·米哈伊

---

[1] 引自普希金《叶甫盖尼·奥涅金》第一章第四十六节。

洛夫娜感到困惑,甚至把她吓坏了。

罗亭突然离去,尽管令她有点纳罕,却卸去了她心头的一块巨石;她本以为会看到眼泪,歇斯底里发作……可是娜塔莉娅的举止却很是平静,这又令她如堕五里雾中。

"孩子,怎么样,"达莉娅·米哈伊洛夫娜问道,"你今天怎么样?"

娜塔莉娅看了一眼自己的母亲。

"瞧,他走了……你那个意中人。你知不知道他为什么走得这么仓促?"

"妈妈!"娜塔莉娅轻声说,"我向您保证,如果您不再提起他,您是永远不会从我嘴里听到他的。"

"这么说,你承认做了对不起我的事?"

娜塔莉娅垂下头,重复了一遍:

"你永远不会从我嘴里听到他的。"

"行,你自己看着办!"达莉娅·米哈伊洛夫娜微微笑了笑,说,"我相信你。可前天,你还记得吗,你是怎么……算了,不提了。一切都结束了,解决了,埋葬了。对吗?现在你回心转意了,要不,我真不知道该怎么办。好吧,吻我一下,我的聪明的孩子!……"

娜塔莉娅托起达莉娅·米哈伊洛夫娜的手吻了吻,达莉娅·米哈伊洛夫娜吻了吻她低下的头。

"永远听我的话,不要忘了你是拉松斯基家的千金,是我的闺女,"她加补说,"你会幸福的。现在你可以走了。"

娜塔莉娅默默地走了出去。达莉娅·米哈伊洛夫娜望着她的背影,想道:"她像我——将来也是个多情种子,mais elle aura moins d'abandon①。"于是达莉娅·米哈伊洛夫娜沉浸在对往事的回忆中……那是很久以前的往事了……

---

① 法语:不过她比较克制。

后来她吩咐把 m-lle Boncourt 叫来,同她关上房门密谈了很久。她走后,她又把潘达列夫斯基叫来。她心心念念要知道罗亭离去的真正原因……潘达列夫斯基让她完全平静了。这是他的看家本领。

第二天,沃伦采夫和她姐姐一起来吃午饭。达莉娅·米哈伊洛夫娜对他一向另眼看待,而这天对他更是特别亲切。娜塔莉娅心里感到难以忍受的痛苦;然而沃伦采夫对她那么毕恭毕敬,和她讲话时那么低声下气,使她心底里不能不感激他。

这一天平静地、十分枯燥地过去了,但是曲终人散时,大家都觉得又回到了旧的轨道上;而这一点非常重要,极其重要。

是的,大家都回到了旧的轨道上……所有的人,除了娜塔莉娅。最后,只剩下她一个人,她拖着两条腿,吃力地走到床前,心力交瘁地扑倒在枕头上。她觉得这样活下去太痛苦,太可憎,太可鄙,她为自己,为自己的爱情,为自己的悲痛而羞愧莫名,此时此刻,她也许真想一死了之……摆在她前面的是日复一日的痛苦的永昼、不眠的长夜和苦恼的无尽折磨;然而她还年轻——对她来说,生活还刚刚开始,而生活迟早会显示出它的力量。一个人不管受到多大打击,他在当天,至多在第二天,总是要——恕我用语粗俗——吃饱肚皮的,而这已经是第一件可以告慰您的事了……

娜塔莉娅痛苦得心如刀割,她第一次遭此痛苦……好在第一次痛苦如同第一次恋爱一样,是不会重复的——真是谢天谢地!

十二

过了将近两年。又到了五月初。亚历山德拉·帕夫洛夫娜坐在她家的凉台上,她已不是利平娜,而是列日涅娃了;她嫁给米哈伊洛·米哈伊雷奇已有一年多。她仍然那么可爱,不过富态了好些。在通花园的凉台前,奶妈正抱着一个婴儿来回走着,那婴儿面颊红润,裹件雪白的小斗篷,戴顶有个雪白小绒球的帽子。亚历山德拉·帕夫洛夫娜时不时望婴儿一眼。婴儿没有哭叫,神气活现地吮着自己的指头,安静地看着四周。他的样子已表明他不愧是米哈伊洛·米哈伊雷奇的儿子了。

我们的老相识皮加索夫坐在亚历山德拉·帕夫洛夫娜旁边。我们和他分手以来,他头发白了,背驼了,人消瘦了,说话带有咝咝的声音,因为他掉了一颗门牙;这咝咝声使他的话显得分外狠毒……他满腹的怨怼不减当年,然而尖刻的程度却不如从前了,而且经常重复说过的话。米哈伊洛·米哈伊雷奇不在家;这会儿大家正在等他回来喝茶。太阳已经西沉。在日落那边,沿天陲延伸着一抹淡金色的浅黄的落霞,对面的半边天上,也有两道晚霞,下边的一道呈浅蓝色,上边的呈紫红色。几朵薄薄的浮云在高空渐渐消融。一切都预示着明天仍然天气晴朗。

皮加索夫忽然笑起来。

"阿夫里坎·谢苗内奇,您笑什么?"亚历山德拉·帕夫洛夫娜问。

"是这么回事……昨天我听到一个庄稼汉对他婆娘说——他婆娘正在唠唠叨叨地说个没完——'别汪汪叫!……'这句话说得太好了,我喜欢。别汪汪叫!的确,妇道人家能说出什么道理来?当然,您是知道的,我历来不把在座各位包括在内。我们的先辈比我们聪明。在他们所讲的童话里,美女总是坐在窗前,额上有一颗星星,总是不吱一声。女人就该这样。否则的话,您评评理看,前天我们首席贵族的妻子像是照准我脑袋开了一枪;她对我说,她看不惯我的偏见!嘿,偏见!要是大自然开恩,用一道什么指令,使她突然失去运用舌头的能力,那么对她和对所有的人,岂不更好?"

"您呀,阿夫里坎·谢苗内奇,还是老样子,总是攻击我们这些可怜的女人……您知道吗,这也是一种不幸。我为您惋惜。"

"不幸?您说什么呀!首先,依我看,世上只有三种不幸:冬天住在冷屋子里,夏天穿紧靴子,晚上跟一个又哭又闹的吃奶的娃娃睡在一间屋里,而你又不能用杀臭虫的药面把他药死;其次,真是天晓得,我现在的脾气别提有多好。简直可以作为榜样!我总是以礼待人。"

"您以礼待人,那还用说!就在昨天,叶莲娜·安东诺夫娜还抱怨您来着。"

"是吗,夫人!她都跟您说了些什么,我可以知道吗?"

"她跟我说,整个早上,不论她问您什么,您总是回答:'夫人,您说什么?夫人,您说什么?!'而且还那么尖声尖气的。"

皮加索夫笑了。

"亚历山德拉·帕夫洛夫娜,您该同意,这个办法不是挺好吗……是吧?"

"太好啦!阿夫里坎·谢苗内奇,难道可以这样没有礼貌地对待一个女性吗?"

"什么?您认为叶莲娜·安东诺夫娜是女性?"

"那么您认为她是什么?"

"是一面鼓,对不起,一面普普通通的鼓,用棒槌可以敲响的鼓……"

"唉,瞧您说的!"亚历山德拉·帕夫洛夫娜打断了他的话,话锋一转,说,"听说该向您祝贺,是吧?"

"祝贺什么?"

"祝贺您打赢了官司。格林诺沃牧场判给您了……"

"是的,判给我了。"皮加索夫脸色沉了下来,说道。

"多少年来,您一直盼着得到这块牧场,现在到手了,反倒不高兴似的。"

"亚历山德拉·帕夫洛夫娜,容我禀告,"皮加索夫慢条斯理地说,"世上没有比来得太迟的幸福更坏、更可气的了。这种幸福既不能使您开心,反而剥夺了您的权利,最最宝贵的权利——骂人和诅咒命运的权利。是的,夫人,迟到的幸福是痛苦,是屈辱。"

亚历山德拉·帕夫洛夫娜只是耸了耸肩。

"奶妈,"她喊道,"我看米沙①该睡了。把他抱到这儿来。"

于是亚历山德拉·帕夫洛夫娜忙着照料她的儿子,皮加索夫只得走开,嘟嘟囔囔地坐到凉台另一边去。

突然间,在沿花园的大道上,米哈伊洛·米哈伊雷奇驾着他那辆两轮轻便马车出现在不远处。跑在马前边的是两条看门的大狗:一条黄狗,一条灰狗,都是他新近豢养的。两条狗不停地互相咬着玩,要好得难舍难分。一条老狗从大门里迎了出来,张大嘴巴像是要叫,结果只打了一个哈欠,掉转身往回跑,亲善地摇着尾巴。

"萨莎,你瞧,"列日涅夫隔得老远就朝妻子喊道,"瞧我把谁给你带来了……"

亚历山德拉·帕夫洛夫娜一下子没有认出坐在丈夫背后的人是谁。

"啊!巴西斯托夫先生!"她终于认出来,高声喊道。

"是他,是他,"列日涅夫回答说,"他还带来了天大的喜讯。待会儿你就知道了。"

正说着,他的车驶进了院子。

几分钟后,他和巴西斯托夫出现在凉台上。

"乌拉!"他高呼着拥抱妻子,"谢辽沙娶媳妇了!"

"娶的是谁?"亚历山德拉·帕夫洛夫娜激动地问。

"当然是娜塔莉亚……这位朋友从莫斯科带来了这个喜讯,他还给你捎了封信来……小米沙,你听见我说的话吗?"他抱过儿子,加补说,"你舅舅结婚了!……你这个可恶的小鬼,什么都不关心!只知道

---

① 米沙是她儿子米哈伊尔的小称,与她丈夫同名。

一个劲儿地眨巴眼睛!"

"少爷要睡了。"奶妈提醒说。

"夫人,"巴西斯托夫走到亚历山德拉·帕夫洛夫娜跟前,说,"我今天从莫斯科来,达莉娅·米哈伊洛夫娜派我来查看庄园的账目。这儿有封给您的信。"

亚历山德拉·帕夫洛夫娜急忙拆开弟弟的信。信里只有几行字。他在第一阵迸发的狂喜中告诉姐姐,他向娜塔莉娅求婚,得到了她和达莉娅·米哈伊洛夫娜的允肯,他答应等下一班邮车再详告一切,并向大家遥寄他的拥抱和亲吻。显而易见,他写这封信时已乐不可支。

仆人端来了茶,主人请巴西斯托夫入座。一个个问题像雨点一般落到他头上。他带来的喜讯使所有的人,甚至包括皮加索夫在内,都十分高兴。

"请您讲讲,"列日涅夫顺便谈到,"我们听到许多传闻,都是关于一个叫什么科尔恰金的先生的。也许全是瞎编的吧?"

(科尔恰金是个英俊的年轻人,上流社会的精英,为人高傲,目空一切,他举止庄严异常,好像不是一个活人,而是由公众集资为他竖立的一尊雕像。)

"不。不完全是瞎编的,"巴西斯托夫微笑着说,"达莉娅·米哈伊洛夫娜十分赏识他,可娜塔莉娅·阿列克谢耶夫娜连听都不愿听到他。"

"我知道这人,"皮加索夫接口说,"他是个双料的蠢货,是个叫人捧上了天的蠢货……去他的吧!要是人人都像他的话,得花大钱向人家求爹爹告奶奶,人家才肯答应活下去……去他的吧!"

"也许是这样,"巴西斯托夫说,"不过他在社交界并非等而下之的人。"

"好了,就那么回事!"亚历山德拉·帕夫洛夫娜高声说道,"别管他了!唷,我真替我弟弟高兴!……娜塔莉娅快活吗,幸福吗?"

"是呀,夫人。她还是像往常一样平静——您是了解她的——不过,看来她还是满意的。"

黄昏在愉快热烈的交谈中过去了。大家坐下来用晚餐。

"顺便问一句,"列日涅夫一边给巴西斯托夫斟法国红葡萄酒,一边问道,"您知道罗亭在哪里吗?"

"现在在哪里,我说不上。去年冬天他到莫斯科来过几天,后来随一家人家去了辛比尔斯克;有过一段时间,我跟他经常通信;在最后一封来信中他告诉我,他要离开辛比尔斯克了——可没说到哪儿去——从此就没有音讯了。"

"他丢不了!"皮加索夫接口说,"准是呆在什么地方说教。这位先生到哪儿都能找到一两个崇拜者,他们张大嘴巴听他说,还借钱给他。你们等着瞧吧,迟早有一天,他会在察列沃科克沙伊斯克或者丘赫洛马的某个地方,死在一个戴假发的七老八十的老处女怀里,而她则认为他是世界上最有天才的人……"

"您这么损他,太刻薄了。"巴西斯托夫压低声音不满地指出。

"一点儿也不刻薄!"皮加索夫说,"相反,十分公正。依我看,他不过是个吃白食的溜须拍马的清客。我忘了告诉您,"他掉过头来,对列日涅夫说,"我认识那个跟罗亭一起出国的捷尔拉霍夫。当然认识!当然!他跟我讲的罗亭的事,您简直没法想象——让人笑掉大牙!有意思的是,罗亭所有的朋友和追随者最终都变成了他的敌人。"

"请把我从这类朋友中除去!"巴西斯托夫激动地打断他的话。

"噢,您又当别论!我并没有说您。"

"捷尔拉霍夫都给您讲了什么?"亚历山德拉·帕夫洛夫娜问道。

"他给我讲了许许多多事儿,记不全了。其中最妙的是罗亭的这么一件趣事。他一天天不断发展(这些个先生三句不离发展;别人,比方说吧,只是睡了吃,吃了睡,而他们呢,是在发展的过程中睡或者吃;巴西斯托夫先生,是这样吗?——巴西斯托夫没有理他。)……罗亭就这样一天天发展,通过哲学途径,演绎出一条推理:他该谈恋爱了。他开始寻找能同这个惊人的推理相般配的对象。弗尔图娜①向他微笑了。他结识了一个法国女人,一个标致的时装女裁缝。请注意,这桩风流韵事发生在一个德国城市里,在莱茵河上。他开始三天两头儿去找她,给她送去各种各样的书,跟她谈论大自然和黑格尔。你们能想象出女裁缝怎么想的吗?她以为他是个天文学家。不过,你们是知道的,他这个人长相还行,再说又是个外国人,是个俄国人,她就爱上他了。他终于约她幽会,而且安排得非常有诗意:荡舟河上。法国女人同意了,打扮得漂漂亮亮的,跟他上船。他俩在船上呆了两个小时,你们猜猜看,他在这段时间里一直在干些什么?他抚摸着法国女人的头,若有所思地仰望着天空,一而再地说,他对她怀有一种慈父般的爱。法国女人都快气疯了,掉转身就回家去了,这件事是她亲口告诉捷尔拉霍夫的。瞧,他就是这么一位先生!"

皮加索夫说罢,哈哈大笑。

"您这个老不害臊的!"亚历山德拉·帕夫洛夫娜微嗔道,"这反而使我越来越相信,即使骂罗亭的人,也从他身上揭不出什么短来。"

"揭不出什么短来?您得了吧!他这辈子总是靠别人养活,到处借钱……米哈伊洛·米哈伊雷奇!他十之八九也向您借过钱吧?"

"阿夫里坎·谢苗内奇,请听我说!"列日涅夫正色说,"请听我说,您是知道的,我内人也知道,近年来我对罗亭并无特别的好感,甚至还常常说他的不是。尽管如此(列日涅夫给每个人的酒杯里斟上香槟),我还是要向各位提议:我们刚才为我们亲爱的弟弟和他的未婚妻的健康干了杯;现在我提议为德米特里·罗亭的健康干杯!"

亚历山德拉·帕夫洛夫娜和皮加索夫诧异地望着列日涅夫,而巴西斯托夫则浑身一震,高兴得脸都涨红了,眼睛睁得铜铃似的。

---

① 古罗马神话中的命运女神。

"我非常了解他，"列日涅夫继续说，"他这人的缺点我都清楚。他的缺点所以都暴露在外，正因为他不是个卑鄙小人。"

"罗亭——拥有天才的意志！"巴西斯托夫接茬说。

"天才在他身上大概是有的，"列日涅夫不以为然地说，"至于意志……他全部的不幸，说实在的，正在于他没有意志……但是问题不在这里。我要说的是他身上有一种优秀的罕见的品质。他有激情；请相信我这个两耳不闻天下事的人，激情是我们时代最可宝贵的品质。我们大家都不可容忍地变得谨小慎微，与世无争，萎靡不振；我们都在睡大觉，血都冷了，谁把我们唤醒，给我们温暖，哪怕只有一刹那工夫，我们也得感谢他！是时候了！萨莎，你还记得吗，我跟你有次谈到他，指摘他冷得像冰。那时我说的这句话又对又不对。他冷的是血——这怨不得他——而不是头脑。他并非像我过去说他的那样是个戏子；不。他不是骗子，不是无赖；他靠别人养活是因为他像个孩子，而不是因为他老奸巨猾……是的，他将来的确会在穷困潦倒之中死于穷乡僻壤；难道我们因此就可对他落井下石？他所以一事无成，是因为他没有意志，没有热血。可是谁有权利说，他过去和现在从未给人带来有益的东西呢？谁有权利说，他的话没有在青年人的心灵里播下许多优良的种子呢？而大自然也像对罗亭那样，赋予这些青年人活动力和实现自己理想的能力。是的，我本人第一个对此有切身体验……萨莎知道，在我青年时代，罗亭在我心目中居了什么地位。我记得，我曾断言，罗亭的话不可能对人产生影响；但我那时所指的是像我现在这样年纪的人，是指已尝遍人世甜酸苦辣的人。只消所讲的话中有一个音符走调，那么在我们听来，整个讲话的和声就消失了；而青年人，幸好他们的听觉还没有那么成熟、那么挑剔。要是他们所听到的话，只消他们觉得本质是美好的，他们才不去管音调呢！他们自己会从这席话去找中意的音调！"

"好！好！"巴西斯托夫喝彩说，"说得多么公正！至于谈到罗亭的影响,我向你们发誓,这个人不但能震撼你,而且还能推动你一往直前,不让你停下来,将你彻底改变,让你燃烧!"

"您听到了吗?"列日涅夫掉过头来朝着皮加索夫,继续往下说,"您还需要什么样的证明? 您攻击哲学,然而您又找不到称您心的挖苦的字眼。我本人并不怎么喜欢哲学,也不怎么懂哲学;然而我们主要的不幸并非由于哲学! 哲学的诡谲深奥和无谓的空谈素来和俄国人格格不入;俄国人在这方面历来过于求实;然而借攻击哲学之名,来攻击一切对真理和理性的真诚的追求,则是不容许的。罗亭的不幸在于他不了解俄罗斯,这的确是巨大的不幸。俄罗斯可以没有我们中间的任何一个人,而我们中间的任何一个人却不可以没有俄罗斯。谁以为可以,谁就是不幸的,谁真的不要俄罗斯,谁就加倍的不幸! 世界主义——是无稽之谈,世界主义者是零,比零还不如;离开民族性就没有艺术,没有真理,没有生命,一无所有。没有个性,就不可能有完美的人;只有鄙俗的人才可以没有个性。不过我还是要说,这不能怪罗亭:这是他的命运,多舛而又痛苦的命运,我们不会因他有这样的命运而怪罪于他。如果我们来分析为什么我们中间会出现罗亭这样的人物,那我们就扯远了。为了他身上的好的品质,我们应当感谢他。这比不公正地对待他要好得多,可我们过去对他是不公正的。惩罚他不是我们的事,而且也没有必要惩罚,因为他对自己的惩罚够严厉了,远远超过了他所应受的……愿上帝保佑,让他遭际的不幸洗涤尽他身上一切不好的东西,而只留下他身上美好的东西! 我为罗亭的健康干杯! 我为我最美好的年华中的这位同学的健康干杯,为青春,为青春时代的希望,青春时代的憧憬,青春时代的轻信和真诚,为二十岁时我们的心房为之跳动的一切而干杯;在我们一生中,无论过去还是将来都不会有比这一切更美好的了……我为你,金色的年代,为罗亭的健康干杯!"

大家都同列日涅夫碰杯。巴西斯托夫兴奋得差点把酒杯碰碎,他一口气把酒喝干,而亚历山德拉·帕夫洛夫娜握住了列日涅夫的手。

"米哈伊洛·米哈伊雷奇,我没料到您是个这么好的演说家,"皮加索夫指出,"简直同罗亭先生本人不相上下,连我也叫您给感动了。"

"我根本不是演说家,"列日涅夫有点儿恼火地说,"至于要感动您,我想,决非易事。不过,我们谈罗亭也谈够了;让我们谈谈别的吧……这个……他叫什么来着……对,潘达列夫斯基,他还住在达莉娅·米哈伊洛夫娜家吗?"他望着巴西斯托夫,问。

"那当然,一直在她家!她给他谋到了一个肥缺。"

列日涅夫冷笑了一下。

"这个人倒不会死于贫困,这我敢担保。"

晚餐结束。客人散了。只剩下亚历山德拉·帕夫洛夫娜和丈夫两个人,她笑盈盈地望着他的脸。

"米沙,你今天真好!"她抚摸着他的额头,轻声说,"你说得多么聪明,又多么高尚!不过,你得承认,你夸罗亭过于不遗余力了,就像你当初不遗余力地贬他一样……"

"人不该落井下石……我当初是生怕你叫他给迷住。"

"不会,"亚历山德拉·帕夫洛夫娜坦诚地说,"我一向认为他太有学问,我怕他,有他在场,我都不知道该怎么说话。今天皮加索夫把他挖苦得够恶毒的了,你说呢?"

"皮加索夫?"列日涅夫说,"就是因为皮加索夫在这里,我才这样起劲地替罗亭打抱不平。他竟敢称罗亭是溜须拍马的清客!而依我看,他皮加索夫扮演的角色,要坏上一百倍。他有钱,不用靠人家,他成天嘲笑所有的人,可是他自己一见到达官贵人,就胁肩谄笑,献媚邀宠!你知道吗,这个皮加索夫狠毒地谩骂所有的人和所有的事,攻击哲学,攻击女性——可你知道吗,他做官那一阵,却索贿受贿,什么丢人的事不做!啊!他就是这号人!"

"竟有这样的事?"亚历山德拉·帕夫洛夫娜问,"我可怎么也没料到!……听着,米沙,"她沉吟有顷,又说,"我要问你……"

"问什么?"

"你怎么看?我弟弟跟娜塔莉娅在一起会幸福吗?"

"怎么跟你说呢……大概会吧……当家作主的是她——你我之间无须讳言这一点——她比他聪明;但是他是个好人,他打心底里爱她。还要求什么呢?您看,咱俩不是相亲相爱,很幸福吗?"

亚历山德拉·帕夫洛夫娜笑了,紧紧地握住米哈伊洛·米哈伊雷奇的手。

就在亚历山德拉·帕夫洛夫娜家发生上面讲的那些事的同一天,在俄国一个边远省份里,炎炎赤日之下,一辆用蒲席做篷的蹩脚马车,由三匹耕马拉着,在大路上慢吞吞地走着。驭者座上坐着一个穿件破烂的厚呢上衣、头发已经花白的庄稼汉,他的双脚斜搁在车辕横木上,手时不时扯一下缰绳,挥动一下鞭子;车篷里,有个身材高大的人,戴顶制帽,披着件落满尘土的斗篷,坐在一只扁瘪的箱子上。这人就是罗亭。他垂着头坐在那里,帽檐一直拉到眼睛上。车子的颠簸使他的身子晃动不已,他好像毫无感觉,像是在打瞌睡。后来,他终于挺直身子。

"我们什么时候才能到达驿站?"他问那个坐在驭者座上的庄稼汉。

"快了,老爷,"庄稼汉使劲扯了一下缰绳,"上了坡,还有两俄里路,不会再多……嘿,你这个畜生!在想心事……我叫你想。"他用尖细的嗓子喝道,举起鞭子抽了拉右边套的马一鞭。

"你呀,看来赶车的本领很不行,"罗亭说,"我们一大早就上路了,磨磨蹭蹭走了这么久也没走到。你还是给唱个什么曲子吧。"

"可是老爷,叫我咋办!您老自己也看见,马都累成什么了……天又热。唱曲咱不会,咱又不是驿站的马车夫……小崽子,喂,小崽子!"庄稼汉突然冲着一个穿褐色长袍和破树皮鞋的过路人吼道,"闪开,小崽子!"

"瞧你……赶车的!"那过路人朝着他的背影嘟囔道,站停了下来,"莫斯科臭蛋!"他又满含谴责地说了一句,摇了摇头,一瘸一拐地往前走去。

"你往哪儿跑!"庄稼汉扯着辕马,一字一顿地说,"唉,你呀,调皮鬼!真是个调皮鬼……"

三匹筋疲力尽的马好歹总算进了驿站的院子。罗亭从马车上下来,付了车钱(庄稼汉没向他鞠躬道谢,把钱放在手掌心里掂了好一阵——显而易见,嫌酒钱给少了),自己拎着箱子走进驿站。

我有个熟人一生中走遍了俄国各地,他说过,如果驿站墙上挂的画,描绘的是《高加索俘虏》[1]中的场面,或者俄国将军的肖像,那么很快就能要到马匹;可如果画的是有名的赌徒乔治·德·热尔曼尼[2]的一生,那么旅行者就别指望能很快离开,他可以有足够的时间去欣赏这名赌徒年轻时高高耸起的鸡冠状的鬈曲额发,敞开的白坎肩以及又窄又短的裤子,欣赏他成了一名衰翁后,在一幢屋顶陡峭的农舍里,抡起一把椅子,要把儿子砸死时满脸狂怒的表情。罗亭此刻走进去的那个房间里,墙上挂的正是《三十年时光,又名赌徒的一生》中的几幅图画。他喊了一声,驿站长走了出来,一副睡眼惺忪的样子(顺便说一句,有谁见到过不带睡容的驿站长?),他甚至不等罗亭动问,就用没精打采的声音宣称没有马。

"您连我要去哪儿都不知道,"罗亭说,"您怎么张口就说没马?我是雇耕马拉的车来的。"

"不管您要去哪儿,我们都没马,"驿站长回答说,"您要去哪里?"

"去(某某)斯克。"

"没有马。"驿站长重复了一遍,掉头就走。

---

[1] 普希金的叙事长诗。

[2] 赌徒乔治·德·热尔曼尼是法国剧作家久康沙和迪诺著于一八二七年的闹剧《三十年时光,又名赌徒的一生》中的主人公。

罗亭懊丧地走到窗前,把帽子扔到桌上。他的模样没有多大变化,只是肤色近两年来有些发黄;鬈发中夹有几根发亮的银丝;眼睛依旧很漂亮,可目光似乎黯淡了些;嘴角、面颊和两鬓添了好些细小的皱纹,那是痛苦和忧思的印痕。

他身上的外衣已经旧损,看不出里边是不是穿有内衣。他的锦绣年华已经逝去,就如园丁说的,他已到了结子的时候了。

他开始看四壁的涂鸦……尽人皆知,这是旅客在百无聊赖时的一种消遣……突然,门打开了,驿站长走了进来。

"往(某某)斯克的马没有,等多久也不会有,"他说,"但是有返回(某某)沃夫的马。"

"返回(某某)沃夫?"罗亭低声说,"得了吧!这跟我完全不顺路。我要去奔萨……可(某某)沃夫好像是在去唐波夫的那个方向。"

"那有什么?您可以从唐波夫再去那儿,要不从(某某)沃夫拐个弯也到得了。"

罗亭想了想。

"嗯,也行,"他终于说,"请您关照套车。我反正一样,就去唐波夫。"

马很快就套好了。罗亭提起小箱子,爬上马车,坐了下来,像原先那样耷拉着脑袋。在他弯腰曲背的身影里有一种孤苦无告、无可奈何的忧伤……三匹马不紧不慢地跑了起来,小铃铛时断时续地叮当作响。

尾　声

又过了几年。

一个寒冷的秋日。一辆旅行马车在省会 C 城一家最大的旅馆门前停了下来。一个绅士哼哧着从车上下来,稍稍伸了个懒腰;他年纪还不老,但已经发福到足以令人敬重的地步。他登上二楼,在宽敞的走廊前站停下来,看到四下没人,便提高嗓门说他要开房间。只听见什么地方有扇房门砰的一响,一个高个子侍者从一道低低的屏风后面跑出来,侧着身子,快步在前头引路,昏暗的走廊里闪动着他发亮的背部和卷起的衣袖。旅客一进房间,马上脱掉大衣,解下围巾,坐到沙发上,两个拳头支在膝盖上,好像刚睡醒似的环顾了四周一眼,然后吩咐把他的跟班叫来,侍者转过身去走了。这个旅客并非别人,正是列日涅夫。他为招募新兵的事,由乡下来到 C 城。

列日涅夫的跟班走了进来,这是一个头发鬈曲、两颊红润的小伙子,穿件灰大衣,腰间束条淡蓝的阔腰带,脚上穿双软毡靴。

"瞧,老弟,我们不是走到了吗,"列日涅夫说,"可你一路上还担心轮箍别打车辐辘上脱落下来。"

"是走到了!"跟班在竖起的大衣领子里强笑着说,"那个轮箍没打辐辘上脱落下来是因为……"

"有人吗?"走廊里有个人喊道。

列日涅夫听了身子不由得一震,连忙侧耳倾听。

"喂,有人吗?"那人又喊了一声。

列日涅夫站起来,走到房门前,立刻把门打开。

走廊里站着一个大高个儿,头发几乎全白了,背微拱,穿一件铜钮扣的波里斯绒斜襟外衣。列日涅夫一眼就认出了这人。

"罗亭!"他激动地喊道。

罗亭转过身来。列日涅夫正背光站着,他看不清列日涅夫的面孔,于是狐疑地望着喊他名字的人。

"您认不出我了?"列日涅夫问。

"米哈伊洛·米哈伊雷奇!"罗亭大声说,伸出了手,又觉唐突,把手缩了回去。

列日涅夫连忙伸过双手握住他的手。

"请,到我房间来!"他对罗亭说,把他拉进房间。

"您变多了!"列日涅夫沉默了一会儿,不由得放低声音感慨地说。

"是的,都这么说!"罗亭回答道,目光飘忽不定地漫视着室内,"年纪不饶人……可您却——没什么变化。亚历山德拉……尊夫人身体好吗?"

"谢谢,很好。是什么风把您吹到这儿来的?"

"我?说来话长。其实我到这儿来是偶然的,来找个熟人。不过,我非常高兴……"

"您午饭在哪里用?"

"我?不知道。找个小饭馆凑合一顿。我今天必须离开这里。"

"必须?"

罗亭苦笑了一下,似有难言之隐。

"是的,必须。我给发配回乡了。"

"请您同我一块儿吃午饭吧。"

罗亭进屋后第一次直视列日涅夫的眼睛。

"您邀我共进午餐?"他问。

"是的,罗亭,作为故交,作为老同学。您愿意吗?我没料到会遇见您,今后天知道我们何年何月再能重逢。你我可不能就这样各奔东西!"

"好吧,我同意。"

列日涅夫握了握罗亭的手,唤来跟班,点了午餐,还要了瓶冰镇香槟酒。

吃午饭时,列日涅夫和罗亭好像是事先约定的,只谈他们的大学生时代,回忆许多往事和许多故知——有的已作古,有的还健在。起初,罗亭不太愿意说话,但几杯酒下肚,他的血液燃烧了起来。侍者终于把最后一个盘子撤走。列日涅夫站起身来,拴上房门,回到桌子旁边,坐到罗亭对面,静静地用两手支着下巴。

"好吧,"他说,"现在把我们分别以来您遇到的事全说给我听听。"

罗亭看了列日涅夫一眼。

"天哪!"列日涅夫又一次想道,"他变得多么厉害,可怜的人!"

罗亭的面貌并无多大变化,尤其同我们在驿站上看到他时相比,虽说老之将至的印痕已烙在他脸上了;可他的表情,他的神态较之过去已判若两人。他的眼神完全变了样;在他周身上下,在他时而迟钝,时而又不相连贯的急遽的动作中,在他冷漠的、有气无力的谈话中,无不流露出他内心的极度疲惫和隐秘的幽幽的哀伤,这远远不同于他当年经常要加以炫耀的那种一半是装出来的忧郁,凡是满怀希望、自信和自尊的青年人都爱炫耀那种忧郁。

"把我遇到的事全说给您听?"他问道,"全说给您听是不可能的,也没有什么意思……我备受颠沛流离之苦;飘零天涯的不单是我的肉体,我的心灵也终日浮萍浪迹,漂泊西东。没有什么事,没有什么人不令我失望,我的天呀! 我什么人没有结交过! 是的,各色各样的人!"罗亭看到列日涅夫怀着异常的同情望着他,便又重复了一句,"不知有多少次我觉得我的言论是可憎的——不光是出于我本人之口,就连出自于赞同我观点的人之口的,我也觉得可憎。不知多少次我从孩子式的兴奋变得像一匹马一样麻木足定,任凭鞭子抽打,连尾巴也不动一下……不知多少次我的喜悦和希望成为泡影,我与人为敌,我甘受屈辱都是白费心机! 不知多少次我像雄鹰一般一飞冲天,结果却像一只摔破了外壳的蜗牛那样爬回来! 我哪里没去过,哪条路没走过! ……而路往往是泥泞的,"罗亭补了一句,稍稍扭过头去,"您知道吗……"他继续说道……

"您听我说,"列日涅夫打断了他的话,"当年我们曾以'你'相称……你愿意吗? 让我们恢复当年的称呼……让我们为你干杯!"

罗亭精神一振,他挺直了身子,眼睛里闪过一种非笔墨所能形容的神情。

"干杯,"他说,"谢谢你,兄弟,我们干杯。"

列日涅夫和罗亭干了一杯。

"你知道吗,"罗亭微笑着说,把"你"字说得特别重,"我心里有条什么虫,它无时无刻不在咬我,啃我,让我至死安定不下来。它把我推向人前——起初人们受我的影响,可到头来……"

罗亭凌空挥了下手。

"自从我跟您……跟你分别以来,我历尽沧桑……我不知多少次重起炉灶,从事新的事业——可结果呢,你看见了!"

"你这人缺乏毅力。"列日涅夫像是自言自语地说。

"你说得对,我这人缺乏毅力!……我永远建造不起高楼大厦;是呀,兄弟,脚下连土地都没有,先得给自己修个立足之地,哪还谈得上建造高楼大厦!我历次的奇遇,其实就是我历次的失败,我不一一给你描述了。我挑两三件讲给你听……都是我一生中成功似乎已经在向我微笑的几件事,或者说,我已经开始有成功指望了,两者并不完全是一回事……"

罗亭把他那已经稀疏了的花白的头发用手往后一撸,就像当年撸他那一头鬈曲的浓发。

"好。听我说吧,"他开始说了,"我在莫斯科结识了一个堪称怪人的绅士。他非常富裕,广有田产;他无意仕途。他主要的,也是唯一的癖好是爱科学,泛指的科学。至今我不明白,他怎么会有这种癖好!因为科学之对于他一如马鞍之对于牛。他竭力想显得自己智商很高,其实他连话都不会讲,只知道装腔作势地转动眼珠,煞有介事地摇头晃脑。兄弟,我还从来没见到过像他这样低能、这样愚蠢的人……斯摩棱斯克省有这样一些地方,在他经营下,除了沙土之外,什么都不长了,难得有几根草,那也是连牲口都不要吃的。他什么事情都办不成——一切都从他手里溜走,溜得远远的;他还喜欢把轻易就可解决的事弄得复杂难解。如果什么都照他的话做,他的仆人就只好用脚而不是用手来吃饭了。他孜孜不倦地干呀,写呀,读呀。他以执拗的顽强精神,以惊人的耐力致力于他的科学;他自尊心非常强,他的性格硬如钢铁。他独身,以脾气怪僻著称。我认识了他……嗯,他挺赏识我。而我呢,坦白地说,一眼就看透了他,可是他的勤奋感动了我。再说,他有的是钱,借他的财力可以做许多有益的事……我在他家住了下来,最后同他一起去了乡下。兄弟,我的计划是庞大的,我梦想着各种各样的改良、革新……"

"就像在拉松斯卡娅家那样,你记得吗?"列日涅夫善意地微笑着说。

"哪里!在她家,我心里明白。我的话根本不起作用;而在这里……在这里展现在我面前的是另一番天地……我随身带着许多农艺书籍……不错,我从未读完过其中任何一本……不过,我动手干了起来。起初,如我所料,事情进行得并不顺利,可后来似乎顺利多了。我的新朋友冷眼旁观,不发表意见,不干预我,确切地说,在一定程度上不干预我。他采纳我的建议,并付诸实施,但是态度固执,勉勉强强,心底里将信将疑,竭力要按他自己的心思办。他对自己的每一个想法都看得过重。他费了九牛二虎之力想出一个主意,就像一只瓢虫费了九牛二虎之力爬到了一根青草的叶尖上,停在上边,张开翅膀,想飞出去——不料一个不小心,突然掉到地上,于是重又往叶尖上爬去……你可别觉得这些比喻不伦不类。当时我心里就已充满这类比喻。我就这样苦苦挣扎了两年。尽管我费尽心机,事情还是进行得很糟。我感到累了,我的朋友讨厌我,我也开始挖苦他,他像条羽绒褥子,把我的头蒙住,让我透不过气来。他对我的不信任化作了无言的愤怒,我们两人彼此心头都充满敌意,我们已经不可能坐下来谈任何事了;他暗暗地,然而不懈地向我证明,他是决不会屈从于我的影响的;我作出的决定不是被他歪曲,就是干脆被他推翻……我终于明白,我在这位地主老爷家里不过是个食客,陪主子锻炼锻炼智力而已。我不愿再违心地浪费我的时间和精力,我痛苦地感到我的希望又一次成了泡影。我非常清楚,如果我离开,我失去的将是什么;但是我忍耐不了,有一天,我目击了一场令人难受和愤慨的场面,我看到了我的朋友极其丑恶的一面,我和他吵翻了,拂袖而去,撇下了这个用俄国草原上的面粉和着德国糖浆捏成的学究式的地主老爷。"

"就是说你丢掉了赖以糊口的面包。"列日涅夫说,把两只手放到罗亭肩上。

"是呀,在空旷的大地上,我又一次感到自己赤条条一身无牵挂。飞吧,想飞往哪里就飞往哪里……来,我们干杯!"

"为你的健康干杯!"列日涅夫说,站起身来,吻了吻罗亭的额头,"为你的健康,为了纪念波科尔斯基……他也安贫若素。"

"这就是我要讲给你听的第一件奇遇,"罗亭沉吟片刻后,说,"再往下讲吗?"

"请往下讲。"

"唉!我都不想讲了。我讲累了,兄弟……但还是讲讲吧。我又四海为家,闯天下去了……顺便说一句,我本来可以讲给你听,我怎么当上了一个好心肠的大官的秘书和结果怎样,可是这就要扯远了……我闯了一阵天下之后,终于决心做一个……请别笑话我……做一个实业家,做个务实的人。我认识了一个人……你也许听说过他,他叫库尔别耶夫……没听说过吗?"

"没有,没听说过。不过,得了吧,罗亭,像你这样有头脑的人。怎么看不出来,你不是做一个……恕我用个双关语……实业①家的料?"

"我知道,兄弟,我不适合做这个;可是我适合做什么呢?……要是你有缘结识库尔别耶夫该多好!请你不要以为他是个说空话和大话的人。当年大家都说我口才好。可是跟他一比,真如小巫之见大巫。这是个胸罗万卷、知识渊博的人,兄弟,他的头脑有创见,而且深谙生财之道,工业商业无所不精。他满脑子都是最出人意料的各种各样的

---

① 实业一词,在俄语中系多义词,可作事业、务实、生意、能干解。

大胆的计划。我们两人决定运用我们的力量,联手办一桩有益于大众的事业……"

"可以问一下是什么事业吗?"

罗亭垂下了眼睛。

"你会笑话我的。"

"为什么?不,我不会笑话。"

"我们决定疏浚K省的一条河流,使其成为可以通航的水道。"罗亭不好意思地微笑着说。

"原来如此!这么说,这位库尔别耶夫是个资本家?"

"他比我还穷。"罗亭说,悄悄低下了他花白的头。

列日涅夫捧腹大笑,但突然止住笑声,握住罗亭的手。

"请原谅我,兄弟,"他说道,"这是我万万没有料到的。那么你们的事业到头来只是纸上谈兵?"

"不尽然。施工倒是开了头。我们雇了工人……干了起来……但是马上遇到各色各样的阻碍。首先磨坊主一致反对。怎么也不肯听我们解释,而更主要的是我们没有兴修水利的机械,而购买机械又没有资金。整整六个月,我们住在窑洞里。库尔别耶夫只靠面包充饥,我也经常吃不饱。不过我对这件事并不后悔,那里的自然风景优美异常。我们绞尽脑汁,力图绝处逢生,千方百计去说服商人,写了不少信,还发了不少通知。末了,我把自己的最后一个戈比都花在这个计划上了。"

"噢,"列日涅夫指出,"我想,叫你把最后一个戈比都花完并非难事。"

"的确不难。"

罗亭望着窗外。

"真的,这个计划不坏,如果能实现,一定能造福于民。"

"这位库尔别耶夫上哪里去了?"列日涅夫问。

"他?他如今在西伯利亚淘金。你会看到,他准会发财;不会久居人下的。"

"可能,可你却十有八九发不了财。"

"我?有什么办法!我知道,在你眼里,我永远是个百无一用的废物。"

"你?哪里的话,兄弟!……过去有段时期,的确,在我眼里你一无是处,可现在,相信我,我已经明白了你的价值。你是发不了财的……我所以爱你,就是为了这一点……真的!"

罗亭淡然一笑。

"真的?"

"为了这一点,我尊重你,"列日涅夫说,"你明白我的意思吗?"

两人都不作声了。

"怎么样,要转到第三件事上吗?"罗亭问。

"那就有劳了。"

"好吧。第三件也是最后一件。我今天才刚刚摆脱这件事。我没让你厌烦吧?"

"讲吧,讲吧。"

"你知道吗,"罗亭开始讲,"有一回,我闲着没事……我闲着没事的时候很多……我就想:我有很多知识,有良好的愿望……听着,你不至于否定我有良好的愿望吧?"

"那还用说!"

"在其他各个方面,我无战不败……我想,那我何不去执教鞭呢,或者说得直白些,去当教师呢……总比这样虚度时光要好……"

罗亭停了下来,喟然长叹了一声。

"与其虚度时光,还不如设法把我的知识传授给他人,也许他们能从我的知识中汲取些许有用的东西。我天资很高,而且善于辞令……于是我决心献身于这个新的事业。我多方奔走终于谋得了一席教职,因为我不愿办私塾,而去小学呢,我又无事可干。临了,我终于在此地的中学里谋得了一个教师的席位。"

"教师——教什么？"列日涅夫问。

"教俄罗斯语文。我告诉你，我无论做什么事都没有像做这件事那样充满热情。一想到能对年轻人发生影响，我就大受鼓舞。我花了三个礼拜的时间写了导语的讲义。"

"讲义还在吗？"

"不在了，不知丢到哪儿去了。这篇讲义写得还不错，大家都爱听。此时此刻，我好像还看到我的听众的脸庞——一张张善良、稚嫩的脸庞，满脸纯真的专注、同情，乃至惊异。我登上讲坛，激昂慷慨地宣读讲义；我原以为这篇讲义要读一个多小时，不料才二十分钟就读完了。学监也坐在教室里听，这是个戴银丝眼镜和短假发的又干又瘦的老头儿，他有两三次朝着我的方向点头。我讲完课，从椅子上一跃而起，这时他对我说：'先生，很好，就是艰深了些，不容易听懂，而且有关本题讲得少了些。'可学生们却怀着敬意目送我离开教室……真的。年轻人之可贵就在于此！第二堂课我也带了讲义，第三堂课也是……此后就临场发挥了。"

"成功吗？"列日涅夫问。

"非常成功。成群结队地来听我讲课。我把我心里的一切，一无保留地传授给他们。其中有三四个男孩确实很出色；可其余的对我讲的却不怎么领会。不过应该承认，那些即使领会得了的，有时也要提出些问题来难住我。可是我并不气馁。说到爱，学生们倒是爱我的，考试时我给他们统统打了满分。就在这时，反对我的阴谋开始了……或者并非如此！根本没有什么阴谋，只怪我没选准地方。我碍了别人的事，别人就来排挤我。我给中学生讲的东西，连在大学里也听不大到；不过我的学生们听我的课收获不大……我讲的事实，连我自己也不甚了了。同时，我又不满足于他们给我划定的活动范围……而这，你知道，是我的弱点。我想实施根本的改革，而且，我向你起誓，这些改革是切合实际的,而且简单易行。我指望借助校长来推行改革,校长是个善良、正直的人,一开始,我对他就有影响。他的妻子从一旁帮助我。兄弟,像这样的女性,我一生中还很少见到。她已经快四十了,可是还像个十五岁的少女,相信善,爱一切美好的东西,而且敢于在任何人面前坦言自己的信念。我永远不会忘记她高尚的激情和纯洁的心灵。听从她的建议,我草拟了一个计划……可这时有人对我造谣中伤,在她面前诋毁我。尤其是那个数学教员,更是不择手段地陷害我,他是个说话尖酸刻薄的小人,活像皮加索夫,不相信一切,不过比皮加索夫要能干得多……顺便问一句,皮加索夫还活着吗?"

"还活着,而且,你信不信,他讨了个小市民女人做老婆,听说那女人动辄就揍他。"

"活该!对了,娜塔莉娅·阿列克谢耶夫娜身体好吗?"

"好。"

"幸福吗?"

"幸福。"

罗亭沉默了一会儿。

"我讲到哪里了……对!讲到那个数学教员。他忌恨我,把我讲课比作放烟火,我只消一句话讲得不够确切,他便抓住不放,有一回为了十六世纪的一个口头传说,甚至把我诘问得下不了台……而最主要的是他怀疑我别有用心;我最后一个肥皂泡,碰到了他,就像碰到了大头针那样破灭了。学监第一天就跟我合不来,挑唆校长反对我;我不肯让步,大发雷霆,闹得上级也知道了;我只得辞职。我不愿见风使舵……我要让他们看看这样对待我是不行的……其实我是砧上之肉,人家怎样对待我都行……我现在必须离开这里了。"

一阵沉默。两个朋友都垂下了头。

罗亭先开口了。

"是的,兄弟,"他说,"今天,我可以套用科利佐夫①的诗句说:'我的青春,你把我引入迷途,害得我寸步难行,绝了生路……'可是,难道我果真一无所用,难道世界上竟没有我做得了的事?我常常向自己提出这个问题,而且不管我怎样在自己眼里贬低自己,我仍然不能不感到我身上具有并非人人都有的才能!可究竟为什么我的才能始终结不出果实?还有一点:你记得吗,我跟你一起在国外的时候,我自信而又无知……的确,我那时没有清楚地意识到我要的是什么,我醉心于空谈,相信主观幻想的东西;可现在,我向你发誓,我敢于当着众人的面,大声说出我的愿望。我绝对没有什么可以隐瞒的。因为我现在完完全全地、名副其实地是个好人,我逆来顺受,安份守己,胸无大志,只求达到近在咫尺的目的,只求给人们带来哪怕是微乎其微的利益。然而不行!做不到!这是怎么回事?是什么妨碍我像别人一样生活和行动?……我现在梦寐以求的也就这么一点呀。但是我刚刚谋得一个位置,刚刚站稳脚,命运就立刻跑来将我逐走……我都开始害怕它——害怕我的命运了……这一切原因何在?为我解开这个谜吧!"

"谜!"列日涅夫重复了一句,"这倒也是。你在我眼里,也永远是个谜。即使在青年时代,你做出了一个什么小小的乖戾的举动之后,你会突然说出一席叫人的心为之战栗的话来,可随即又故态复萌……反正你知道我想说什么……甚至那时我都不理解你,所以我对你产生了反感……你有这么多的才能,对理想的追求又这么执著……"

"空谈,全是空谈!没有行动!"罗亭打断他的话说。

"没有行动!你要什么样的行动……"

"什么样的行动?像普里亚任采夫那样,你记得吗,用自己的劳动养活一个瞎眼的老婆子和她一家人……这就是行动。"

"是呀,但是美好的话语也是行动。"

---

① 阿·瓦·科利佐夫(1809—1842),俄国诗人。引文出自他的诗歌《歧途》。

罗亭默默地看了看列日涅夫,微微地摇了摇头。

列日涅夫还想说些什么,举起一只手来抹了一下面颊。

"这么说,你要回农村去?"他终于问道。

"回农村去。"

"难道你还留得有一个村子?"

"村里多少还留得有一些东西。两个半农奴。虽仅寸土,葬身足矣。此刻你也许在想:'到了这步田地,你还要说漂亮话!'的确,漂亮话毁了我一生,漂亮话让我吃尽了苦头,我死到临头还摆脱不了漂亮话。不过我刚才讲给你听的可不是漂亮话。兄弟,这些白发,这些皱纹,这破烂的衣肘——并非漂亮话。你对我一向严酷,然而你是公正的;但现在一切已经告终,无须谈什么严酷不严酷了,不但灯里边的油已经干了,连灯也已经打碎了,眼看着灯芯就要灭了……兄弟,死亡会使我们最终和解。"

列日涅夫跳了起来。

"罗亭!"他大喊一声,"你何出此言?我做了什么对不起你的事,你要如此说我?要是我看着你塌陷的双颊,满脸的皱纹,我脑子里还会想起'漂亮话'这个字眼,那我还知不知道是非黑白,还算不算是个人?你想知道我现在对你作何想法吗?好,我说!我在想:唉,这个人……凭他的才能,只要他愿意,有什么他不能获得,人世的荣华富贵有什么他不能享用!……可是我此刻看见的他,却饥肠辘辘,流离失所……"

"我唤起了你的怜悯。"罗亭声音喑哑地说道。

"不,你错了。你唤起了我的敬重——正是如此。有谁不让你年复一年地在你这个地主朋友家里住下去?我深信,你只要甘愿讨好他,他一定会把你奉为上宾。为什么你不愿在这所中学里苟安度日,为什么你——这个怪人!——不管抱着什么愿望着手去干一桩事业,结果每回都必定以你牺牲个人的利益而告终,每回你都不肯把你的根扎入和你格格不入的土壤之中,不管这土壤多么肥沃?"

"我生来就是风滚草,"罗亭凄然地苦笑说,"我停不下来。"

"这倒也是;但是你停不下来,并非因为你心里有条虫,像你开始跟我谈心时说的那样……并非你心里有条虫,并非你的心闲得发慌,而是因为你心里燃烧着一团热爱真理的烈火,很明显,尽管你命途多舛,这团烈火却在你心里越烧越旺,远比那些自称是非利己主义者而管你叫阴谋家的人心中的火烧得旺。换了我,早就迫使自己心里的这条虫闭上嘴,苟且偷安了;而你却连怨天尤人都没有,因此我深信,就在今天,就在这一刻,你也会像青年人那样,甘愿着手再去干一番新的事业。"

"不,兄弟,我现在累了,"罗亭说,"我已经干够了。"

"累了!换了别人早就死了。你说,死能带来和解,可活着你以为就不能和解吗?凡快快乐乐地活着却不肯宽容他人的人,他自己就不配得到宽容。可是有谁敢说,他不需要他人的宽容呢?你做了你力所能及的事,尽你所能地奋斗过……还要求你怎么样呢?我们走的路不同……"

"兄弟,你跟我相比,完全是另一种人。"罗亭说道,又喟然长叹了一声。

"我们走的路不同,"列日涅夫继续往下说,"也许是因为我广有家产,性情好静,再加上家庭美满幸福,就没有什么妨碍我在家纳福,袖手旁观世事变迁,而你却必须走南闯北,挽起袖子,备受劳作之苦。我们走的路虽然不同……然而,你瞧,我们彼此是何等地接近。我们两人几乎说的是同样的语言,只消半点暗示就能心领神会,我们是在同样的感情的哺育下成长起来的……要知道,我们这代人剩下的已寥若晨星,兄弟,你我是最后的莫希干人了!过去,在我们前面,还有很长的生活道路要走的时候,我们可以意见分歧,甚至形同冰炭;可是如今,故人纷纷凋零,新的一代已越过我们,奔向跟我们截然不同的目标,我们理应紧密地彼此靠拢。兄弟,我们干一杯,像过去那样,高唱 Gaudeamus igitur① 吧!"

两个朋友碰了杯,用地道的俄罗斯嗓音,荒腔走调而又动情地唱完了这支大学生唱的老歌。

"你这就要去你的村子了,"列日涅夫又开始说,"我不认为你会在村里久住,所以无法设想你会在什么地方和怎样结束你的一生……但是,你记住,不论你发生什么事,永远有一个地方,有一个窠,可以供你栖身,这就是我的家,你听见没有,老兄弟?人的思想也有老废的一天,所以它们也需要有贻养天年的养老院。"

罗亭站了起来。

"老弟,谢谢你,"他接口说,"谢谢!我不会忘记你这句话的。可惜我不配住养老院。我浪费了我的生命,没有为了我的思想把力气用在刀口上……"

"别说了!"列日涅夫接口说,"每个人的生活都是由天性决定的,无法强求!你称自己是'永远流浪的犹太人'②……可你哪里知道,也许你就应该永远这样流浪,也许你这是在履行连你自己都不知道的崇高使命;民间的哲人说得有道理,人人都得听从上帝安排……你这就要走了?"列日涅夫看到罗亭拿起帽子,便问道,"不在这里过夜?"

"走!别了,谢谢……至于说到死,我不会有好结局的。"

"这只有上帝知道……你非要走吗?"

"走!别了。不要记住我的坏处。"

"是呀,你也别记住我的坏处……别忘了我刚才跟你说的那句话。别了……"

---

① 拉丁语:让我们欢乐吧!这是当时在俄国大学生中广为流行的一支歌曲。
② "永远流浪的犹太人"原是中世纪传说的人物,名叫阿格斯菲尔,他因不许耶稣去各各他途中休息(多数说法认为他打了耶稣)而被神判处终身漂泊。

两个朋友拥抱了一下。罗亭快步离去。

列日涅夫在屋里来回走了很久,后在窗前站住,沉思有顷,低声叹道:"可怜的人!"随即坐到桌边,提笔给妻子写信。

户外起风了,风不祥地呼啸着,沉重而凶狠地敲打着窗玻璃,玻璃发出阵阵哀声。秋天漫漫的长夜开始了。在这样的夜里,能安坐在自家的屋顶下,有个温暖的栖息之所的人,是幸福的……愿上帝保佑天下无家可归的流浪者!

一八四八年六月二十六日正午,火伞高张,在巴黎,"国民工场"的起义差不多已被镇压下去①,一营主力军攻占了圣安东尼区②一条小巷里的街垒。几发炮弹就把街垒摧毁了;幸存的保卫者弃下堡垒,仓皇逃命,突然,在街垒顶上一辆翻倒的公共马车被压瘪的车身上出现了一个高大的汉子,他穿一件旧斜襟外衣,腰里束一条红带子,蓬乱的花白头发上戴一顶草帽。他一只手持一面红旗,另一只手举着把钝了的弯马刀,用尖细的嗓音紧张地呐喊着,一边往街垒顶上爬,一边挥动着红旗和马刀。一名万塞纳的步兵③瞄准他,开了一枪……那个高大汉子手里的红旗落到地上,接着他像一个布袋似的扑倒下去,像是在给什么人下跪……子弹射穿了他的心脏。

---

① 法国二月革命后,资产阶级临时政府反对工人阶级继续革命的要求,颁布封闭"国民工场"的挑衅性法令,激起工人强烈不满。六月二十三日,巴黎工人举行起义,约四万六千名起义者筑起六百座街垒,同敌人展开四天的浴血战斗,最后于六月二十七日被镇压。
② 起义的中心。
③ 万塞纳的步兵是在巴黎郊区万塞纳的军事步兵学校受过军训的政府军士兵。

"Tiens！①"一个正在逃命的 insurges② 对另一个说，"on vient de tuer le Polonais. ③"

"Bigre！④"另一个回答说，两人飞也似地躲进一幢房子的地窖。这幢房子的百叶窗都紧紧地关着，墙上弹痕累累，有子弹的，也有炮弹的。

这个"Polonais"就是德米特里·罗亭。

---

① 法语：瞧！
② 法语：武装起义者。
③ 法语：一个波兰人被打死了。（按：侨居法国的波兰人参加了一八四八年的革命，故有此说。）
④ 法语：活该！

贵族之家

一

春日明丽的白昼渐近黄昏,一朵朵小小的玫瑰色云彩在澄碧的高空缓缓游过,看上去像是融入了苍穹深处。

那是一八四二年。省城 O 城城边的一条街上,一幢豪宅有扇窗打开着,窗前,坐着两个妇人,一个约摸五十来岁,另一个已经七十高龄。

前一个名叫玛丽娅·德米特里耶夫娜·卡利京娜,她丈夫卡利京十年前就已故世,生前是省检察官,以干练著称,为人机敏果断,易怒,而且固执己见。他受过良好教育,进过高等学府,由于出身寒微,所以自小懂得必须为自己开辟前程,积敛钱财。他长相不俗,且又聪明,高兴的时候,还十分可亲,玛丽娅·德米特里耶夫娜爱上了他,便嫁与他为妻。玛丽娅·德米特里耶夫娜(娘家姓佩斯托夫)幼年时即父母双亡,曾在莫斯科一所贵族女子中学读过几年书,此后就回到离 O 市五十俄里的祖传的波克罗夫斯克村,同姑母和兄长住在一起。不久后,这位兄长去彼得堡供职,他待妹妹和姑母锱铢必较,从不善待。后来他猝然死亡,结束了公务生涯,玛丽娅·德米特里耶夫娜才得以继承波克罗夫斯克这份祖产,可她却未能在波克罗夫斯克村久住。在她和卡利京结婚的第二年上——卡利京只用几天时间就征服了她的心——波克罗夫斯克村便被用来交换了另一处田庄,那田庄的进益虽然要大得多,可是景色不美,又没有庄园。其时卡利京在 O 市买下了一幢房子,便携妻子迁至那里定居下来。这幢房子有一个大花园,花园的尽头与郊野毗连。"这一下,"对僻静的乡居生活绝无好感的卡利京说,"我们就毫无必要再往乡间跑了。"玛丽娅·德米特里耶夫娜不知多少回怀着惋惜之情,在心底苦苦思念她那美丽的波克罗夫斯克,思念那里的欢快的小河、广阔的草地和碧绿的树丛;但是对于丈夫的决定,她从不违逆,她对于丈夫的才智和练达,是崇拜得五体投地的。待到他俩婚后第十五年上,丈夫抛下一子二女,弃世而去时,玛丽娅·德米特里耶夫娜对她的住宅和城市的生活已十分习惯,自己也不想迁离O市了。

玛丽娅·德米特里耶夫娜年轻时享有可爱的金发美女之誉;即使现在,她已经五十来岁了,仍风韵犹在,虽然略略发胖了些,曲线也模糊了不少。她的性情与其说温良,不如说多愁善感,她成年之后,仍然保持着当初在贵族女子中学的习惯;好使性子,遇到不称心的事,就会发脾气,甚至哭鼻子;可要是什么都顺着她,谁也不违拗她,她就别提多温柔、和蔼了。她的住宅属于全市最气派、最舒适的一类。她的家财极广,不过祖传的不多,大部分是她丈夫置下的。两个女儿在她身边,儿子在彼得堡一所最好的国立学校就读。

同玛丽娅·德米特里耶夫娜一起坐在窗前的老妇人是她父亲的妹妹,就是当年曾和她一同在波克罗夫斯克村度过好几年寂寞时光的那个姑姑。老妇人名叫马尔法·季莫费耶夫娜·佩斯托娃。她是个出了名的性情古怪的人,独立不羁,有话直来直去,无论对谁都不留情面,虽然并无钱财,可是举止却仿佛是个腰缠万贯的巨富。她憎恶已故的卡利京,侄女刚和他结婚,她立即回转自己的小村,在庄户人家没有烟囱的农舍里一住就是十年。玛丽娅·德米特里耶夫娜有几分怕她。马尔法·季莫费耶夫娜身材矮小,鼻子尖削,虽说年事已高,还是一头乌发,目光犀利,身板硬朗,步履矫健,说话快而清楚,声音细而洪亮。她自早到晚戴着一顶白色包发帽,穿一件白色短上衣。

"你怎么了?"她突然问玛丽娅·德米特里耶夫娜,"好端端的叹什么气,我的姑奶奶?"

"没什么,"那一位说,"唉,多好看的云彩!"

"那你是在为云彩伤感啰?"

玛丽娅·德米特里耶夫娜没有接口。

"格杰奥诺夫斯基怎么还没来?"马尔法·季莫费耶夫娜一边说,

一边飞快地走动着绒线针。她正在结一条宽大的绒线围巾。"要不然他可以陪你叹叹气,或者胡扯些什么。"

"您怎么一提到他就恶声恶气的。人家谢尔盖·彼得罗维奇①是个受人敬重的人。"

"受人敬重!"老妇人用责备的口吻学嘴说。

"他对我死去的丈夫一片忠心!"玛丽娅·德米特里耶夫娜说,"直到今天,一想起我丈夫他还难过。"

"应该的!是你丈夫拎着他耳朵把他从污泥里拽出来的。"马尔法·季莫费耶夫娜嘟囔说,手里的绒线针结得更快了。

"看上去老实巴交,"她又说道,"满头白发,可一开口,不是撒谎骗人,就是搬弄是非。亏他还是个五等文官!不过也难怪,谁叫他是神父的儿子呢!"

"姑母,谁人没有错?不消说,他的确有您说的毛病。谢尔盖·彼得罗维奇缺少教养,连法语也不会;可不管您怎么说,他还是挺招人喜欢的。"

"那可不,他会拍你马屁。不会法语有什么大不了!我'法国话'也说得不怎么的。要是他什么国家的话都不会说倒好了,他就撒不了谎啦。那不是他来了,见鬼,说到他,他就到。"马尔法·季莫费耶夫娜朝街上望了一眼,加补说,"那个招你喜欢的人,正迈着大步走来了,又瘦又长,活像一只长脚鹭鸶!"

玛丽娅·德米特里耶夫娜不由得拢了拢头发。马尔法·季莫费耶夫娜望着她,冷冷地笑了。

"哎哟,我的姑奶奶,你头上怎么有根白头发?你该训训你那个帕拉什卡。她生了双眼睛,派什么用的?"

"姑姑,您老是这样……"玛丽娅·德米特里耶夫娜恼怒地嘟囔说,

---

① 格杰奥诺夫斯基的名字和父名。

用手指敲着安乐椅的扶手。

"谢尔盖·彼得罗维奇·格杰奥诺夫斯基到!"

一个两颊红彤彤的小厮从门外跑进来,尖声尖气地禀报说。

二

一个身材颀长的人走了进来,身穿整洁的斜襟外套,裤子略嫌短了些,戴一双灰色麂皮手套,系两个领结,上边一个呈黑色,下边一个呈白色。他浑身上下,从五官端正的脸庞和梳得溜光的两鬓,直到走路不会发出响声的平底靴,无不显得谦逊有礼。他先向这家人家的女主人,然后向马尔法·季莫费耶夫娜鞠躬行礼,接着慢慢地脱下手套,走到玛丽娅·德米特里耶夫娜跟前,毕恭毕敬地举起她的手连吻两次,这才不慌不忙地坐到安乐椅上,搓着两只手的指尖,满面笑容地问道:

"伊丽沙白·米哈伊洛夫娜可好?"

"好,"玛丽娅·德米特里耶夫娜答道,"她去花园了。"

"那么叶莲娜·米哈伊洛夫娜呢?"

"莲诺奇卡①也去花园了。——有什么新闻吗?"

"夫人,怎么会没有呢,怎么会没有呢,夫人,"来客慢慢地眨着眼,撅着嘴说,"嗬!……岂但有新闻,而且是惊人的新闻:拉夫列茨基,费奥多尔·伊万内奇回来了。"

"费佳②回来了!"马尔法·季莫费耶夫娜惊叫道,"我的老爷子,没那个事,你又在瞎说八道吧?"

"绝对没瞎说,夫人,我亲眼见到他了。"

"哼,那也算不得是证明。"

---

① 莲诺奇卡是叶莲娜的小称。
② 费佳是费奥多尔的小称。

"他身体更壮了,"格杰奥诺夫斯基装作没有听到马尔法·季莫费耶夫娜的话,管自往下说,"肩膀更宽了,而且满面红光。"

"身体更壮了,"马尔法·季莫费耶夫娜慢条斯理地一字一顿说,"他的身体怎么壮得起来?"

"是呀,夫人,"格杰奥诺夫斯基说,"换了别人,都不好意思露面了。"

"为什么?"马尔法·季莫费耶夫娜打断了他的话,"乱弹琴!人家不回自己老家,您叫他往哪儿去?何况他也没做什么见不得人的事。"

"夫人,如果妻子行为失检,恕我斗胆地说一句,丈夫是难辞其咎的。"

"老爷子,您这么说,因为您是个老光棍。"

格杰奥诺夫斯基强笑了一下。

"请允许我问一下,"他沉默了一会儿,问道,"这么漂亮的围巾,您是给谁结的?"

马尔法·季莫费耶夫娜瞥了他一眼。

"是给从不造谣、从不耍滑头、从不搬弄是非的人结的,"她说,"如果世界上有这样一个人的话。说到费佳,我非常了解他,他错就错在把老婆给宠坏了。这也难怪,他爱上了她就讨她做老婆了,可自由恋爱永远不会有好结果,"老妇人睥睨了玛丽娅·德米特里耶夫娜一眼,站起身来,加补说,"得,我的老爷子,您现在爱说谁的坏话就尽管去说吧,哪怕说我的坏话也行;我走了,免得碍事。"说罢,马尔法·季莫费耶夫娜掉转身就走了。

"瞧她总是这样,"玛丽娅·德米特里耶夫娜目送她姑姑走出门去,说道,"总是这样!"

"上了年纪了!有什么办法!"格杰奥诺夫斯基说,"她老人家说:从不耍滑头。可如今谁人不圆滑?就这么个世道。我有个朋友,是个受尊敬的人,而且官职也不低,他就常说:如今呀,就是母鸡想啄一粒谷子,也耍个花招,绕着圈儿去啄。可是,我的夫人,我一见到您就看出您的性格是名副其实的天使的性格;请您让我吻吻您像雪一样白的小手。"

玛丽娅·德米特里耶夫娜抿嘴一笑,把她翘起小手指的胖嘟嘟的手伸给格杰奥诺夫斯基。他把双唇贴到上边,而她呢,把安乐椅移近他,略略向他俯下身去,悄声问道:

"这么说,您看见他了?他真的没有什么,身体挺好,也挺快活吗?"

"夫人,他没有什么,挺快活。"格杰奥诺夫斯基细声答道。

"您没听说他妻子现在在哪儿吗?"

"夫人。她前一阵在巴黎,现在听说去了意大利。"

"说真的,费佳的处境太可怕了;我不知道,他怎么受得了的。当然,谁都会碰到不幸的事;可他的事,都上了全欧洲的报纸了。"

格杰奥诺夫斯基叹了口气。

"是呀,夫人,是呀。听说她成天跟演员和钢琴师,或者按照他们那边的说法,跟狮子①和野兽厮混在一起,全然不知人间有羞耻事⋯⋯"

"太遗憾了,"玛丽娅·德米特里耶夫娜说,"谢尔盖·彼得罗维奇,按辈分排,您知道吗,他还是我的远房侄子哩。"

"可不是,夫人,可不是;府上的事,我怎么会不知道呢?我当然知道,夫人。"

"您看他会来看我们吗?"

"按理说应当来。不过,听说他要回乡下的庄园去。"

玛丽娅·德米特里耶夫娜抬头望着天。

"唉,谢尔盖·彼得罗维奇,我想,我们做女人的,行为举止得十分稳重才是。"

"玛丽娅·德米特里耶夫娜,女人各色各样的都有。不幸的是,有的女人水性杨花⋯⋯再说,年龄也有关系;加之从小没有家教,不知妇

---

① 十八世纪三四十年代之交,在英法等国惯用"雄狮"和"牝狮"戏称社交界的时髦男女。

道。(谢尔盖·彼得罗维奇从口袋里掏出一方蓝色方格手帕,将它打开。)这种女人为数还不少。(谢尔盖·彼得罗维奇用手帕角轮流揩着两只眼睛。)不过一般说来,要是评判一下的话,那就……城里的沙尘真大。"他打住了话头。

"Maman, maman,①"一个十一二岁的漂亮的女孩喊叫着跑了进来,"弗拉基米尔·尼古拉伊奇骑着马上我们家来了!"

玛丽娅·德米特里耶夫娜站起身来;谢尔盖·彼得罗维奇也站起身来,朝小女孩鞠了一躬,说:"叶莲娜·米哈伊洛夫娜,给您请安。"随后,出于礼貌,走到屋角去擤他那端正的长鼻子。

"他有一匹多么可爱的马呀!"小女孩管自说下去,"他刚才在栅栏门外,告诉丽莎②和我来着,他这就要上前门来了。"

话音未落,传来了嘚嘚的马蹄声,只见一个身材匀称的骑士骑着一匹漂亮的枣红马从街心过来,走到敞开的窗前停了下来。

三

"您好,玛丽娅·德米特里耶夫娜!"骑士高声说,声音洪亮、悦耳,"您喜欢我新买的这匹马吗?"

玛丽娅·德米特里耶夫娜走到窗前。

"您好,Woldemar③!啊,多么好看的马!您从谁手里买下来的?"

"从采购马匹的军需官那儿……这个强盗,狠狠地敲了我一把。"

"这匹马叫什么名字?"

"奥尔兰德……名字挺蠢,我要给它改名……Eh bien, ehbien。

---

① 法语:妈妈。
② 丽莎是伊丽莎白的小称。
③ 弗拉基米尔的法语变音。

mon garcon①……不肯安静的东西！"

马打着响鼻，倒换着蹄子，摇着头，嘴里吐着白沫。

"莲诺奇卡，过来摸摸它，别怕。"

小女孩从窗里伸出手去，不料奥尔兰德猛地人立起来，冲向一旁。骑士没有着慌，用小腿把马紧紧夹住，照准马颈抽了一鞭，不管马怎么反抗，还是逼它回到了窗前。

"Prenez garde, prenez garde②，"玛丽娅·德米特里耶夫娜不住地说。

"莲诺奇卡，摸摸它，"骑士说，"我不许它撒野了。"

小女孩又把手伸出去，怯生生地摸了摸奥尔兰德颤动的鼻子，奥尔兰德不住地打着战，紧紧地咬着嚼环。

"好极了！"玛丽娅·德米特里耶夫娜赞许道，"现在，您下马，进屋来吧。"

骑士剽悍地拨转马头，用马刺刺了马一下，马顺着街道小跑着进了院。一分钟后，他挥动着鞭子，穿过前厅走进了客厅；也就在这一刻，在另一扇门口，出现了一个身姿绰约、修长的姑娘，年纪在十九岁左右——她就是玛丽娅·德米特里耶夫娜的长女丽莎。

四

刚才介绍给读者认识的那位年轻人，名叫弗拉基米尔·尼古拉伊奇·潘申。他是彼得堡内务部一名负有特殊使命的官员。此次是来O市执行一桩临时性公务，由他的远亲，省长佐宁堡将军亲自督办。潘申的父亲是名退役骑兵上尉，此人是个出名的赌徒，眼若秋水，可是面容却萎靡憔悴，而且嘴唇还患有神经性痉挛症。他一生混迹于上流

---

① 法语：乖点，乖点，我的孩子……
② 法语：当心点儿，当心点儿。

社会,是两京英国俱乐部①的常客。大家公认他是个为人圆滑,不十分可靠,然而可爱且又可亲的人。他尽管圆滑机敏,但是几乎常年处于贫困边缘,只给他的独子留下一份微薄而且败落的家业。然而,对于儿子的教育,他却按他的教子之法,着实费了一番苦心;他儿子弗拉基米尔·尼古拉伊奇讲得一口流利的法语,英语也很好,只是德语不行。这是理所当然的,正派人不屑于张口闭口讲德语,不过在某些场合,大都是在说笑逗趣的时候,嵌进一两个德语字眼,却能起到画龙点睛的作用,就如彼得堡的巴黎人所说: c'est mêmetrès chic②。弗拉基米尔·尼古拉耶维奇十五岁上,就能大大方方走进任何上等人家的客厅,得体地与人敷衍,并在恰当的时候告辞。潘申为他儿子攀上了许多有钱有势的人;在两局牌戏间洗牌的当儿,或者在获得一次"大满贯"之后,他总不会放过机会向某位单纯为了喜爱而玩玩纸牌的达官贵人吹嘘几句他的"沃洛季卡③"。而弗拉基米尔·尼古拉耶维奇本人在大学求学期间(他毕业时取得学士学位)也结识了好几个官宦子弟,从而得以出入豪门。他到处备受欢迎,因为他相貌英俊,举止洒脱,出言吐语饶有风趣,身体健康强壮,什么事都能应付裕如:该恭敬的时候毕恭毕敬,该胆大的时候决不畏首畏尾,总之,是个出色的伙伴,是个 un charmant garçon④。展现在他面前的是锦绣前程。潘申很快就领悟了上流社会交际学的奥秘;他善于以真正敬重的态度恪守各种交际规则,善于以半真半假的一本正经的态度对待鸡毛蒜皮的小事,而对于一切重要的事,却又装出一副随随便便的样子,仿佛这些事倒是鸡毛蒜皮;他舞跳得非常好,衣着全然英国派头。没有几天,他就名满彼得堡,被誉为最可亲、最机敏

---

① 指彼得堡与莫斯科的贵族俱乐部。
② 法语:是最俏皮不过的。
③ 沃洛季卡是弗拉基米尔的小称。
④ 法语:迷人的孩子。

的年轻人之一。潘申为人的确非常机敏,不亚于他父亲,而且同样也才气横溢。他多才多艺,歌唱得好,又画得一手好画,还能写诗,而且演起戏来声情并茂。他总共才二十七岁多,就已经当上宫廷侍从,而且官衔还不低。他极为自信,对于自己的智能和明达坚信不疑;他勇敢地、快活地、昂首阔步地一往直前,他的生活一帆风顺。他习惯于博得所有的人——不论老少——的喜爱,认为自己深知人的心理,特别是女人的心理,他对她们的通病了如指掌。作为一个对艺术多有涉猎的人,他感到内心充满激情、某种迷恋和冲动,因此他容许自己做越轨的事,比如:酗酒,结交不属于上流社会的人士,总之,放浪形骸,无所顾忌;然而他灵魂深处却是冷静而又狡黠的,即使在最肆无忌惮地纵酒行乐的时候,他那双聪敏的褐色小眼睛也始终戒备地、留神地注视着四周;这个天不怕地不怕的狂放的年轻人,任何时候都不会完全忘形,乃至无法自拔。凭心而论,他尽管无往不胜,可他从来不在人前夸耀自己。他一到О市,马上就成了玛丽娅·德米特里耶夫娜家的座上客,不久就同她一家亲如家人。玛丽娅·德米特里耶夫娜对他宠爱有加。

潘申向在座的人一一鞠躬行礼,跟玛丽娅·德米特里耶夫娜和伊丽莎白·米哈伊洛夫娜握手,轻轻地拍拍格杰奥诺夫斯基的肩膀,然后就地转过身去,抱住莲诺奇卡的头,亲了亲她的额头。

"骑这么烈性的马,您不害怕吗?"玛丽娅·德米特里耶夫娜问他。

"不,这匹马的性子可好哩;请允许我禀告,我怕的是什么;我怕跟谢尔盖·彼得罗维奇打朴烈费兰斯[①],昨天在别列尼岑家,他把我的钱统统赢了去,害得我囊空如洗。"

格杰奥诺夫斯基尖声尖气地、谄媚地笑了起来,他这是在讨好这个从彼得堡来的年轻有为的官员,这个省长的宠儿。他和玛丽娅·德米特里耶夫娜交谈的时候,常常提到潘申如何有才能。他说,像这样的人,

---

① 一种纸牌戏。

怎能不对他赞不绝口？年纪轻轻便在社会的高层出人头地，办事干练得堪称表率，却从不居功自傲。的确，就是在彼得堡，也公认潘申是名干将，繁杂的公务一经他手都能处理得又快又好；他谈起自己的劳绩总是持打趣的口吻，就像上流社会的绅士那样，并不认为自己有多么了不起，他常说自己不过是"奉命行事"而已。当上司的就喜欢这样的下属；他自己并不怀疑，只要他愿意，将来当上大臣是不在话下的。

"亏您说得出我把您的钱统统赢了去，"格杰奥诺夫斯基说，"上个礼拜是谁赢了我十二个卢布？而且还……"

"可恶，可恶，"潘申用亲切而略带轻慢的口吻打断了他的话。随即不再理睬他，向丽莎身边走去。

"我在这里找不到《奥伯龙序曲》①，"他说，"别列尼岑娜夸口说，她有全套古典音乐，其实，她那儿除了波尔卡舞曲和华尔兹舞曲，什么也没有；不过我已经写信到莫斯科去了，一个礼拜后，您就可以得到这首序曲。顺便说一下，"他继续说，"我昨天写了一首新的浪漫曲，歌词也是我填的。您要我唱给您听吗？我不知道谱写得究竟怎样，别列尼岑娜认为写得很美，可是她的话不足道哉——我希望听听您的意见。不过，我想还是改天再唱吧。"

"为什么要改天？"玛丽娅·德米特里耶夫娜插话说，"为什么不现在就唱。"

"遵命，夫人，"潘申甜蜜地粲然一笑，那笑容来得快，去得也快。他用膝盖将一把椅子推到钢琴前坐下，弹了几个和音，字正腔圆地唱起了下面这首浪漫曲：

   冷月挂中天，
     踯躅愁云间；

---

① 德国作曲家韦伯（1786—1826）所作的歌剧。

月色似梦幻,
　　浮映海浪尖。

月海似我心,
　　我心甚不宁,
时喜时又悲,
　　只为你一人。

皆为爱故,我心忧伤,
　　皆为爱故,我心迷惘,
皆为爱故,我心企望,
　　皆为爱故,我心如焚……
可是你无动于衷,
　　像那寒夜的月亮。①

　　第二节潘申唱得特别动情,在暴风雨般的伴奏声中,简直可以听到海浪的翻腾。唱到"我心如焚……"他轻轻叹口气,垂下眼帘,歌声渐趋低沉——morendo②。一曲唱毕,丽莎称赞了歌的旋律。玛丽娅·德米特里耶夫娜说:"美极了!"格杰奥诺夫斯基甚至高声喝彩,说道:"叫人陶醉!词和曲都叫人陶醉!……"莲诺奇卡用稚气的崇敬目光望着歌者。总之,在座的人都对这位年轻的业余音乐家的作品非常欣赏;但是,站在客厅门外前厅里的那个刚刚到来的老人,低垂着头,从他脸部的表情和耸肩的样子看来,潘申的浪漫曲虽然婉转动听,他却并不喜欢。他站立了一会儿,用厚实的手帕掸去皮靴上的尘土后,突

---

① 此诗是屠格涅夫献给哈琳娜的,作于一八四〇年。
② 意大利语:缓缓消逝。

然眯起眼睛,阴沉地抿紧嘴唇,伛下本来已经够伛偻的背,慢慢地走进客厅。

"啊!赫里斯托福尔·费奥多雷奇,您好!"潘申连忙从椅子上跳起来,第一个向他打招呼,"我没料到您在这里——不然的话,我怎么也不敢在您面前唱我的浪漫曲。我知道您不喜欢轻音乐。"

"我没听见您唱。"进屋的那人用蹩脚的俄语回了一句,他向大家行过礼后,局促地站在房间中央。

"麦歇莱姆^①,"玛丽娅·德米特里耶夫娜说,"您是来给丽莎上音乐课的吧?"

"不,不是给伊丽莎白·米哈伊洛夫娜,而是给叶莲娜·米哈伊洛夫娜上课。"

"噢!那好!莲诺奇卡,跟莱姆先生上楼去。"

老人正要跟小姑娘出去,潘申叫住了他。

"赫里斯托福尔·费奥多雷奇,上完课请您别走,"他说,"我要同伊丽莎白·米哈伊洛夫娜四手联弹贝多芬的奏鸣曲。"

老人嘟囔地说着什么,可是潘申管自发音不准地操着德语说下去:

"伊丽莎白·米哈伊洛夫娜把您献给她的那首康塔塔^②给我看了——写得真棒!请您别以为我就不会欣赏严肃音乐,不,恰恰相反:严肃音乐有时固然沉闷了些,然而却非常有益。"

老人的脸顿时红到耳根,他斜睨了丽莎一眼,就急忙走了出去。

---

① 莱姆是赫里斯托福尔·费奥多雷奇的姓。他是德国人,他的全名见下一章。称他赫里斯托福尔·费奥多雷奇是把他的名字俄国化了。
② 原指声乐曲,与乐器演奏的奏鸣曲有区别,现泛指由声乐与器乐相结合的乐曲。约从一八〇〇年起,康塔塔一词含义扩大,可用来泛指由独唱(组)、合唱队与管弦乐队合作的任何大型作品,如冼星海的《黄河大合唱》、贝多芬的《光荣瞬间》。

玛丽娅·德米特里耶夫娜请潘申再唱一遍他的浪漫曲,可潘申却推辞说,他不愿有渎那位德国饱学之士的清听,建议丽莎弹贝多芬的奏鸣曲。玛丽娅·德米特里耶夫娜只得叹了口气,请格杰奥诺夫斯基陪她去花园走走。"我想,"她说,"再跟您聊聊我们那个可怜的费佳的事,听听您的高见。"格杰奥诺夫斯基微微一笑,鞠了一躬,用两根手指把他的礼帽连同端放在一边帽檐上的手套拿起来,陪同玛丽娅·德米特里耶夫娜一起走了出去。屋里只剩下潘申和丽莎。她拿来奏鸣曲,打开乐谱,两人默默地坐到钢琴前。楼上传来轻微的琴声,那是莲诺奇卡不熟练的小手在弹练音阶。

五

赫里斯托福尔·特奥多尔·戈特利布·莱姆于一七八六年生于萨克森王国赫姆尼兹市一个清苦的乐师家庭。他父亲吹圆号,母亲弹竖琴,他自己才五岁就开始练三种不同的乐器,八岁时成了孤儿,刚满十岁便靠卖艺糊口了。有很长一段时期他过着流浪生活,去各种地方——小酒铺里、集市上、农家的婚宴上、跳舞会上演奏;临了,他终于进了一个乐队,并且一步步往上升,一直升到乐队指挥的位置。他演技平平,但是对于音乐造诣很深。他在二十七岁上应一位俄国大地主的聘请,移居俄国,这位地主厌恶音乐,但为了摆阔却养了一支乐队。莱姆在他家当乐队指挥达七年之久,可离开他家时仍囊空如洗,因为那个地主败尽了家财,本来答应给他一张期票的,结果变了卦,不给了,一句话,连一文钱也没给过他。有人劝他回国,但是他不愿意像个乞丐似的离开俄国,离开伟大的俄国,离开这个艺术家的宝地;他决意留下来,再试试运气。二十年来,这位可怜的德国人不停地去碰运气:投奔过各种各样的贵族,在莫斯科住过,也在各地的省城住过,尝尽了人间的辛酸,虽然像冰上的鱼那般苦苦挣扎,还是一贫如洗。他尽管历经磨难,但荣归故里的念头却一直没有离开过他,正是这个念头支撑着他苦斗下去。然而命运并不愿意赐予他这个最后也是最早企盼的幸福,而是让他这个一身是病、未老先衰的人,在五十岁上滞留O市,而且终老于此,完全失去离开这个他所痛恨的俄国的一切希望。只得靠教课挣口饭吃。莱姆的外表于他不利。他身材瘦小,背微驼,肩胛骨歪斜地突出,腹部凹陷,脚掌大而扁,发红的手上青筋暴绽,手指僵直,指甲呈浅蓝色;脸上布满皱纹,双颊塌陷,终日紧闭的嘴唇不停地牵动,像在咀嚼着什么,加上他孤僻寡言,便给人一种几近凶狠的印象;他的灰白的头发一绺绺地挂在他低矮的额前,他的呆滞的小眼睛发出幽暗的光,好似刚被浇熄的炭;他步态笨重,每走一步都要摇晃他僵硬的躯体。他有些动作活像笼中的猫头鹰发觉有人在看它而笨拙地整理羽毛,然而它那双吃惊地、昏昏欲睡地眨动着的黄色大眼睛其实几乎什么也未曾看见。长年累月的无情的痛苦在这个可怜的音乐家身上刻下了不可磨灭的印痕,把他本来就难看的身体摧残得益发难看,然而,凡是不为第一个印象所左右的人,必会在这个被摧残得满目疮痍的人身上看到善良、诚实和非凡的品质。莱姆这位巴赫[①]和亨德尔[②]的崇拜者,不但精通乐理,而且富有活跃的想象力及德意志民族所特有的大胆思想,如果生活使他有另外一种境遇,那么说不定有朝一日——有谁知道呢?——他能跻身于他祖国伟大作曲家之列,可惜福星没有照到他! 他一生谱写了许多乐曲,却未见一首发表;他不善于周旋应付,不会及时地奉承讨好。很久很久之前,他的一个崇拜者和好友,也是德国人,也是穷光蛋,自费印了他的两部奏鸣曲,结果这两部奏鸣曲全部堆在音乐书店的地窖里,一直不曾动过,无声无息地消失了,未曾留下一丝痕迹,就像是有人在夜间把它们扔到河里去了。

---

① 巴赫(1685—1750),德国作曲家,管风琴家。
② 亨德尔(1685—1759),德国作曲家,管风琴家。

莱姆万念俱灰,加之年纪又不饶人,他的心死了,僵硬了,就像他的手指变得僵硬了一般。他独身一人(他终身未娶)和他从养老院领出来的一个老厨娘住在 O 市的一所陋屋里,离卡利京家不远;他每天花很多时间散步,念《圣经》和新教的赞美诗集,以及施莱格尔①译的莎士比亚的剧本。他久已搁笔,然而丽莎,他的最得意的门生,显然使他死灰复燃,于是他为她写下了潘申提到的那首康塔塔。这首康塔塔的歌词大多摘自赞美诗集,也有几首诗出自他的手笔。康塔塔分两个合唱,一是有福之人的合唱,一是无福之人的合唱;结尾两个合唱合而为一,同唱:"仁慈的上帝怜悯吾侪罪人,焚尽吾侪心中的邪思俗念。"他在首页上工整地、甚至用花体字写道:"惟正义之人为善。教堂康塔塔。献给吾所爱之女弟子伊丽莎白·卡利京娜,师赫·特·戈·莱姆作。"在"惟正义之人为善"和"伊丽莎白·卡利京娜"等字四围加了光圈。下面还添了一句:"只为您一人,far sie allein②。"因此,当潘申当着莱姆面提到这首康塔塔时,莱姆的脸红到了耳根,斜睨了丽莎一眼,他的心被深深地刺痛了。

六

潘申响亮而有把握地弹了奏鸣曲的最初几组和音(他弹低音部),但是丽莎没有开始她的音部。他停下来看了看她。丽莎的眼睛也正直直地望着他,眼神流露出不满;她的唇间没有笑意,脸色冷峻,几近忧郁。

"您怎么啦?"他问。

"您为什么不遵守诺言?"她说,"我跟您有约在先,我让您看赫里斯托福尔·费奥多雷奇的康塔塔,而您不得向他提起这事。"

---

① 施莱格尔(1767—1845),德国文学史家,评论家,诗人和翻译家。
② 德语:只为您一人。

"请原谅,伊丽莎白·米哈伊洛夫娜,我脱口说出来的。"

"您伤了他的心,也伤了我的心。从此他不信任我了。"

"伊丽莎白·米哈伊洛夫娜,您叫我怎么办!我从小见到德国人就来气,一见到他们就想刺他们一下。"

"弗拉基米尔·尼古拉伊奇,您说什么呀!这个德国人又穷,又孤单,吃尽苦头——您难道连恻隐之心都没有?还要去刺疼他?"

潘申发窘了。

"伊丽莎白·米哈伊洛夫娜,您是对的,"他说,"全都怪我永远改不了的轻率。不,您不必替我辩白,我深知自己的毛病。我的轻率坏了我不少事。就是为了这个,人家把我看作利己主义者。"

潘申沉默了一会儿。他不论开始谈的是什么,临了总是把话头转到他自己身上,而且谈得那么温柔、恳切,仿佛是不由自主地说出来的。

"就拿府上说吧,"他继续说,"令堂待我真正是好——她是那么善良;再说您呢……不过我不清楚您对我的看法;至于您那位姑奶奶,对我处处看不入眼。八成是我说了什么轻率的蠢话得罪了她。她讨厌我,是不是?"

"是的,"丽莎稍稍迟疑了一下,说道,"她不喜欢您。"

潘申的手指很快地滑过键盘,唇间掠过一丝几乎难以觉察的微笑。

"那么您呢?"他说,"您也觉得我是利己主义者吗?"

"我对您还不怎么了解,"丽莎说,"不过我并不认为您是利己主义者,相反,我还应当感谢您……"

"我知道,我知道您要说什么,"潘申打断她的话,手指重又在键盘上一掠而过,"您要感谢我给您拿来那些乐谱,那些书,感谢我在您的画册上乱涂一气,等等,等等。尽管我做了这一切,我仍然可以是一个利己主义者。我不揣冒昧地想,您跟我在一起并不觉得乏味,也并不认为我是个坏人。可是您照样觉得我这个人——叫我怎么说呢?——说句俏皮话,连自己的亲老子和朋友都不肯放过。"

"您无非漫不经心、轻诺寡信,出入交际场所的人都是这样,"丽莎说,"如此而已。"

潘申微微地皱了皱眉头。

"好啦,"他说,"我们别再谈论我了;我们还是来弹我们的奏鸣曲吧。我只求您一件事。"他一边把谱架上的乐谱抚抚平,一边加补说:"您把我看作什么样的人都行,哪怕把我叫作利己主义者也行!可是千万不要把我叫作出入交际场所的人:这个称呼我受不了……Anch'io sono pittore①,我也是个艺术家,尽管并不高明,至于我是个并不高明的艺术家,我马上就可以向您证明。我们开始吧。"

"好,开始吧。"丽莎说。

最初的 adagio② 弹得相当顺手,虽然潘申不止一次弹错了。他自己谱写的和已经练熟了的,他都弹得得心应手,可是看着曲谱弹他就不行了。因此弹到奏鸣曲的第二乐章——相当快的 allegro③——他就弹不了啦:在第十二小节上潘申就落后了两小节,他弹不下去了,便笑着推开了琴凳。

"不行!"他高声说道,"今天我弹不了,幸好莱姆听不见我们弹,要不他会晕过去的。"

丽莎站了起来,合上琴盖,转过身来对着潘申。

"那么我们干什么呢?"她问。

"从您这句问话里就可以看出您的为人!您是个一刻也闲不住的人。那么好吧,要是您愿意,趁天还没全黑,我们来画画吧。也许,另

---

① 意大利语:我也是个画家呀。这是意大利画家柯勒乔在拉斐尔画前说的一句自勉的话。
② 意大利语:慢板(乐)。
③ 意大利语:快板(乐)。

一位艺术女神——绘画女神,她叫什么来着?我忘了……说不定会对我比较眷顾。您的画册在哪里?记得我在那上面画的一幅风景画还没完成。"

丽莎到另一间屋里去取画册,留下潘申一人,他从衣兜里掏出一条麻纱手帕,擦了擦自己的指甲,然后稍稍斜着眼端详着自己的手。他的手很好看,十分白皙,左手的大拇指上戴一个螺旋形的金戒指。丽莎回来了;潘申坐到窗边,打开了画册。

"啊!"他叫了起来。"我看到您在临摹我的风景画——画得很好。非常之好!只是这里——给我支铅笔——阴影还不够浓。您瞧。"

于是潘申以豪放的笔触加了几道长线条。他画来画去总是同样的风景:前景是几棵枝叶葳蕤的大树,远处是一片林中空地,天陲处是锯齿状的山峦。丽莎从他肩后望着他作画。

"画画也像生活中一样,"潘申说,脑袋一会儿偏向左边,一会儿偏向右边,"轻盈和雄浑是首要的。"

就在这一刻,莱姆走了进来,冷冰冰地鞠了个躬,返身就走;但是潘申把画册和铅笔往边上一撂,拦住他的去路。

"亲爱的赫里斯托福尔·费奥多雷奇,您上哪儿去?难道不留下来喝茶?"

"我回家去,"莱姆闷闷不乐地说,"我头疼。"

"头疼算得了什么,别走。咱们来聊聊莎士比亚。"

"我头疼,"老人又说了一遍。

"您不在的时候,我们弹了贝多芬的奏鸣曲,"潘申亲切地搂住老人的腰,高兴地微笑着说,"可怎么也弹不好。您信不信,我连两个连续的音符都弹不了。"

"您还是唱您的浪漫曲的好,"莱姆说,推开潘申的手,转身就走了。

丽莎奔出去追他。在台阶上追上了他。

"赫里斯托福尔·费奥多雷奇,请听我说,"她用德语对他说,陪着他穿过草坪,一直送他到大门口,"我对不起您,请原谅我。"

莱姆没有搭理。

"我把您的康塔塔给弗拉基米尔·尼古拉伊奇看了,我深信他一定会欣赏您的作品。他的确非常喜欢这首康塔塔。"

莱姆站停下来。

"这没什么大不了的,"他用俄语回答说,后来改用他本国的语言说,"他什么也不懂,您怎么连这一点也看不出来?他不过是个半瓶醋!"

"您对他不公正,"丽莎说,"他样样都懂,几乎样样都行。"

"然而写出来的都是次品,劣等货,都是粗制滥造的东西。什么时髦,他就喜欢什么,并以此洋洋得意,大声喝彩。我并没有生气;这首康塔塔和我,是一对老傻瓜;我只是有点难为情,可这没什么大不了的。"

"赫里斯托福尔·费奥多雷奇,请您原谅我。"丽莎又说道。

"没什么,没什么,"他又用俄语回答说,"您是个好姑娘……瞧,有人上你们家来了。再见,您是个非常好的姑娘。"

莱姆急匆匆地向大门走去,一位他不认识的先生,穿件灰大衣,戴顶宽边草帽,正走进门来。莱姆向来人彬彬有礼地鞠了个躬(在O市,凡见到陌生的人,他都鞠躬;在街上遇见熟人,他却掉过头去,不予理睬——这是他给自己定下的规矩),同他擦肩而过,消失在栅栏后面。陌生人诧异地目送着他,然后仔细地端详了丽莎一眼,径直朝她走去。

七

"您不认识我了,"他一边说,一边脱下草帽,"可我认识您,虽说已经有八年没看见您了。那时您还是个小孩哩。我是拉夫列茨基。您妈妈在家吗?我可以见到她吗?"

"妈妈见到您会非常高兴,"丽莎说,"她已经听说您回来了。"

"您好像是叫伊丽莎白吧?"拉夫列茨基走上台阶,问道。

"是的。"

"我清清楚楚记得您,那时候您的脸蛋儿让人见了就忘不了;那时我常常带糖果给您吃。"

丽莎脸红了,心里想:这个人真怪。拉夫列茨基在前厅站了一会儿。丽莎走进客厅,从那里传来潘申的说笑声;他正在向已经从花园里回来的玛丽娅·德米特里耶夫娜和格杰奥诺夫斯基讲城里流传的一件趣事,讲得连自己都哈哈大笑了。玛丽娅·德米特里耶夫娜一听到拉夫列茨基的名字便慌了神,面色发白,赶忙迎上前去。

"您好,您好,我的亲爱的 cousin①!"她几乎用哭腔曼声说道,"见到您我真高兴!"

"您好,我的好表姐,"拉夫列茨基说,亲切地握了握她伸过来的手,"您一向可好?"

"请坐,请坐,我亲爱的费奥多尔·伊万内奇。啊,我多么高兴呀!首先让我向您介绍我的女儿丽莎……"

"我已经向伊丽莎白·米哈伊洛夫娜自我介绍过了。"拉夫列茨基打断了她的话。

"这位是麦歇潘申……这位是谢尔盖·彼得罗维奇·格杰奥诺夫斯基……您请坐呀!我看着您,甚至都不敢相信自己的眼睛,真的。您身体好吗?"

"正如您所看见的,非常好。表姐,都八年了,您一点儿没见老,但愿我这话不会让您遭到毒眼。"

"想想看,我们离别多久啦,"玛丽娅·德米特里耶夫娜说,像在梦幻中一般,"您这是从哪儿来?把弟妹留在……我是想说,"她急忙改

---

① 法语:表弟。

口,"我是想说,您回国来长住吗?"

"我刚刚从柏林来,"拉夫列茨基说,"明天就去乡下,大概,会长久住下去。"

"不消说得,您准是住到拉夫里基村去吧?"

"不,不住拉夫里基村;我有个小村子,离这儿约摸二十五俄里,我住到那儿去。"

"是格拉菲娜·彼得罗夫娜遗赠给您的那个村子吧?"

"正是那个。"

"您真是,费奥多尔·伊万内奇!您在拉夫里基村的宅第有多好呀!"

拉夫列茨基微微皱了皱眉头。

"是的……不过在那个小村子里也有间小厢房;目前我用不了太多的房子。那个村子——眼下对我最合适。"

玛丽娅·德米特里耶夫娜又慌了神,连腰都挺直了,无奈地摊开双手。幸而潘申来帮她解围,跟拉夫列茨基攀谈起来。玛丽娅·德米特里耶夫娜缓过神来,把身子靠到椅背上,偶尔插上一两句话,以怜悯的目光望着她的客人,一个劲儿地唉声叹气,若有所指,还不时伤心地摇头,闹得他的客人终于忍耐不住,口气生硬地问她:她不舒服还是怎么的?

"感谢上帝,我挺好,"玛丽娅·德米特里耶夫娜说道,"您为什么这么问我?"

"我觉得您那副样子好像不太舒服。"

玛丽娅·德米特里耶夫娜的脸色沉了下来,露出稍稍受了点委屈的样子。"你自己既然满不在乎,"她心里想,"要我狗逮耗子,多管什么闲事;看得出,我的爷,你根本无所谓;换了别人,臊也要臊死了,你倒反而长了一身臊。"玛丽娅·德米特里耶夫娜私下里想什么事情时,从来是不讲什么礼貌的,不过一张口说出来就文雅了。

拉夫列茨基的确不像个交了霉运的人。他红润的面颊、纯粹的俄罗斯人的脸型、饱满白皙的额头、微微嫌大的鼻子、端正的阔嘴巴,无不洋溢着草原的健康,显示出强韧的、无尽的力量。他体格魁伟,头上淡黄色的头发像年轻人那样鬈曲。只有在他微微鼓出的、略显呆滞的蓝眼睛里,可以看出几分忧思和疲惫的神色,他的声音也似乎过于呆板。

这期间,潘申一直在尽力不让谈话中断。他把话题转到制糖业的进益上,这是他不久前从两本法国小册子上看到的,他心安理得地、谦逊地叙述着这两本小册子的内容,却只字不提出处。

"这不是费佳吗!"从邻室虚掩的门后,突然传出马尔法·季莫费耶夫娜的声音。"没错,是费佳!"话音未落,老妇人已迅速地走进客厅,没等拉夫列茨基站起来,就一把搂住了他。"让我好好看看你,让我好好看看你,"她一边说,一边离他的脸远些,"嗬!你多么神气。老虽老了点,可是没变丑,真的,一点儿没变。你干吗吻我的手,要是你不嫌我脸上尽是褶子,就亲亲我的脸吧。八成,您一句也没问起过我,没有问问:姑姑还活着吗?要知道,你出娘胎的时候是我双手接住你的呀,真是个淘气鬼!得了,你何必一定要记住我这个老婆子呢!你知道回来,说明你是个聪明人。"她掉过脸去对着玛丽娅·德米特里耶夫娜说:"怎么啦,我的姑奶奶,你什么都没有请他吃吗?"

"我什么都不想吃!"拉夫列茨基连忙说。

"我的爷,至少得喝杯茶吧。上帝呀,人家大老远跑来了,连茶也不给人家喝一口。丽莎,去煮茶,快。我记得他从小就贪嘴,怕现在还是个饕餮之徒吧。"

"马尔法·季莫费耶夫娜,给您请安了。"潘申打一旁走到兴奋的老妇人跟前,向她深深地鞠了一躬,说。

"多有得罪,我的先生,"马尔法·季莫费耶夫娜说,"我只顾高兴,没看见您。"她又掉过脸去对拉夫列茨基说:"你的模样长得像你可爱的母亲了,只有你的鼻子没变,还是像你老子。不说这些了——你在我们这儿该多呆些日子吧？"

"姑姑，我明天就走。"

"去哪儿？"

"回老家，去瓦西里耶夫村。"

"明天？"

"明天。"

"行，明天就明天。你走吧，自己的事儿自己最清楚。可是记住，临走前要来辞行。"老妇人拍了拍他的面颊。"没想到我还能活着见到你；倒不是说，我打算要死了；不，我大概还能活上十年：我们佩斯托夫家寿命都长；你死去的爷爷管我们叫活两辈子的人；可是只有上帝知道，你还会去外国逛多久。不过你还是好样的，好样的；大概，你还跟过去一样，一只手能托起十普特①吧？你那个死去的老子，说句不客气的话，荒唐了一世，却做对了一件事，给你请了个瑞士教师；你还记得跟他比拳的事吗，那是叫体操吧？可是我干吗唠唠叨叨个没完，妨碍了潘辛先生（她从来不把潘申这个姓念准）发表宏论。不过，我们还是去喝茶吧，走，亲爱的，我们到阳台上去喝；我们家的奶酪棒极了，可不是你们伦敦和巴黎的那种玩意儿。咱们走吧，走吧，亲爱的费佳，搀我一把。嗬！你的胳膊多粗呀！由你搀着，我就不怕摔倒了。"

大家都站起来到阳台上去，只有格杰奥诺夫斯基偷偷溜走了。在拉夫列茨基和女主人、潘申以及马尔法·季莫费耶夫娜交谈的时候，他一直坐在角落里，眨着眼，噘着嘴巴，用孩子般的好奇心一字不漏地倾听着；现在他急着要向全城散布有关这个新来的客人的新闻了。

当天晚上十一点，卡利京夫人家里发生了下面的事。在楼下客厅门口，弗拉基米尔·尼古拉伊奇和丽莎告别时，乘机握着她的手，对她

---

① 俄重量单位：一普特合 16.38 公斤。

说:"您很清楚,是谁吸引我到这儿来的;您也清楚,我为什么老是到府上来;一切都这样清楚,何必再用语言来表达呢。"丽莎没有回答,也没有笑,她微微扬起眉毛,红着脸,眼睛望着地上,不过没有把手抽回;而楼上,在马尔法·季莫费耶夫娜的房间里,在没有光泽的、古老的圣像前所挂的那盏长明灯的灯光下,拉夫列茨基坐在一张安乐椅上,臂肘支在膝上,脸埋在手里;老妇人站在他面前,偶尔默默地抚摸一下他的头发;他向女主人告辞后,又在老妇人屋里待了一个多小时;他几乎什么也没对他这位慈爱的老友说,她也什么都没问……其实他有什么可说的,她又有什么可问的?不用说,不用问,她对一切也十分明白,对他心底的痛楚,充满了同情。

八

费奥多尔·伊万诺维奇·拉夫列茨基(我们得请求读者允许故事线索暂告中断)出身于古老的贵族世家。拉夫列茨基家族的始祖是在失明的瓦西里二世[①]在位期间由普鲁士迁来,并受到封赐,封地达二百契特维尔基[②],位丁别热茨基韦尔赫[③]。他的了孙中有不少人担任过不同官职,在边远地区的王公显贵麾下办事,但是没有一个人的官职超过侍膳官,也没有一个人发过大财。拉夫列茨基家族中最富有、最显赫的当数费奥多尔·伊万内奇的曾祖父安德烈。他是个残酷、大胆、聪明且又狡猾的人。直至今天,关于他专横暴戾的性情、疯人般的慷慨无度和贪得无厌,还在人们中间流传。他身材高大,面色黝黑,脸上寸须不长,说话口齿不清,好像总是没有睡醒,然而他越是压低声音说话,他周围

[①] 瓦西里二世(失明者)(1415—1462),自一四二五年起为莫斯科大公。
[②] 俄古时地积单位,等于长40俄丈 × 宽30俄丈。
[③] 十二至十七世纪古俄罗斯城市。

的人吓得越是厉害。他给自己挑的妻子同他可谓天造地设。她暴眼睛，鹰钩鼻，蜡黄的圆脸，有吉卜赛人血统，性情暴躁，睚眦必报，对丈夫寸步不让，以致差点给丈夫整死。可是丈夫下世没几天，她也跟着弃世而去，虽然生前天天和丈夫骂架。安德烈的儿子彼得，也就是费奥多尔的祖父，不像他父亲；他是个普普通通的草原上的地主，为人喜怒无常，尚空谈，是个慢性子，举止粗鲁，但并不凶狠，生性好客，养有一群好猎犬。他在三十岁上，从父亲手里继承了两千个上好的农奴。可是他却不加管束，不久，两千个农奴便沦为一盘散沙；一部分地产叫他给变卖了，家奴也都叫他惯得不成体统。他那宽敞、暖和，然而邋遢的宅第内，挤满了像蟑螂似的从四面八方爬来打秋风的人；这些个滥小人见到什么就吃什么，而且吃饱喝足之后，还顺手牵羊，凡可以拿的统统拿回家去，同时一迭声地夸主人慷慨大度；至于主人，遇到心情不好的时候，也要夸他的这群食客，称他们是寄生虫和坏蛋；可是他们一天不来，他又闷得发慌。彼得·安德烈伊奇的妻子性情温顺，原是邻家的姑娘，名叫安娜·帕夫洛夫娜，是他父亲替他挑选，并命他娶进家门的。她什么事都不过问，高高兴兴地招待客人，自己也乐意出门走亲访友，虽然用她的话说，往头上扑粉，等于要她的命。她上了年纪后，还常跟人说：你想想看，往你头上套顶毡帽，把头发统统往上倒梳，抹上油，扑上粉，还别上铁发卡，过后连洗都洗不净；可是出门拜客，非得往头上扑粉不可，要不人家会见怪的，——真是活受罪！她喜欢乘着飞快的马车兜风，打起牌来能从早打到晚，每回她丈夫走近牌桌，她总是用手把赢来的几文钱捂住，不让丈夫看见，然而她却把自己的全部嫁奁和全部钱财悉数交给丈夫，听他支配。她给他生下一儿一女：儿子名叫伊万，他就是费奥多尔的父亲，女儿名叫格拉菲拉。伊万从小不住在自己家，而是住在他的富甲天下的老姑母库宾斯卡娅公爵小姐家，因为她指定他为她继承人（不然父亲是不会让他去的）。她把他打扮得像个洋娃娃，给他延请各种各样的教师，还指定一个法国人做他的家庭教师。此人名叫 m-r Courtin de Vaucelles[①],过去是个天主教神父,是让-雅克·卢梭[②]的信徒,为人奸猾——可在她看来,此人是侨民中的 fine fleur[③],后来,当她眼看就要进入七十高龄之际,竟下嫁给这位 fine fleur,把自己的全部财产都转到了他名下。不料婚后,这个对她甜言蜜语的库尔坦先生认为还是趁早脱身的好,便撂下她,只身逃往巴黎,把她的钱财席卷一空。不久之后,这个弃妇涂上胭脂,抹上 à la Richelieu[④] 的龙涎香水,在一群小黑奴、细腿的猎狗和聒噪的鹦鹉的围绕下,手里拿着佩蒂托[⑤]制的珐琅鼻烟壶,在一张路易十五时代的弯形的绸面小沙发床上弃世而去。当这个不意的打击(我们指的是公爵小姐的结婚,而不是她的死)降到伊万头上的时候,他才二十岁,他在姑母家里于一夕之间从一个富有的继承人降至寄人篱下的穷亲戚,他不愿再待下去了,他在其间长大的彼得堡上流社会,现在却对他报以闭门羹;而官场呢,黑幕重重,举步维艰,他不屑于去做一名卑微的小吏(这一切都发生在亚历山大皇帝登基之初)。他万般无奈,只好回到乡下父亲家里。在他看来,老家又脏又穷又破,草原生活闭塞,贫困,每走一步都使他反感,乡居的无聊啃啮着他。而且老家所有的人,除了母亲之外,都对他侧目而视。父亲讨厌他那种京城人的派头,讨厌他的大礼服、他衬衫的又硬又高的领子、他的书籍、他的长笛、他的洁癖;而他既然爱洁成癖,就难怪他要嫌恶老家了。父亲动辄埋怨他,申斥他,常说:"我们这儿他样样都看不入眼。一上餐桌,就横挑鼻子竖挑眼,什么也不吃,人身上的气味,他受不了,屋里透不过气来,他受不了,看到人喝醉了酒他就来气,不许任何

---

① 法语:库尔坦·德·福赛先生。
② 卢梭(1712—1778),法国作家、哲学家,对欧洲的哲学和文学均有重大影响。
③ 法语:精英。
④ 法语:黎塞留式。
⑤ 佩蒂托(1607—1691),法国著名彩瓷画家。

人在他眼前打架,又不肯出去谋个差事,说是身体不好;呸,哪有这样娇生惯养的!"这都怨他满脑子都装着伏尔泰①。"老头儿特别瞧不起伏尔泰,还有那个"狂信者"狄德罗②,虽然他俩的著述他连一个字也不曾读过:读书的事跟他无缘。彼得·安德烈伊奇说得不错,他儿子的确满脑子都是狄德罗和伏尔泰,而且不止这两个人,还有卢梭,还有赖纳尔③,还有爱尔维修④,还有其他许多同这些人一类的作家——不过这些人仅仅是留在他的脑子里而已。伊万·彼得罗维奇以前的家庭教师,那个退职的天主教神父兼百科全书派⑤,仅满足于把十八世纪的全部高深的学说一古脑儿灌入他学生的脑子里,而他的这个学生则照单全收,一古脑儿装进脑子,但并没有融入他的血液,没有深入他的灵魂,没有成为他坚定不移的信念……不过,迄止今天,我们也还没有进步到这个程度,又怎能苛求五十年前的一个青年要树立这个信念呢?伊万·彼得罗维奇也使他父亲家里的食客们狼狈不安;他厌恶他们,他们则怕他;他同比他大十二岁的姐姐格拉菲拉也合不来。这个格拉菲拉是个怪物:面貌丑陋,骨瘦如柴,还是个驼背,眼睛大如铜铃,目光凶狠,两张薄嘴唇终日紧抿;她的脸,她的嗓音,她急促而笨手笨脚的动作活像她的祖母,就是那个吉卜赛女人,安德烈的妻子。她生性固执,喜欢弄权,出嫁的事她连听都不想听。伊万·彼得罗维奇重回家门完全不合她的心意;她弟弟原本是过继给库宾斯卡娅公爵小姐的,那么她至少可望得到父亲的一半田产;她的吝啬也像祖母。此外,格拉菲拉还妒

---

① 伏尔泰(1694—1778),法国作家,启蒙运动哲学家,自然神论者。伏尔泰对推动世界社会哲学思想的发展,起了巨大作用。
② 狄德罗(1713—1784),法国唯物主义哲学家,作家,十八世纪革命的法国思想家,《百科全书》的倡办者和编纂者。
③ 赖纳尔(1713—1796),法国历史学家,社会学家,启蒙运动的代表人物。
④ 爱尔维修(1715—1771),法国唯物主义哲学家,革命的资产阶级思想家。
⑤ 指以狄德罗为首的法国启蒙思想家。

忌她弟弟受过那么好的教育,法语说得那么漂亮,纯正的巴黎口音;可她连"Bonjour①"和"Comment vous portez vous？②"都说不好。诚然,她的父母还要差劲,法文连一个字都不识,但是她并不因此而好受些。无聊和寂寞令伊万·彼得罗维奇苦不堪言,他回乡还不到一年,可他觉得仿佛已过了十年。他只有跟母亲可以讲讲心里话,常常一连好几个小时坐在他低矮的卧室里,一面听这个善良的妇人唠叨,一面大嚼她做的蜜饯。事也凑巧,在安娜·帕夫洛夫娜的婢女里边有个非常秀丽的姑娘,名叫玛拉尼娅,生有一双晶莹温顺的美眸,为人既伶俐又沉静。伊万·彼得罗维奇一见到她就喜欢上了;随后,又爱上了她;他爱她怯生生的步态,羞涩的回话,轻柔的声音和文静的微笑,在他眼里,她一天比一天可爱。而她也用整个心灵的力量眷恋着伊万·彼得罗维奇,只有俄罗斯的少女才会如此倾心地爱,她终于委身于他了。在乡下地主的宅第里,任你什么秘密都瞒不了多久,很快,人人都知道了少爷和玛拉尼娅的关系,最后,绯闻也传到了彼得·安德烈伊奇的耳朵里。换了另一种情况,他未必会为这种鸡毛蒜皮的事大动干戈,可是他对儿子积怨已久,巴不得有机会把这个彼得堡来的哲学家兼花花公子狠狠地羞辱一番。于是掀起了一场轩然大波,又是叫骂,又是暴跳,把玛拉尼娅锁进了下房,传伊万·彼得罗维奇前来见他。安娜·帕夫洛夫娜听到叫骂声也跑了过来。她极力劝解丈夫,可是彼得·安德烈伊奇一句也听不进。他像鹰隼似的扑向儿子,骂他伤风败俗,没有良心,是个伪君子,趁此把郁积在心头的对库宾斯卡娅公爵小姐的满腔怨恨痛痛快快地发泄了出来,把儿子骂得狗血喷头。起初伊万·彼得罗维奇一言不发,竭力克制自己,可是当父亲威胁说,要惩罚他,叫他大大地出丑时,他忍无可忍了。"狂信的狄德罗又该出场了,"他暗想,"我要把他的教导付

---

① 法语:您好。
② 法语:近况好吗?

诸实施；等着瞧吧，我要让你们大吃一惊。"于是，伊万·彼得罗维奇虽然四肢都在颤抖，却用平静的声音不慌不忙地向父亲宣布，父亲骂他伤风败俗是没有道理的，虽然他并不打算为自己的过失辩解，可他正在谋求补救，因为他感到自己是高出于一切世俗的门第之见的，所以他心甘情愿娶玛拉尼娅为妻。这话一出口，伊万·彼得罗维奇的目的果真立刻达到；他把彼得·安德烈伊奇吓得目瞪口呆，半晌连话都说不出来；可是这个身穿松鼠皮镶边的皮袄，光脚穿着鞋子的做父亲的立刻醒悟过来，抡起拳头便向伊万·彼得罗维奇扑将过去。偏偏鬼使神差，那天伊万·彼得罗维奇梳着 à la Titus[①] 的发式，穿着崭新的英国式的蓝燕尾服，精致的驼鹿皮紧身裤和带穗的皮靴。安娜·帕夫洛夫娜尖叫了一声，用双手捂住了脸，这时她的儿子穿过整座房子，跑到院子里，奔过菜园，冲进花园，飞也似的跑上大路，始终头也不回地跑着，直到终于听不见在身后追赶他的父亲的沉重的脚步声和扯开嗓子、上气不接下气的叫喊声……"你给我站住，流氓！"他吼叫道，"站住！要不我要诅咒你！"伊万·彼得罗维奇躲进邻近一个独院小地主家里。彼得·安德烈伊奇回到家里已是筋疲力尽，大汗淋漓，刚喘过气来，便宣布取消给儿子的一切祝福和继承权，吩咐把他的那些混账书统统烧光，立即把婢女玛拉尼娅放逐到一个遥远的村子去。有几个好心人找到了伊万·彼得罗维奇，把一切情况告诉了他。他又羞又恼，发誓要报复父亲；当天夜里，他拦截了押解玛拉尼娅的大车，抢走了她，带着她飞马去了邻近的一个城市，在那里同她结了婚。所有用度全由一个邻人周济，那人是个退职的海员，终日喝得烂醉如泥，可心地极其善良，对于所有一切，用他的说法，"高尚的举动"，无不慷慨解囊。第二天，伊万·彼得罗维奇给了父亲一封冷冰冰的、语含挖苦而又恭恭敬敬的信，便投奔他的远房表兄德米特里·佩斯托夫和表兄的妹妹——读者已经认识的马尔法·季莫费

[①] 法语，意为"提比留"。提比留是古罗马皇帝。

耶夫娜——去了。他把发生的一切事都告诉了他们,说他这就打算去彼得堡谋求一个差事,恳求他们收留下他的妻子,让她有个栖身之所,哪怕是暂时的。说到"妻子"二字时,他失声痛哭,不顾自己在京都所受的教育,所信奉的哲学,竟谦卑得像个地道的俄国乞丐,向两个亲戚跪了下来,而且连连地磕着响头。佩斯托夫兄妹都是好心肠的人,富有恻隐之心,所以欣然接受了他的请求;他在他们家住了三个礼拜,私心企盼父亲给他回信;但是回信没有来——而且也不可能来。彼得·安德烈伊奇得知儿子竟然真的结婚,气得卧床不起,关照任何人都不得在他面前提起逆子的名字;不过做母亲的却瞒着丈夫偷偷地向一个辅祭借了五百卢布纸币,派人把钱送给他,还送给他妻子一个小小的神像①;她不敢写信,只是吩咐派去送钱的那个一昼夜能行六十俄里的干瘦的农奴,转告伊万·彼得罗维奇,叫他不要过于伤心,有上帝保佑,一切都会好起来,父亲会回心转意,盛怒会变为宽恕,虽说她原希望娶的不是这么一个儿媳,但是上帝既然这么安排,她也就给玛拉尼娅·谢尔盖耶夫娜送去她作为婆母的祝福。那个干瘦的农奴得到了一个卢布的赏钱,他请求允许见一见新少奶奶,因为他是她的教父,他吻过她的手后,就急忙回家去了。

于是伊万·彼得罗维奇心情轻松地动身前往彼得堡,此去纵然前途茫茫,一贫如洗,也未始没有可能,然而总算摆脱了他所憎恶的乡野生活,而且更主要的是,他没有违逆导师们的教诲,果真把卢梭、狄德罗和 la Déclaration des droits de l'homme② 的理想"见诸行动",而且身体力行了。他的心灵中充满了终于完成了一桩义务的感觉,充满了胜利感和自豪感;至于和妻子分别,他倒并不怎么难过;如果要他天天

---

① 表示承认她为儿媳,并且祝福她。
② 法语:人权宣言。这是法国十八世纪大革命的纲领性文件,以孟德斯鸠、卢梭的政治学说为基础,于一七八九年八月二十六日由法国制宪会议通过。

厮守着老婆,他倒反会腻烦的。既然一件事已经做成,就该着手去做其他事了。在彼得堡,出乎他的预料,他竟时来运转。库宾斯卡娅公爵小姐——麦歇库尔坦已把她遗弃,但她还未及死去——为了向侄儿聊补前愆,便把他介绍给自己所有的好友,还给了他五千卢布(这几乎是她仅剩的钱财)和一只列皮科夫制造的表,表壳上刻有他姓名的简写,周围饰有一群爱神像。三个月不到,他就谋到了俄国驻伦敦使馆里的一个职位,便搭上即期去英国的帆船(那时还根本没有轮船),漂洋过海前去履任。几个月后,他接到佩斯托夫的来信。这位好心肠的地主祝贺伊万·彼得罗维奇弄璋之喜,他的儿子于一八〇七年八月二十日在波克罗夫斯克村呱呱坠地,取名费奥多尔,以纪念殉难圣徒费奥多尔·斯特拉季拉特。玛拉尼娅·谢尔盖耶夫娜因身体十分虚弱,只在信尾附上几行字,但就这几行字已使伊万·彼得罗维奇惊讶不已,因为他并不知道马尔法·季莫费耶夫娜教会了他妻子读书识字。不过伊万·彼得罗维奇并没在父爱甜蜜激情中沉湎多久,因为他正忙于追求一位名媛,名叫弗琳或者拉绮丝①(当时古典名字还很流行)。加之蒂尔西特和约②刚刚缔结,人人都急于尽欢作乐,大家都卷入狂欢之中;伊万·彼得罗维奇被一位佳人的乌溜溜的眼睛搅得心荡神移。他薪俸非常之少,可是他的赌运却非常之好,他广交朋友,声色犬马无所不至,总而言之,他扬着满帆,破浪前去。

九

有很长一段时间,老拉夫列茨基不肯原谅儿子擅自结婚;然而伊

---

① 两人都是古雅典著名的艺妓。
② 指沙皇亚历山大一世与拿破仑一世于一八〇七年六月二十五日在蒂尔西特亲自签订的和约。

万·彼得罗维奇要是过了半年跑来求见,跪在他脚下,向他认罪,老头也许会宽恕他,当然老头先要狠狠地申斥他一顿,还要举起拐杖来揍他几下吓吓他,可儿子在国外逍遥,才不在乎父亲宽恕不宽恕他。每当老头的妻子想要开口替儿子说情的时候,做丈夫的就斩钉截铁地喝道:"住口!你敢再提!这个逆种,我没诅咒他,他就该一辈子为我祈祷上帝了,要是他爷爷还在世的话,不亲手宰了他才怪哩。"安娜·帕夫洛夫娜听到这样杀气腾腾的话,只有暗暗画十字的份儿。至于伊万·彼得罗维奇的妻子,彼得·安德烈伊奇起初连听都不要听,佩斯托夫给他的信中提到他儿媳,他甚至关照人家传话给佩斯托夫,他根本不知道他有个什么儿媳,不过他有义务警告佩斯托夫,窝藏逃奴是触犯王法的;可后来得悉添了个孙子,他的心软了下来,派人去问候产妇,还给她送去了一点钱,不过装作并不是他叫送的。费佳还不满周岁,安娜·帕夫洛夫娜便得了不治之症。临终前几天,她已经不能起床,失神的眼睛里含着胆怯的泪水,当着前来听取忏悔的神父的面对丈夫说,她希望和儿媳见面,同她诀别,并给小孙儿祝福。老头儿心痛欲碎,叫她宽心,便立刻派他自己的座车去接儿媳,并且第一次称她为玛拉尼娅·谢尔盖耶夫娜。玛拉尼娅·谢尔盖耶夫娜同她的儿子,由马尔法·季莫费耶夫娜陪伴着来了。马尔法·季莫费耶夫娜无论如何不肯让她独自前来,怕她受人欺侮。吓得半死的玛拉尼娅·谢尔盖耶夫娜走进彼得·安德烈伊奇的书房。奶娘抱着费佳跟在后面。彼得·安德烈伊奇看了她一眼,一言不发;她走到他跟前,拿起他的手,颤栗的双唇轻轻地、无声地吻了一下。

"喂,新冒出来的贵族少奶奶,你好,"他终于开口了,"我们去见夫人吧。"

他站起身来,弯下身子看看费佳,小家伙笑了,白嫩的小手向他伸了过去,老头儿回心转意了。

"嗟,"他喃喃地说,"没爹的孩子!你是替你爹来向我求情的;我不会撂下你不管,我的小鸟儿。"

玛拉尼娅一踏进安娜·帕夫洛夫娜的房门,便在门边跪了下来。安娜·帕夫洛夫娜招手叫她到床前来,拥抱了她,并且给她的儿子祝福,然后把她那张叫病魔折磨得只剩下一层皮的脸庞转向丈夫,想说什么……

"我知道,我知道你想求我什么事,"彼得·安德烈伊奇说,"你不要着急,我会把她留在我们家的,因为她的缘故,我宽恕了万卡[①]。"

安娜·帕夫洛夫娜费力地抓住丈夫的手,把嘴唇贴到上面。当天晚上,她就去世了。

彼得·安德烈伊奇信守自己的诺言。他写信告诉儿子,看在他母亲弥留时分的遗愿上,看在小孙儿费奥多尔的份上,他这个做父亲的决定恢复给他的祝福,并把玛拉尼娅·谢尔盖耶夫娜收留下来。他拨了阁楼上的两个房间给她,把她介绍给他最尊贵的客人,就是那位独眼的斯库列亨旅长和他的妻子认识,还派给她两个女婢和一个小厮供她使唤。马尔法·季莫费耶夫娜没几天就告辞了,因为她讨厌格拉菲拉,一天之内就跟她吵了三次。

起初,玛拉尼娅·谢尔盖耶夫娜这个可怜的女人的处境,可以说是度日如年,可渐渐地她学会了忍气吞声,并且对公爹也习惯了。他也习惯了她,甚至挺喜欢她,虽然他几乎从来不跟她讲话,即使对她和颜悦色的时候,也不由自主地流露出蔑视的神情。最给她受气的是她的大姑子。母亲在世的时候,格拉菲拉就已经一步步把全家的大权独揽在手里,一家子人,从父亲起,都得听她的;不得到她的允许,哪怕一块白糖都不许拿;她宁愿死,也不肯让另一个主妇来分她的权——更何况还是这样一个主妇!弟弟的婚事,她甚至比彼得·安德烈伊奇更是恨得咬牙切齿,她要让这个胆敢高攀的女人尝尝她的厉害,于是玛

---

① 万卡是伊万的爱称。

拉尼娅·谢尔盖耶夫娜打从第一刻起就成了她的奴隶。生性软弱、腼腆、胆小、身子又单薄的玛拉尼娅·谢尔盖耶夫娜岂是专横跋扈的格拉菲拉的对手。没有一天格拉菲拉不提醒她的出身,没有一天不赞许她安分守己。不管这类提醒和赞许多么令玛拉尼娅·谢尔盖耶夫娜痛苦,她还是能咽下这口气的……但是人家夺走了他的费佳,这可使她痛不欲生。人家借口她承担不了对儿子的教育,几乎不让她见到费佳。格拉菲拉亲自抓孩子的教育,孩子全由她掌握。玛拉尼娅·谢尔盖耶夫娜经受不了这样的摧残,三天两头儿给伊万·彼得罗维奇写信,声泪俱下地央求丈夫快点儿回来;彼得·安德烈伊奇也盼着父子早日团圆。可他却只是回信来敷衍几句,感激父亲收容他的妻子,而且还给他寄钱,答应尽早回来——可就是不回来。直到一八一二年[①],总算把他召唤回国。六年暌别,一旦相聚,父子两人拥抱了。对于那本旧账,谁都一个字也不再提及;而且那时哪还顾得上家庭的口舌之争,因为俄罗斯举国上下正奋起对敌,他们俩也感到,俄罗斯的血液在他们的血管里奔腾。彼得·安德烈伊奇捐献了整整一个民团所需的被服。然而战争结束了,危险过去了。伊万·彼得罗维奇又觉得百无聊赖,又魂牵梦萦地思念那个遥远的世界,他是在那个世界里长大的,一到那边他就有宾至如归的感觉。玛拉尼娅·谢尔盖耶夫娜留不住他,对他来说,她太无足轻重了。连她的希望他也未予满足,她丈夫竟也认为,把费佳的教育托付给格拉菲拉更为适宜。伊万·彼得罗维奇的可怜的妻子受不了这个新的打击,禁不住第二次的别离,几天之后就寂然死去。在她一生中,她总是逆来顺受,连患了病也听之任之。当她已经开口不了,坟墓的阴影已经笼罩在她脸上时,她的面貌仍表现出沉默的困惑和忍气吞声的温顺,一如当年安娜·帕夫洛夫娜临终前在病榻上吻彼得·安德烈伊奇的手那样,她也同样怀着默默的谦卑望

[①] 是年拿破仑长驱直入俄罗斯。

着格拉菲拉,将嘴唇贴到格拉菲拉手上,把她唯一的儿子托付给格拉菲拉。这个善良文静的人儿就这样结束了她的人生之旅,好似一株幼树,不知何故被人从养育它的土壤里拔了出来,随手撂在一旁,任它的根部在太阳下暴晒:它枯萎了,消失了,没有留下一丝痕迹,也没有人为它伤心。痛惜她弃世而去的只有她的婢女,还有彼得·安德烈伊奇。老头儿多么需要这个沉默寡言的人儿呀。在教堂里,他最后一次向她行礼时,低声说道:"原谅我——永别了,我的温顺的人儿!"他流着眼泪把一撮泥土扔到她坟上。

他并没有比他儿媳活得长多少——不过五年。他带格拉菲拉去莫斯科后,于一八一九年冬天在那里静静地死去了,遗言嘱咐把他葬在安娜·帕夫洛夫娜和"玛拉莎"①旁边,而此时伊万·彼得罗维奇正在巴黎寻欢作乐。他在一八一五年之后不久就退职了,接到他父亲的死讯后,他决定回俄国。他得考虑一下产业的管理,还有费佳,据格拉菲拉来信说,他已经十二岁多,该是认真抓孩子的教育的时候了。

十

伊万·彼得罗维奇回到俄国,俨然成了个英国人。蓄短发,着浆硬的高领衬衫,穿多层活领豆绿色长裾常礼服,脸上挂着不满的表情,待人接物冷淡、生硬,说话声音是从牙缝里发出来的,有时突然会发出一阵像木头一样的干笑,终日铁板着脸,开口只谈政治和经济,别的什么都不谈,嗜好带血的煎牛排和葡萄酒,总之,所有一切,无不发出大不列颠的气息,几乎全身都充满大不列颠的精神。但是——说来也怪!伊万·彼得罗维奇虽然崇拜英国,可同时又是一个爱国者,至少他自称是爱国者,然而他对俄国几乎一无所知,他身上没有一点俄国

---

① 玛拉尼娅的爱称。

的习惯,讲起俄语来怪声怪气,在日常谈话中,他的言语笨拙、乏味,堆满了俄语化的法语字眼;但是只要涉及严肃的话题,伊万·彼得罗维奇立刻变了,满口都是什么"予自我努力以新的尝试"、"这与事物的本质大相径庭"之类的话。伊万·彼得罗维奇由国外带回来好几份由他起草的有关改良国家的方案;他一切都看不惯,尤其对缺乏制度深为恼火。他一见到姐姐,第一句话就告诉她,他决意作根本的改革,今后他家一切都要按新制度办事。格拉菲拉·彼得罗夫娜一句话也没有回答伊万·彼得罗维奇,只是咬紧牙关暗忖:"那我上哪儿去呢?"可是她陪同弟弟和侄儿回到村里后,马上放心了。家里确实起了变化,那些个食客和寄生虫立刻被撵走,其中最苦的是两个老婆子——一个瞎子,一个瘫子,还有一个是攻占奥恰科夫①时期的少校,他虽已到耄耋之年,却食量惊人,每餐只得光让他吃黑面包和扁豆。还下了条死命令,过去的客人概不接待,替代他们的是一个远邻,一个病弱的金发男爵,他虽受过极好的教育,却其笨无比。从莫斯科运来了新家具,用起了痰盂、唤人用的小铃和盥洗台。早餐也大为改观,洋酒替代了伏特加和家酿甜酒,侍役穿上了新号衣,家族纹章上加了一条题词:"in recto virtus…"②纵然如此,格拉菲拉的大权实际上并未旁落,一切支出和采购仍旧由她作主,从国外带来的一名阿尔萨斯亲随想跟她较量一下,结果丢掉了饭碗,尽管主人袒护他。至于家业和领地的管理(所有这些事格拉菲拉·彼得罗夫娜全都插手),尽管伊万·彼得罗维奇一再声称,要改弦更张,给这一团混乱注入新的生命,但是一切仍然照旧,只是某些赋税反而增加了,劳役也加重了,而且农民们不许直接来见伊万·彼得罗维奇,因为这位爱国者十分讨厌自己的同胞。伊万·彼

---

① 奥恰科夫在公元十六世纪时为土耳其城堡。一七八七年至一七九一年俄土战争期间,于一七八八年被俄军占领。
② 拉丁语:"守法即美德"。

得罗维奇的那套制度,只有在费佳身上得以彻底贯彻,费佳的教育的的确确作了"根本的改革",父亲亲自负责管教他。

十一

伊万·彼得罗维奇回国前,上文已交代过,费佳一直受格拉菲拉·彼得罗夫娜管束。他母亲死的时候,他还不到八岁。他虽然不能每天见到她,却万分爱她,对于她、对于她的和蔼苍白的脸、忧郁的眼神和怯生生的爱抚,都永远铭刻在他心里;他模模糊糊地感觉到了她在家中的地位;他意识到在他们母子之间有一道藩篱,这道藩篱她不敢也没有能力逾越。他怕见到父亲,父亲也从不抚爱他。祖父有时倒还摸摸他的小脑袋,称他为小怪物,把他当成小傻瓜。玛拉尼娅·谢尔盖耶夫娜一死,姑姑就完完全全把他捏在手心里了。费佳怕她,怕她那双发出光来的犀利的眼睛和她刺耳的声音;在她面前,他一声都不敢吭;只消他在椅子上稍微动一动,她便低声喝道:"往哪儿去?给我老老实实坐着。"每逢礼拜天,望过弥撒后,准许他玩一会儿,那就是给他一本艰涩的厚书看。这是某个叫马克西莫维奇-安博季克的著作,书名叫《象征和图谱》①。书里大约有上千幅图画,大部分都十分费解,所附五种文字的说明也同样费解。这些图画里面,大多是胖嘟嘟的光身子的丘比特。其中的一幅,标题是:《番红花与彩虹》,说明是:《伟哉其力》,对面的一幅画的是:《衔着紫罗兰飞翔的白鹭》,说明是:《洞幽烛微》,另一幅《丘比特与舐幼子的母熊》的说明是:《循序前进》。

---

① 马克西莫维奇-安博季克真名涅斯多尔·马克西莫维奇(1744—1812),产科教授,著有医书多本并有译著。此书的书名应为《图谱与象征集》。书中收有神话铜版画与寓意铜版画及多种文字的说明,十六至十七世纪在西欧广为流行,十八世纪初奉彼得一世之命,在彼得堡出版,屠格涅夫童年时代曾在家里藏书中看到过此书。

费佳翻来覆去地翻阅这些画,对于它们的一笔一画,都背得出来了。其中有几幅,总是那几幅,每回都使他沉思,激起他的想象;此外他没有任何娱乐。到了他该学习语文和音乐的时候,格拉菲拉就花了极低的工资给他聘请了一个瑞典老处女做教师,这人长着一对兔子眼,法语和德语都讲得很糟,钢琴也弹得十分蹩脚,可是腌起黄瓜来却是一等的好手。费佳就在这个女教师、姑姑和一个名叫瓦西里耶夫娜的陪伴下,度过了整整四个年头。他常常捧着他那本《图谱》在角落里坐着……坐着,低矮的屋里散发着天竺葵的气味,一根油脂蜡烛暗淡地燃烧着,一只蟋蟀好像感到寂寞似的单调地嚁嚁叫着,墙上的小挂钟匆匆地滴答响着,一只耗子在糊墙纸后面悄悄地刨着,啃啮着,而三个老处女活像命运三女神①,默默地、迅速地走动着织针,她们手的影子在阴暗的灯光下时而飞快地舞动,时而又怪样地抖动,于是孩子的脑子里也闪过一个又一个同样阴暗的思想。没有一个人会说费佳是个漂亮的孩子,他的脸色非常苍白,人很胖,四肢有欠匀称,行动笨手笨脚,照格拉菲拉·彼得罗夫娜的说法,他一副乡巴佬相。其实只要经常让他去外边见见太阳,他脸上的苍白很快就会消褪。他学习倒还可以,不过常常要偷懒。他从来不哭,可是一发牛脾气,那就谁也拿他没办法了。他周围的人,他一个也不爱……一个自小就不知爱为何物的心是痛苦的!

伊万·彼得罗维奇回国来,看到的儿子就是这副样了,他立即对儿子实施他的制度。"首先,最要紧的,我要把他造就成人,un homme②,"他对格拉菲拉·彼得罗夫娜说,"而且不仅仅是人,还要是

---

① 命运三女神是希腊神话中司命运的女神。第一位女神在人诞生时纺出生者的生命之线,第二位决定生命之线的长短,第三位于人死亡时负责切断生命之线。

② 法语:人。

斯巴达人①。"伊万·彼得罗维奇的第一条实施办法就是叫儿子穿上苏格兰服装,于是这个十二岁的孩子便光着小腿,端正的帽子上插根翎毛,由一名精通体操的瑞士小伙子替代了瑞典老处女。音乐不是男子汉该学的东西,被彻底摒弃;如今这个未来的"人"必须学习的课程是:自然科学、国际法、数学、木工(这是依照让-雅克·卢梭的主张)和纹章学,以激励他崇尚骑士高尚的思想感情。凌晨四点就把他叫起床,立刻用冰水冲身子,随即逼令他拉住一根绑在高高的柱子上的绳子,围着柱子奔跑;他每天只许吃一顿饭,一道菜。他得骑马射箭,每有适当的机会,就要依照父亲的榜样,养成坚强的意志;他每天晚上要在一本专用的本子上记下一天所做的事和他的感受;而伊万·彼得罗维奇呢,他常用法语给儿子写庭训,在庭训中称儿子为monfils②和vous③。可费佳却用俄语称父亲为"你",不过在父亲面前却不敢坐下。"制度"把孩子弄得稀里糊涂,脑子里一团混乱,精神受到压抑;然而新的生活方式却对他的健康起到了良好的作用,起初他生了场热病,可很快就康复了,成了一个健壮的小伙子。父亲大为得意,用他那种奇怪的语言,称他为"自然之子,我的杰作"。费佳一满十六岁,伊万·彼得罗维奇认为自己有义务给他灌输对女性的蔑视,于是这个年轻的斯巴达人虽然嘴上刚冒出茸毛,浑身刚充满精力、热情和血气,却已经竭力装出一副满不在乎、冷漠和粗鲁的样子,虽说心里还怀着胆怯。

光阴如白驹过隙。一年之中的大部分时间,伊万·彼得罗维奇在他祖传的最大的庄园拉夫里基度过,到了冬天,他就只身去莫斯科,下榻在小饭店里,三天两头儿去俱乐部,在人家的客厅里高谈阔论,阐述自己的种种计划,言行举止比过去任何时候都更像一个英国派,一个

---

① 古希腊的斯巴达人自幼受军事体育训练,崇尚坚毅勇敢的精神。
② 法语:我儿。
③ 法语:您。

为民请命的政治家。可是一八二五年①到了,随之带来了深重的灾难。伊万·彼得罗维奇平日的熟人和友好纷纷遭难。伊万·彼得罗维奇慌忙逃往乡下,闭门不出。又过了一年,伊万·彼得罗维奇的身体突然垮了下来。一天比一天消瘦,一天比一天虚弱,他的病体使他跟过去判若两人。这个自由思想者竟然去教堂望弥撒;这个欧化了的人竟然洗起蒸气浴②,两点钟吃午饭,九点钟就上床睡觉,还让一个老管家在一旁絮絮叨叨地说着闲话催他入眠;这个政治家竟把自己的全部计划书和信件付之一炬,竟然见了省长诚惶诚恐,见了县警察局长拍马奉承;这个意志坚强的人竟然因为身上长了脓疮,因为给他端来的汤是冷的而哭泣,诉苦。格拉菲拉·彼得罗夫娜又重新执掌全家的大权。管家们、村长们、普通的庄稼人,又开始从后门进来见"老妖婆"——这是下人给她起的绰号。伊万·彼得罗维奇的变化使他儿子大为震惊。他已经十九岁了,开始独立思考,摆脱了以往压制他的巨手。他原先已经发现父亲言行不一,口头上侈谈自由主义的理论,可行动上却是冷酷狭隘的专制主义,然而他怎么也没料到父亲会发生这样翻天覆地的变化。这个十足的利己主义者竟显出了他的原形。年轻的拉夫列茨基正准备去莫斯科上大学,一个始料不及的新的灾难降到了伊万·彼得罗维奇的头上——他在一天之内双目失明了,无可救药地失明了。

　　他不相信俄国医生的医术,千方百计申请出国就医。但是他的请求被拒绝了。于是他命儿子陪着他,整整三年走遍全俄罗斯求医,不停地从一个城市到另一个城市,找了一个又一个医生。可是由于他意志薄弱,且又没有耐心,把医生、他的儿子和仆人闹得一筹莫展。回到拉夫里基,他完全成了一个废物,一个哭笑无常的任性的孩子。痛苦

---

① 是年爆发俄国十二月党人起义。
② 俄国农村的蒸气浴,为西欧所不齿。

的日子开始了,全家都为他受罪。伊万·彼得罗维奇只有在吃饭的时候才安静下来,他从来不曾那么贪馋,从来不曾吃得那么多;吃完饭后,他又闹起来,不让别人有一刻安宁。他祈祷,怨天尤人,咒骂自己,咒骂政治,咒骂自己那套制度,咒骂他过去夸耀的,引以为豪的,并且要儿子奉为典范的那一切,他斩钉截铁地宣称他什么都不相信,可说完又祈祷起来。他受不了孤独,哪怕只有片刻工夫,他要家人不分昼夜地陪着他,坐在他旁边的圈椅上,讲故事给他听,可他又不时地打断人家,高声喊道:"你撒谎——全是胡扯淡!"

最受罪的是格拉菲拉·彼得罗夫娜;他一步也不让她离开,她也事事满足病人的任性的要求,不过有时她却并不立刻回答他的问话,怕自己的声调会泄露她满腔的愤恨。就这样,他又拖了两年,终于在五月初撒手人寰。那天他被抬到阳台上晒太阳。"格拉莎,格拉什卡①,给我肉汤,肉汤,你这个老傻……"他僵硬的舌头嘟嘟哝哝地说,最后一个字还没说完,他就沉默了,永远沉默了。格拉菲拉·彼得罗夫娜刚从仆人手里接过一碗肉汤,望了弟弟的脸一眼,便不再把汤递给他,慢慢地画了一个大大的十字,默默地走开了。他的儿子当时也在场,他也一声不作,倚在阳台的栏杆上,久久地凝望着果园,在春日金色的阳光下,果园一派苍润华滋,芳香扑鼻,熠熠生辉。他已经二十三岁了,二十三年的光阴多么可怕,多么迅速地在不知不觉中流逝了……现在生活已在他眼前展开。

十二

把父亲埋葬了,把管理产业和监督管家们的事宜托付给那位一成不变的格拉菲拉·彼得罗夫娜之后,年轻的拉夫列茨基就动身前往莫

---

① 格拉莎和格拉什卡都是格拉菲拉的小称。

斯科，那里有一种朦胧而又强烈的感情在召唤着他。他意识到自己受的教育有欠缺之处，决心尽力弥补这些欠缺。过去五年内，他读了不少书，也见了些世面，脑袋里塞满了五花八门的思想，他在某些方面的知识，令任何一个教授都会羡慕，然而有许多是每一个中学生都早就熟知的，可他却一无所知。拉夫列茨基意识到自己为人孤僻；私心觉得自己是个怪人。那个英国迷跟自己的儿子开了一个恶意的玩笑。异想天开的教育结出了恶果。多年来，他对父亲一直唯命是谨，任其摆布，待到他终于看透父亲时，木已成舟，习惯已在他身上根深蒂固了。他不善同人交往，已经二十三岁了，一颗羞怯的心中燃烧着对爱情的不可遏制的饥渴，却不敢正眼对任何一个女人看一眼。他的头脑虽说有些迟钝，却健全而又清醒，性情偏于固执、内向和怠惰。按说，他在少年时代就该投身到生活的旋涡中去锻炼，然而他却被迫封闭在人为的孤独之中……现在禁锢他的魔圈已除，可他却仍然在原处划地为牢，自行封闭起来。在他这样的年纪还穿大学生制服是贻笑大方的，可他并不怕别人讪笑。他所受的斯巴达式教育至少有一点成功了，那就是对别人的议论置若罔闻，于是，他满不在乎地穿上大学生制服。他进了数理系。他体魄健壮，面颊红润，已开始留络腮胡，为人沉默寡言，在同学们中间产生了一种奇怪的印象；他们料不到，这个乘着宽大的乡村双马雪橇准时前来听课的、终日铁板着脸的汉子，内心却几乎像个孩子。他们觉得他是个莫测高深的书呆子，无需同他往来，而他呢，也躲开他们。他在大学就读的头两年里，仅仅结识了一个同学，这个同学帮他补习拉丁文。这人姓米哈列维奇，为人热心，会写诗，真心喜欢拉夫列茨基。可正是他阴差阳错地促成了拉夫列茨基命运的大转折。

有一天，在剧院里（那时莫恰洛夫[①]正处于声誉的顶峰，每回他演

[①] 莫恰洛夫（1800—1848），俄国男演员。

戏,拉夫列茨基一场都不错过),拉夫列茨基发现二楼包厢里有位女郎,虽说那时任何一个女人走过满脸阴郁的他的身旁,都令他怦然心动,然而他的心还从未像此刻这样猛烈地跳动过。那女郎把臂肘支在天鹅绒的包厢边上,纹丝不动地坐着。在她微呈黧黑的、娇媚的、圆圆的脸庞上,每一处都闪耀着青春的活力和光彩,在两叶黛眉下温柔地凝视着台上的美眸里,在富于表情的樱唇上掠过的微笑里,以及她的头部、手臂和颈项的姿态里,无处不显得娴雅和聪敏,她的衣着也美不胜收。她身旁坐着一个约摸四十五岁的黄脸妇人,那妇人一脸皱纹,袒胸露臂,戴顶黑色直筒高帽,脸色呆板,忧心忡忡,只要一微笑就让人知道她的门牙已经掉光,在包厢紧里边,坐着一个上了年纪的男子,他穿着宽大的斜襟外套,系根高领带,一脸愚蠢的傲慢之色,一双小眼睛里流露一种谄媚的疑虑,髭须和颊须都染过色,前额大得过分,面颊上皱纹纵横,一望而知是个退役的将军。拉夫列茨基目不转睛地望着那个令他惊为仙姝的女郎。突然间包厢门打开了,米哈列维奇走了进去。这个可说是他在莫斯科的唯一熟人的出现,而且是出现在那个唯一把他的整个身心都吸引过去的女郎的圈子里,他觉得这是不可思议的天意。他继续望着那个包厢,发现包厢里的人把米哈列维奇视作老朋友。舞台上的演出不再吸引拉夫列茨基,连莫恰洛夫本人,那晚上他尽管演得"出神入化",也不能给他留下像平时那样的印象。台上演到一个十二万分香艳的场面时,拉夫列茨基不由得朝他的美人望去,只见她身子前倾,桃腮飞红,眼睛本来是望着台上的,此刻感觉到了他死死盯住她的目光,便渐渐转过来,落到了他身上……整整一夜,这双明眸一直在他眼前闪耀。人为的堤围终于溃决,他周身打着战,如在燃烧,于是第二天就跑去找米哈列维奇。他从米哈列维奇那里知道,那个美人儿的芳名叫瓦尔瓦拉·帕夫洛夫娜·科罗宾娜,和她坐在同一包厢里的老人和中年妇人是她的父母,而他,米哈列维奇,则是一年前在莫斯科近郊H伯爵家里当家庭教师时和这家人相识的。这位热心人对瓦尔瓦拉·帕夫洛夫娜·科罗宾娜赞不绝口。"那位姑娘呀,我的兄弟,"他用他所特有的炽烈的唱歌般的声音说,"真正是出类拔萃,聪颖过人,名副其实的艺术家,而且心地又特别善良。"从拉夫列茨基的问话里,他看出瓦尔瓦拉·帕夫洛夫娜给他这个朋友留下了多么深刻的印象,于是自告奋勇地提议把她介绍给他,并且加补说,他和这个家庭亲如家人,将军一点也不倨傲,而那位母亲说有多糊涂就有多糊涂。拉夫列茨基脸涨得通红,嘟嘟囔囔说了些什么,急忙逃走了。他和自己的胆怯整整斗了五天,到第六天上,这位年轻的斯巴达人穿上一身新制服,把自己完完全全交托给米哈列维奇了,而米哈列维奇因为和这个人家就像一家人,所以只是把头发梳了梳——两人便前往科罗宾家。

十三

瓦尔瓦拉·帕夫洛夫娜的父亲帕维尔·彼得罗维奇·科罗宾是个退役少将。一生都在彼得堡服役,年轻时以精通跳舞和队列勤务而出名,由于家道破落,他只得先后在两三个不甚得意的将军手下当名副官,后来娶了其中一个将军的女儿为妻,得到了两万五千卢布的陪嫁。他对于操练和检阅之类十分娴熟,克勤克俭地苦干了二十年,终于弄到了一个将军的军衔,并当上了一团之长。按理说,到了这个地步,他就该将息将息,不必再汲汲于名利,好好巩固自己的地位才是上策。他本也是这么打算的,然而他做事却有欠谨慎,他想出了一个挪用公款去做生意的新办法,这个办法不失为妙着,可他却舍不得花钱各处打点,结果被人告发,这事不仅闹得很不愉快,而且成了丑闻。将军好不容易才从这桩丑闻中脱身,然而他的宦途却就此断送,上边婉言命他退役了事。可他还在彼得堡赖了两年,指望时来运转,弄到一个文职的美差,可是美差没有落到他头上,女儿却从贵族女子中学毕业,开销一天大似一天……他万般无奈,只得迁往莫斯科,那儿的生活费用要便宜得多。他在老马厩胡同租了一幢又矮又小的房子,在屋顶上竖起足有一俄丈高的族徽,以一年两千七百五十卢布的花销,以退役将军的身份,在莫斯科过起寓公生活来。莫斯科是一座好客的城市,凡有来客,一概欢迎,更何况是将军。帕维尔·彼得罗维奇虽然粗笨,却不乏军人仪容,他的身形很快就出现在莫斯科所有豪宅的客厅里。他秃了顶的后脑勺、染过的头发、鸦青色领巾上佩戴着的安娜勋章的绶带(绶带油腻得可以)已为所有神情抑郁、面色苍白的少年人所熟知,这些少年每当别人跳舞时,便没精打采地围着牌桌转来转去。在交际场中,帕维尔·彼得罗维奇举止得体,很少说话,如果要说,便按照老习惯,带着鼻音,不过有身份的人,自然就不用这种腔调说话了。他打牌打得谨慎小心,在自己家里吃饭总是十分节俭,可是作客去别人家吃饭,他的食量大得一人可以抵得上六个人。关于他的妻子,乏善可述,她叫卡利奥帕·卡尔洛夫娜,属日耳曼血统。她的左眼上老是挂着一滴泪珠,于是她自认为自己是个多愁善感的女子,她终日惶惶不安,成天像没有吃饱似的。她总是穿紧绷绷的天鹅绒衣服,戴直筒高帽和暗淡无光的空心手镯。至于帕维尔·彼得罗维奇和卡利奥帕·卡尔洛夫娜的独女瓦尔瓦拉·帕夫洛夫娜,在某贵族女子中学毕业时,正值豆蔻年华。在学校里,如果她算不上是天字第一号校花,那么无论如何可以算得上是最聪敏的学生,而在音乐方面尤为优秀,曾荣获花字奖章[①]。拉夫列茨基第一次看到她时,她还不满十九岁。

十四

当米哈列维奇把拉夫列茨基引入科罗宾家寒酸的客厅,将他介绍

[①] 俄国皇后奖给中学女生毕业成绩最优秀者的奖章。

给这一家子人的时候,这位斯巴达人的两条腿都发抖了。但是他的胆怯不一会儿就消失了,因为将军像所有俄国人那样天生温厚,且因他名声上有过污点,所以格外客气,而将军太太不知怎的很快就走开了,至于瓦尔瓦拉·帕夫洛夫娜,她是那么娴雅,那么从容而又亲切,任何人一见到她就有宾至如归的感觉,何况她的娇躯那么袅袅迷人,她的双眸那么顾盼生姿,她微削的双肩又那么天真俏丽,两条雪白的藕臂泛出淡淡的玫瑰红,她的步态轻盈而又娇慵,说话徐缓而又甜蜜,恰似呖呖莺声——所有这一切散发出一种好似空谷幽兰般若有若无、时隐时现的撩人心弦的魅力,一种温柔的,然而眼下还有几分羞人答答的爱抚,除此而外,还有一种什么东西,然而那是只可意会而无从言传的,勾得人心旌动摇,遐想绵绵——不消说得,所勾起的自然不会是什么胆怯。拉夫列茨基谈起了戏剧和昨晚的演出,她也立刻主动谈起莫恰洛夫,但是并不仅限于称颂和赞叹,而且还对他的演技提出了几点只有女性深邃的观察力才能作出的中肯的批评。米哈列维奇提起了音乐,她便落落大方地坐到钢琴前,熟练地弹奏了几支那时刚刚风行的萧邦的玛祖卡舞曲。午餐时间到了,拉夫列茨基起身告辞,主人留住了他。席上,将军用上等的红葡萄酒款待他,那是将军派仆人特地驱车去特普列酒家买来的。拉夫列茨基深夜才回家,他大衣也不脱,久久地坐着,用一只手捂住眼睛,如痴似醉地回味着她的魅力。他觉得直到今天他才明悟了人生的价值,在今天之前的他所有的打算和抱负,所有这类胡思乱想,霎时间烟消云散。他的整个心灵今天只有一种感情,一个愿望——企盼着幸福、占有、爱情,女性甜蜜的爱情。从那天起,他成了科罗宾家的常客。半年后,他向瓦尔瓦拉·帕夫洛夫娜求婚,女方接受了。许久许久以前,大约在拉夫列茨基初次造访的前夕,将军就曾问过米哈列维奇,拉夫列茨基有多少农奴;而瓦尔瓦拉·帕夫洛夫娜在这个年轻人追求她的整个过程中,甚至在他倾诉爱情的那一刻,都保持着惯常的平静和沉着,同时清清楚楚地知道她的未婚夫是个有钱人,而卡利奥帕·卡尔洛夫娜则心中暗喜:"Meine Tochter macht eine schöne Partie.①"于是就给自己买了顶新帽子。

十五

就这样,他的求婚被接受了,不过附有两个条件。首先,拉夫列茨基必须立刻辍学。有谁肯嫁给一个大学生,再说堂堂富绅,都二十六岁的人了,还像个小学生那样去上课,岂不贻笑大方？其次,采办全部妆奁,乃至选购新郎馈赠新娘的礼物,概由瓦尔瓦拉·帕夫洛夫娜不辞辛劳,亲自承担。她既有丰富的实际知识,又富有审美力,讲究舒适,而且善于为自己取得这种舒适。成婚之后,拉夫列茨基立即携新娘乘坐由她所选购的舒适的马车前往拉夫里基,一路上她在这方面的才能令他惊叹。途中所需的一切,瓦尔瓦拉·帕夫洛夫娜早都想到了,作了精心、周到的准备！在舒适的车厢里放置的旅行用品多么可爱,化妆盒和咖啡壶又多么精致！每天早晨,瓦尔瓦拉·帕夫洛夫娜亲手煮咖啡的模样又是多么迷人！那时拉夫列茨基哪有心思作冷静的观察,因为他沉迷在欢乐中,沉迷在幸福中,他像个孩子一样,幸福使他忘乎所以了……这个年轻的阿尔基德②也的确天真得像个孩子。他年轻的妻子周身上下的魅力并不是白白散发出来的,她把他所从未尝到过的奢华的神秘快乐给予他,并不是没有代价的,她心中的谋算远比给予他的要多。他俩到达拉夫里基时,正值盛暑,她觉得那所宅第又脏又暗,仆人都老掉牙了,模样滑稽可笑,但是她认为不必向丈夫提这种事,哪怕暗示一下也没有必要。假如她有意在拉夫里基住下来,她会令一切改观,当然,首先从装修房子着手。但是她脑子里压根儿没闪

---

① 德语:我闺女攀了门好亲事。
② 即希腊神话中的大力士赫拉克勒斯。

过要在这个草原上的穷乡僻壤定居下来的念头。她把这里当作野营时的帐篷,心平气和地忍受着种种不便,一笑置之。马尔法·季莫费耶夫娜特地赶来看她亲手养大的孩子,瓦尔瓦拉·帕夫洛夫娜对她深有好感,可她并不喜欢瓦尔瓦拉·帕夫洛夫娜。新主妇跟格拉菲拉·彼得罗夫娜也话不投机。她本可以跟这位姑母相安无事,然而老科罗宾想染指女婿的产业,他说,女婿是半子,所以他这位堂堂的将军替女婿管理庄园并不是什么丢人的事。可以设想,即使让这位帕维尔·彼得罗维奇去给一个毫不相干的人管理产业,他也不见得会认为有失体面。于是瓦尔瓦拉·帕夫洛夫娜极为巧妙地发起了进攻,她不动声色,从表面上看来,她完全沉醉在蜜月的甜蜜之中,沉醉在宁静的乡居生活里,沉醉在音乐和书籍之中,可实际上她却一步步地把格拉菲拉逼到了忍无可忍的地步,以致有天早晨,格拉菲拉像发了疯似的冲进拉夫列茨基的书房,把一大串钥匙扔到桌上,宣称她再也管不了这个家的产业了,她再也不愿意呆在这个村里了。拉夫列茨基早已胸有成竹,一口答应她离去。这一着是格拉菲拉·彼得罗夫娜始料所不及的,顿觉眼前一阵发黑,说道:"好吧,我知道我在这里是多余的!我知道是谁把我从这里,从我的老巢里撵走的。侄儿,只是你要记住我一句话:你无论在哪里也筑不成一个巢。你将漂泊一辈子。这就是我给你的临别赠言。"当天她就到她自己的那个小村子去了。过了一个礼拜,科罗宾将军就来到了拉夫里基,用一种既高兴而又装出无可奈何的目光和举止,把全部产业的管理大权揽到自己手里。

九月底,瓦尔瓦拉·帕夫洛夫娜偕同丈夫去彼得堡。她在彼得堡一所漂亮的、光线充足的、陈设雅致的寓所里住了两个冬天(夏天他们去皇村[①]避暑);他们结交了不少中层社会,甚至上层社会的朋友,不是外出拜客,便是在家接待朋友,举行优雅的音乐会和舞会。瓦尔瓦拉·帕

[①] 彼得堡近郊的沙皇庄园,为一大花园。

夫洛夫娜好似灯火吸引飞蛾一般吸引着宾客。费奥多尔·伊万内奇不太喜欢这种无所事事的生活。妻子劝他从政,他一则有父亲的前车之鉴,二则有自己的考虑,不愿意去谋取一官半职,他只是为媚妻起见,才留在彼得堡。然而他很快就明白了,他虽身厕闹市,却并没有人妨碍他离群索居。他的书房在全彼得堡是最清静、最舒适的书房,他的体贴的妻子甚至促使他离群索居——从此一切称心如意。他又专心于在他看来尚未完成的学业,又开始读书,甚至学起英文来。他那肩膀宽大的强壮的身躯终日伏在书桌上,他丰硕、红润、胡子浓密的脸有一大半叫字典或者练习本遮没,谁看到了都觉得奇怪,他每天早晨忙于做学问,中午则享用一顿美餐(瓦尔瓦拉·帕夫洛夫娜是个极好的主妇),到了晚上,他就进入一个迷人的、芳香的、灯光辉煌的世界,到处都是一张张年轻、快乐的脸庞——而这个世界的中心就是那位热情待客的主妇,他的妻子。她给他生了一个儿子,使他好不开心,但是造化弄人,那个可怜的小男孩没活上多久,到春天就夭折了。夏天,拉夫列茨基听从医生的劝告,带妻子出国,去温泉疗养。遭到丧子这样的不幸之后,出国散散心是绝对必要的,况且她的健康也需要温暖的气候。他们在德国和瑞士度过了夏秋两季,一到冬季,这是可以料想得到的,他们去了巴黎。在巴黎,瓦尔瓦拉·帕夫洛夫娜出落得像一朵盛开的玫瑰。她像在彼得堡时那样,迅速而又巧妙地为自己筑起了一个小巢。她在巴黎一条幽静而又时髦的街上,找到了一幢极为漂亮的住宅。她给丈夫做了一件他未曾穿过的晨衣,雇用了一个衣着时髦的女佣,一个烧得一手好菜的厨娘和一个机灵的男仆,买了一辆豪华的马车和一架音色迷人的钢琴。一个礼拜不到,她已经披着披肩、戴着手套、撑着遮阳伞上街了,绝不逊色于一个地地道道的巴黎女子。她的交游很快广阔起来。起初上她家来的只是一些俄国人,后来法国人也登门了,全是些单身汉,彬彬有礼,翩翩年少,言谈举止温文尔雅,连姓名也悦耳动听;他们都善于辞令,善于用优雅的姿态鞠躬,善于讨人喜欢地眯细着眼睛;玫瑰红的双唇间闪亮着雪白的牙齿,而且他们又多么善于微笑呀!他们每个人又都引见他们的好友,于是没有多久,从 Claussée d'Antin[①] 到 Rue de Lille[②], la belle madame de Lavretzki[③] 就名声大噪了。那时(指一八三六年)小品文作者和新闻栏编辑之类尚未孳生,不像现在,他们多如蚁冢遭毁后的蚂蚁,爬得到处都是。然而就在那时,有个叫 m-r Jules[④] 的,出现在瓦尔瓦拉·帕夫洛夫娜的沙龙里。此人獐头鼠目,声名狼藉,像所有好决斗的人那样蛮不讲理,同时又像乏走狗那样卑躬屈膝。瓦尔瓦拉·帕夫洛夫娜本来十分讨厌这位 m-r Jules,可仍然接待他,因为他给各种各样的报纸撰稿,不断提到她,或称她为 m-me de L...tzki,或称她为 m-me de ***, cette grande dame russe si distinguée, qui demeure rue de P..., [⑤] 向全世界,也就是说,向几百个跟 m-me de L...tzki 毫不相干的订户描述说,这位夫人,按其聪明才智来说,une vraie française par l'ésprit(是真正的法国女性),在法国人看来,再也没有比这更高的赞美了,他说她多么可爱可亲,是个不同凡响的音乐家,跳起华尔兹舞来美妙得惊人(的确,瓦尔瓦拉·帕夫洛夫娜跳华尔兹舞时,她那飘然而起的薄薄的裙裾令人心痒难搔)……总之,他使她名扬天下——不管怎么说,这总是让人愉快的。其时,玛尔丝小姐[⑥]已告别舞台,而拉舍尔小姐[⑦]尚未登台献艺,然而瓦尔瓦拉·帕夫洛夫娜却照样经常出入各家剧院。意大利音乐令她狂喜不已,奥德利[⑧]一身破烂逗得她笑得前仰后合,在法兰西剧院里她频频地打着哈欠,却又不失礼貌,多法尔夫

---

① 法国:安坦大街。巴黎最大的街道之一。
② 法语:李尔街。也是巴黎最大的街道。
③ 法语:迷人的拉夫列茨基夫人。
④ 法语:茹里先生。
⑤ 法语:某某夫人,是位雍容华贵的俄国贵妇,住于 P 街。
⑥ 玛尔丝(1779—1847),法国著名女演员。
⑦ 拉舍尔(1821—1858),法国悲剧女演员。
⑧ 奥德利(1781—1853),法国著名闹剧演员,以其破烂的戏装取得喜剧效果。

人①在一出极端浪漫主义的情节剧中的表演使她泪流不止。李斯特②亲自来她家演奏过两次,那么亲切,那么平易近人——真是迷人!一个冬天就这样在朝朝欢乐中度过;冬末,瓦尔瓦拉·帕夫洛夫娜甚至应邀进宫,至于费奥多尔·伊万内奇,他并不感到寂寞,尽管有时他感到生活令他肩头沉重,其所以沉重,是因为空虚。他看报,去 Sorbonne③ 和 Collège de France④ 旁听,留意议会的辩论,还翻译水利方面的学术名著。"我没有蹉跎光阴,"他如此思忖,"我所做的一切都是有益的,但是来年冬天之前,我一定要回俄国,着手于我的事业。"他所谓的事业究竟是什么事业,很难说他心中有底,他来年冬天之前,是否真能回俄国,也只有天晓得;眼下,他正要随妻子去巴登—巴登⑤……不料一件出乎意料的事把他的整个计划打了个粉碎。

十六

有一天,瓦尔瓦拉·帕夫洛夫娜不在家,拉夫列茨基踱至她书房,看到地上有张仔细折起来的纸条。他下意识地将纸条拾起,又下意识地将它展开,看到了下边这封用法文写的短简:

亲爱的安琪儿贝特茜!(我无论如何不想叫你 Barbe⑥ 或者瓦尔瓦拉——Varvara)。我在街心花园的拐角上空等了你许久。

---

① 多法尔(1784—1849),法国著名女演员。
② 李斯特(1811—1886),匈牙利著名音乐家,作曲家,钢琴演奏家。
③ 法语:索邦大学。亦即巴黎大学。
④ 法语:法兰西学院。
⑤ 德国矿泉疗养胜地。
⑥ 瓦尔瓦拉的法语变音。

明天一点半到我俩的小屋来。此时你那个和善的胖子（ton gros bonhomme de mari）多半正埋头在他的书本里；我们又可以再来唱你教我的你们国家的大诗人普式金①（de votre poëte Pouskine）的那支歌：老丈夫，凶狠的丈夫！②一千次吻你的小手和小脚。我等待着你。

爱涅斯特

拉夫列茨基一时没有看懂写的是什么，便又看了一遍——顿觉天旋地转，脚下的地板摇来晃去，好似站在颠簸的甲板上。他于一瞬间又是叫喊，又是喘气，同时放声痛哭。

他失去了理智。他是那样盲目地相信他的妻子。他从来没想到过她会欺骗他，会对他不忠。他妻子的情人，那个爱涅斯特是个小白脸，约摸二十三岁，浅黄头发，翘鼻子，蓄着两撇小胡子，在她相识的人中，几乎是最等而下之的一个。几分钟过去了，半个钟点过去了，拉夫列茨基仍然呆立着，手里死命捏住那张致命的字条，木然地望着地板出神；有阵黑色的旋风向他扑将过来，他似乎看到风中有张张苍白的脸，他的心痛苦地揪紧了，他觉得他的身体正在下沉，下沉……沉向无底深渊。一阵熟稔的丝织衣裙轻微的窸窣声把他从麻木中惊醒过来，原来瓦尔瓦拉·帕夫洛夫娜戴着帽子，披着披肩，散完步，匆匆回来了。拉夫列茨基浑身发抖，冲出屋去；他意识到在那一瞬间，他若不跑开，会把她撕成碎片，把她打个半死，像庄稼汉那样，亲手把她活活掐死。瓦尔瓦拉·帕夫洛夫娜大吃一惊，想拦住他，可他只咕噜了一声"贝特茜"，就从家里跑了出去。

---

① 法国人爱涅斯特读不准普希金这个名字。
② 这句歌词引自普希金的长诗《茨冈》。

拉夫列茨基叫了辆马车,让车夫把他送往城外。整整一个下午,整整一个夜晚,直到天亮,他不分东南西北地随处乱走,时不时站停下来,举起手轻轻一拍①;他一会儿觉得自己疯了,一会儿又觉得自己很可笑,甚至很高兴。清晨,他冻僵了,便走进郊区一家蹩脚的小客栈,开了个房间,在窗前的椅子上坐了下来。忽然,他打起哈欠来,一个紧接着一个,眼看就要支持不住了,他的肉体已筋疲力尽,可他并不觉得疲倦,然而倦意却攫住了他:他坐在那里,眼睛虽然睁着,心里却什么都不明白,不明白他出了什么事,不明白他为什么独坐在这间陌生的空屋里,四肢麻木,嘴里发苦,心口有什么东西堵着,他不明白是什么使她,瓦里娅②,委身给一个法国佬,并且,她明知自己已另有私情,怎么还能照旧那么镇静,照旧同他亲热,百依百顺!"我一点儿也不明白!"他的干枯的嘴唇嘟哝道。"现在还有谁能向我保证,说她在彼得堡……"没等把这句话说完,他又打起哈欠来,浑身像筛糠似的打战。快乐和阴郁的回忆同样令他苦恼。他猛然记起,没几天前,她当着他和爱涅斯特的面,弹着钢琴,唱起了:"老丈夫,凶狠的丈夫!"他记起了她脸上的表情,眼睛发出的异光和腮上的红晕。他霍地从椅子上站起,他要正告他们两个:"你们可别跟我开这种玩笑,我的曾祖父常常把庄稼汉穿过肋骨吊起来,我爷爷本人就是个庄稼汉。"然后,把他们两个杀死。可突然间,他又觉得这一切不过是一场梦,甚至连梦都不是,只是荒唐的臆想而已;他只消抖一抖身子,环顾一下四周,就会……他当真环顾了一下四周,痛苦好似老鹰叼住小鸟似的,那鹰爪越来越深地扎进他心里。何况还有雪上加霜的事:再过几个月拉夫列茨基就要当父亲了……他的过去,他的未来,他的整个生活都给毁了。他终于回到巴黎,住进旅馆,派人把爱涅斯特的短简送还给瓦尔

---

① 俄人惯以这种手势表示喜悦、惊讶、诧异、惋惜或困惑。
② 瓦尔瓦拉的小称。

瓦拉·帕夫洛夫娜,并附去这样一张便条:

奉还短简一封,您一看就明白了。顺便说一句,我真没想到,您一向非常细心,竟会丢失如此重要的文件。(为了这句话,可怜的拉夫列茨基反复推敲了好几个小时。)我无意再见到您。我想,您也必定不想再见到我。我一年给您一万五千法郎,再多我给不起了。烦请您把地址告知鄙乡账房。您想做什么,想住在哪里,悉听尊便。遥祝幸福。不必复信。

拉夫列茨基虽然给妻子的信中说不必复信……但是他心里却等待着、渴望着复信,对这桩不可思议、不可理解的事作出答复。瓦尔瓦拉·帕夫洛夫娜当天就复他一封长信,是用法语写的。这封信使他彻底死心,他最后的一丝怀疑消失了,他甚至感到羞愧,竟然还会怀疑是否确有其事。瓦尔瓦拉·帕夫洛夫娜没有为自己辩白,她只盼着同他见面,求他不要对她这样绝情。信写得冷冰冰的,显然是不情不愿的,虽然有几处可以看到泪痕。拉夫列茨基苦笑了一下,让送信人转告她,一切都好,他不回信了。三天后,他就离开了巴黎,然而不是回俄国,而是去了意大利。他自己也不明白,为什么偏偏选中了意大利,其实只要不回家,无论去哪里对他都一样。他把付给妻子赡养费的事通知了他的村长,并吩咐他立即把科罗宾经管庄园的全部权力收回,不必等待清理账目,就打发科罗宾将军阁下离开拉夫里基。他活灵活现地想象着被逐的将军那副狼狈相和已经吓不了任何人的那种威风凛凛的样子,于是他在万分痛苦之中,感到了几分幸灾乐祸的喜悦。他立即写信给格拉菲拉·彼得罗夫娜,请她立即回拉夫里基,并附去了一份全权委托书。格拉菲拉·彼得罗夫娜不但没有回拉夫里基,还多此一举地登报声明废除委托书。拉夫列茨基蜗居于意大利的一个小城,有好长一段时间都克制不了自己,留意着妻子的行踪。他从报上得知,她按原计划离开巴黎,去了巴登—巴登;她的名字很快又出现在那位麦歇茹里写的一篇报屁股文章里。在这篇文章里,虽用的仍是游戏文字,可字里行间,却充满了对她的友好的同情,看得费奥多尔·伊万内奇直想恶心。后来他得悉她生了个女儿,两个月后,他的村长向他报告,瓦尔瓦拉·帕夫洛夫娜支走了她的三分之一的赡养费。再后来她艳闻四播,越来越不堪入耳,最后所有的杂志都刊载了一则轰动一时的悲喜剧式的绯闻,而他妻子在其中扮演了一个不值得羡慕的角色。一切都完了:瓦尔瓦拉·帕夫洛夫娜成了"新闻人物"。

　　拉夫列茨基不再注意她的行踪,然而他的情绪仍未能稳定下来。有时,他会十分思念他的妻子,只消能再听到她温柔的声音,再把她的手捏在自己手里,他可以不再计较一切,甚至……可以原谅她。然而时光是不会白白流逝的。他不是一个陷身痛苦而不能自拔的人,他的健康的天性终于占了上风。他大彻大悟了:连那个把他震得天昏地暗的打击,也并非不可逆料的;他已经了解他妻子了——对亲近的人,只有离开之后,反而能充分了解。他又能够学习和工作了,虽远不及过去那么勤奋,他的生活阅历和所受的教育使他养成的怀疑主义,完全深入了他的心灵。从此他对一切都漠然置之。四年过去了,他感到自己可以回国,会见亲人了。他在彼得堡和莫斯科都没有停留,直奔 O 市,我们就是在 O 市和他分手的,现在请厚爱本书的读者随我们一起返回这个城市吧。

十七

　　上文我们所描述的那一天的次晨九时许,拉夫列茨基正沿着卡利京家的台阶拾级而上,正好遇见丽莎戴着帽子和手套走出门来。

　　"您去哪儿?"他问她。

"去望弥撒。今天是礼拜天。"

"难道您经常去望弥撒?"

丽莎没有回答,诧异地望着他。

"请原谅,"拉夫列茨基说,"我……我不是这个意思,我是到府上来辞行的,再过一个小时我就去乡下了。"

"听说离市区不远?"丽莎问。

"二十五俄里。"

这时莲诺奇卡由一个女仆陪着,也走出了大门。

"记住,别忘了我们。"丽莎说罢,就走下台阶。

"你们也别忘了我。请听我说,"他加补道,"您去教堂,请顺便也为我祈祷。"

丽莎站住脚,朝他回过身来。

"行,"她正视着他的脸,说,"我会为您祈祷的。莲诺奇卡,我们走吧。"

拉夫列茨基走进客厅,只见玛丽娅·德米特里耶夫娜一个人在。她身上散发出香水和薄荷的芬芳。她说,她头疼,一夜没有睡好。她以她惯常的那种慵倦的样子亲切接待他,渐渐地,她的话多起来了。

"您说对吧,"她问他,"弗拉基米尔·尼古拉伊奇是个讨人喜欢的青年?"

"这位弗拉基米尔·尼古拉伊奇是谁?"

"就是昨天来这儿的潘申。他对您印象非常好。mon chercousin[①],我告诉您一个秘密,他爱我的丽莎简直爱得发疯了。这不是挺好吗?他出身望族,官运亨通,人又聪明,已经是宫廷侍从官了,如果上帝要撮合他俩……我这个做母亲的可要乐坏了。当然这是终身大事,马虎不得;儿女的幸福当然靠父母。直到现在,家里大大小小的事,好也罢,

---

① 法语: 我亲爱的表弟。

坏也罢,全靠我一个人张罗;抚养孩子,教育孩子,哪一样不是我……瞧,我刚刚才给勃留斯夫人写信来着,请她替我找个家庭女教师……"

玛丽娅·德米特里耶夫娜滔滔不绝讲她如何含辛茹苦,如何克尽母责。拉夫列茨基默默地听她讲,转动着手里的帽子。他的冷淡,他的沉重的目光叫这位爱唠叨的夫人发窘了。

"您喜欢丽莎吗?"她问。

"伊丽莎白·米哈伊洛夫娜是位非常好的姑娘。"拉夫列茨基说罢,站起身来,鞠躬告退,到马尔法·季莫费耶夫娜那边去了。玛丽娅·德米特里耶夫娜大为不悦地目送他离去,心里想:"真是笨伯,乡巴佬!现在我明白了,为什么他的老婆要偷汉。"

马尔法·季莫费耶夫娜正由她的全套班子簇拥着,坐在自己的房间里。这个班子由五个成员组成,差不多个个她都同样心爱。其中一个是大嗉囊的、受过调教的红腹灰雀。她所以疼爱它,是因为它已经不会叫,也不会喝水了;另一个是条小狗,脾气温顺,且又胆小,名字叫罗斯卡;还有一个是头雄猫,脾气暴躁,名字叫"水手";再有一个是个名叫舒罗奇卡的好动的小姑娘,年纪大约九岁,大大的眼睛,尖尖的鼻子,黝黑的皮肤;此外还有一个五十五岁光景的老妪,名叫纳斯塔西娅·卡尔波夫娜·奥加尔科娃,她总是戴顶白色包发帽,穿身黑衣服,外边罩件窄小的褐色短上衣。舒罗奇卡是个父母双亡的孤儿,出身于小市民家庭。马尔法·季莫费耶夫娜收养她一如收养罗斯卡,是出于怜悯之心。她是在街上把小狗和小姑娘拾回来的。两个都又瘦又饿,都叫秋雨淋得浑身湿透,罗斯卡领回来后,没有人来讨过,至于舒罗奇卡,她的叔叔,一个以鞋匠为业的酒鬼,甚至很乐意把这个小姑娘送给马尔法·季莫费耶夫娜,因为他连自己都吃不饱肚子,哪还有什么给侄女吃,他能做的就是用鞋楦敲她的脑袋。至于纳斯塔西娅·卡尔波夫娜,是马尔法·季莫费耶夫娜在一次朝圣的时候,在修道院里认识的,她在教堂里主动走到这位老妪面前(据马尔法·季莫费耶夫娜说,她所以喜欢她,因为她祈祷得有滋有味),她主动同她攀谈,请她到家里去喝茶。打从那天起,她就没再同纳斯塔西娅·卡尔波夫娜分开过。纳斯塔西娅·卡尔波夫娜出身于破落的贵族家庭,是个没儿没女的寡妇,性情乐观而且温顺,圆圆的脑袋,一头白发,双手柔软白皙,五官都挺大,慈眉善目,只是鼻子翘得有几分滑稽。她崇拜马尔法·季莫费耶夫娜,马尔法·季莫费耶夫娜也非常喜欢她,虽然常常要取笑她心肠太软,一见年轻男子就会动心,而且只消跟她开个小小的善意的玩笑,她就会像个少女似的脸涨得通红。她的全部财产共计一千二百纸卢布。她虽然靠马尔法·季莫费耶夫娜养活,却和马尔法·季莫费耶夫娜平起平坐。马尔法·季莫费耶夫娜最受不了奴颜婢膝。

"啊!费佳!"她刚一看到他,就招呼道。"昨天晚上你没见到我这一大家子,现在来欣赏欣赏吧。我们正打算一块儿喝茶呢,每逢礼拜天我们都喝两次茶,这会儿正要喝第二次。你可以跟大家亲热亲热;只是舒罗奇卡,我可不让你碰她,还有,猫会抓你的。你今天就走吗?"

"今天就走。"拉夫列茨基在一张矮凳上坐了下来。"我已经向玛丽娅·德米特里耶夫娜告辞过了。我还见到了伊丽莎白·米哈伊洛夫娜。"

"我的老爷子,叫她丽莎就行了,对你来说,她算哪门子米哈伊洛夫娜①。你给我老老实实坐着,要不舒罗奇卡的椅子要叫你给坐坏了。"

"她去望弥撒了,"拉夫列茨基管自说下去,"她真那么虔诚吗?"

"是的,费佳,非常虔诚。比我跟你要虔诚得多,费佳。"

"您难道不虔诚吗?"纳斯塔西娅·卡尔波夫娜细声细气地说,"不过今儿早祷您没去,晚祷该去了吧。"

"唔,不去了,你一个人去吧;我的姑奶奶,我怪懒的,"马尔法·季

---

① 俄俗,用名字和父名称呼人是客气和尊敬的表示。拉夫列茨基是丽莎的长辈,自不必用尊称。

莫费耶夫娜说,"喝茶把我给惯坏了。"她称纳斯塔西娅·卡尔波夫娜为"你",尽管她跟她是平起平坐的——可她毕竟出身于佩斯托夫家族,在伊凡雷帝追荐亡魂的名册上,就赫然有三个姓佩斯托夫的;马尔法·季莫费耶夫娜深知她门第之高。

"请告诉我,"拉夫列茨基又说开了,"玛丽娅·德米特里耶夫娜刚才跟我谈起了那个……他姓什么来着?……噢,潘申。这位先生是个何等样人?"

"天哪!她可真是个长舌妇!"马尔法·季莫费耶夫娜埋怨说,"八成她还神秘兮兮地告诉你,叫她碰着了一个可以做乘龙快婿的人。她尽可以去跟那个神父的儿子喊喊喳喳谈这种事,可她还嫌不过瘾。其实,这事儿连影子也没有,真是谢天谢地!可她已经吹出去了。"

"为什么谢天谢地?"拉夫列茨基问。

"因为我不喜欢那个帅哥儿,就那么个人,有什么可高兴的?"

"您不喜欢他吗?"

"是的,他并没有人见人爱的能耐。纳斯塔西娅·卡尔波夫娜已经爱上了他,他该满足了。"

这个可怜的寡妇叫她说得狼狈不堪。

"马尔法·季莫费耶夫娜,您怎么好说这种话,您连上帝都不怕!"她叫了起来,刹那间,她的脸和脖子都涨红了。

"那个骗子,他知道,"马尔法·季莫费耶夫娜打断了她的话,"他知道怎么迷住她,所以送给了她一个鼻烟壶。费佳,你向她要点儿鼻烟闻闻,你就可以看到这个鼻烟壶有多漂亮,壶盖上还刻着个骑在马上的骠骑兵。我的姑奶奶,你还是别辩白的好。"

纳斯塔西娅·卡尔波夫娜只是一个劲儿地挥手否认。

"那么丽莎呢?"拉夫列茨基问,"对他有意思吗?"

"看来,她喜欢他,不过,只有上帝才知道她心里是怎么想的!你知道,人心就像黑咕隆咚的森林,更不用说是女孩儿家的心了。就拿舒罗奇卡的心来说吧——你倒去猜猜看！自打你进门后。她就躲在一边，却又不出去，这是为什么？"

舒罗奇卡忍不住噗哧一声笑了出来，拔腿就往外跑，拉夫列茨基也站了起来。

"是呀，"他慢条斯理地说，"女孩子的心是猜不透的。"

他向马尔法·季莫费耶夫娜告辞。

"怎么要走了？我们不久还能见面吗？"马尔法·季莫费耶夫娜问。

"姑姑，看情况吧，反正离这儿又不远。"

"是呀，你是去瓦西里耶夫村。你不想到拉夫里基去住——噢，这是你自己的事儿，不过你得去那里给你母亲上个坟，顺便也给你奶奶上个坟。你在外国学了那么多本事回来，谁知道呢，她俩在坟墓里也许会知道你去给她们上坟了。还有，费佳，你可别忘了，给格拉菲拉·彼得罗夫娜也做场法事，追荐她的亡灵。这儿我给你一个卢布，你收下，收下，是我给她做法事用的。她生前，我不喜欢她，可是凭良心说，她是个有骨气的姑娘，人也聪明，也没亏待过你。好啦，现在你走吧，上帝保佑你，要不然我就要让你讨厌了。"

说罢，马尔法·季莫费耶夫娜拥抱了她的侄儿。

"丽莎是不会嫁给潘申的，你放心好了；这种人配不上她。"

"我有什么不放心的。"拉夫列茨基说罢就告退了。

十八

四个小时后，他已登上归途。他的四轮旅行马车在松软的村道上迅速地奔驰。已经有两个礼拜不曾下雨了，空中弥漫着一层乳白色的薄雾，遮没了远处的树林，散发出一股焦煳味。一朵朵轮廓模糊的灰不溜丢的乌云在浅蓝色的天空掠过，虽刮着一阵阵劲风，可非但不能驱散燥热，反源源不断地携来干旱的气流。拉夫列茨基把头枕在靠背上,双手叠在胸前,望着呈扇形地在眼前掠过的耕地,望着缓缓闪过的爆竹柳,望着一只只蠢笨的乌鸦和白嘴鸦,而它们也以一种痴呆的怀疑斜睨着驶过的马车,他还望着长满在长长的田塍上的艾蒿和野花椒;他眺望着……这片尚待开发的肥沃而又荒凉的草原,绿油油的草木,横亘的丘冈,长满低矮的槲树的沟壑,一个个穷困的小村落和稀稀落落的白桦——他睽违已久的这派俄罗斯的景色,在他心中勾起了既甜蜜同时又近于忧伤的情思,把一种愉快的感觉沉甸甸地压到他心头。种种思绪像飘浮在高空的云朵那样纷乱、模糊和飘忽不定。他忆起了自己的童年和母亲,忆起了在母亲弥留之际,人家怎样把他带到她的病榻前,她又怎样把他的头搂在胸前,声若游丝地边哭边说着什么,后来望了眼格拉菲拉·彼得罗夫娜——便永远沉默了。他忆起了父亲,起初父亲好不神气,讲起话来声若洪钟,什么都看不入眼,后来眼睛瞎了,动辄哭哭啼啼,花白的络腮胡子又乱又脏;他还记起有一回吃饭时父亲多喝了一杯酒,把调味汁倒到了餐巾上,突然,父亲纵声大笑,眨巴着一双瞎眼,涨红了脸,讲述往日的历次征服;他还忆起了瓦尔瓦拉·帕夫洛夫娜——顿时,他好似感到内心一阵疼痛,不由得闭紧了眼睛,就像人们突然觉得腹内一阵疼痛时那样,他随即用力晃了晃头。后来,他的思想便停留到了丽莎身上。

"瞧,"他想道,"这个年轻的生命刚刚开始生活。是个好姑娘,将来还不知会出落成什么样呢?她长得那么漂亮。脸蛋娇嫩、白皙,眸子和双唇端庄严肃,目光真挚而又无邪。可惜稍稍热忱了些。她的身姿那么婀娜,步态又那么轻盈,说起话来娴静文雅。我最爱看她突然停下步来,一笑也不笑,凝神听你说话,然后把头发往后一甩,开始沉思起来的那种神态。的确,我也认为潘申配不上她。不过,潘申有哪点不好呢?其实用得着我来操这份心吗?她总归是要走所有的人都走的那条路的。我还不如打个盹的好。"于是拉夫列茨基合上了眼睛。

他睡不着,然而沉入了旅人常有的朦胧之中。往事历历,仍然缓慢地浮现在他心中,和其他不相干的景象错杂在一起。天知道为什么,拉夫列茨基突然想起了罗伯特·庇尔①……想起了法兰西的历史……设想如果他是一名将军的话,他将采取什么良策取胜;他耳边仿佛响起了枪声和厮杀声……他的脑袋向一边滑去,他睁开眼睛……眼前仍是同样的田野,仍是同样的草原景色;两匹拉边套的马的磨损的马掌交替着在飞扬的尘土中闪耀,马车夫那件腋下缀有红镶条的黄衬衫被风吹得鼓了起来……"太好了,回到老家了。"拉夫列茨基的脑海里闪过这个念头,他喊了声:"快!"便裹紧大衣,更紧地贴着靠背。马车震了一下,拉夫列茨基坐直身子,睁大了眼睛。他眼前的丘冈上绵亘着一个不大的村落;靠右边有幢不大的、已经很有一些年月的地主宅第,百叶窗全都关着,门廊已经倾斜;宽大的院场里,从院门口起,密密麻麻地长满了绿汪汪的荨麻,已高大得好似大麻。也是在院场里,屹立着一间用橡木搭的小粮仓,那粮仓还很坚实。这就是瓦西里耶夫村了。

马车夫把车拐到院门口,勒住了马,拉夫列茨基的侍仆从驭者座上站起身来,打算往下跳,嘴里喊道:"喂!"院子里响起一阵嗄哑、低沉的犬吠声,但是不见狗跑出来;侍仆又打算往下跳,又喊了一声:"喂!"又是一阵衰老的犬吠声,接着有个穿上布长衣、满头白发的人,不知从哪里跑到院场上。那人用手挡住阳光,朝四轮马车望了望,突然两手拍了下大腿,先是在原地乱转了一阵,然后奔过来打开院门。马车驶进院场,沙沙有声地碾过荨麻,在门廊前停下。那个白发老头手脚还十分轻健,他已叉开两条弯下来的腿站在第一级台阶上,解开车上的挡带,颤巍巍地掀起皮帘,扶主子下车,并吻了一下主子的手。

"你好,老兄,你好,"拉夫列茨基说,"你好像是叫安东吧?你还活着?"

---

① 罗伯特·庇尔(1788—1850),英国政治家,一八四一年——一八四六年任英国首相。

老头儿默默地鞠了一躬,就跑去取钥匙。老头跑开后,马车夫仍一动不动地坐着,只是侧过头来打量着上了锁的大门。拉夫列茨基的侍仆跳到地上,一只手搭在驭者座上,就以这种足可入画的姿势站着。老头取来了钥匙,完全没有必要地像蛇那样扭曲着身子,高高地举起手臂,把门打开,然后站到一旁,再一次一躬到地。

"瞧,我到家了,我回来了,"拉夫列茨基想道,步进小小的前厅。这时一扇扇百叶窗乒乒乓乓地打了开来,于是白昼的光亮射进了这所久已空关的房屋。

十九

拉夫列茨基来到的这幢小宅子是在上个世纪用坚实的松木建造的,样子虽已老旧,其实还能再用上五十年,甚至更久些。两年前,格拉菲拉·彼得罗夫娜就是在这幢小屋里去世的。拉夫列茨基巡视了所有的房间,吩咐把窗户统统打开,这一下可惊坏了栖息在门楣下边、背上落满白色灰尘的年老力衰的苍蝇。这些窗户,自从格拉菲拉·彼得罗夫娜下世之后,就没有再打开过。屋里的一切都保持着她生前的原样:摆设在客厅里的那些用发亮的花缎蒙面的细腿小沙发,已经破旧、塌陷,一看到它们,就使人想起叶卡捷琳娜女皇的时代。客厅里还有一张靠背又高又直的圈椅,女主人生前爱坐这张椅子,不过她即使到了老年,也不曾靠在椅背上过。客厅正面墙上挂着费奥多尔的曾祖父安德烈·拉夫列茨基古老的画像,画的衬景已经发乌起皱,因此画中人黝黑的、好动肝火的脸几乎辨认不出了,他凶狠的小眼睛在垂得很低的、像是有些浮肿的眼睑下阴郁地朝外望着,他的没有扑粉的黑发像把刷子似的戳起在他的沉甸甸的、皱纹纵横的前额上。画像的一角挂着一个腊菊花环,上边落满了灰尘。安东在一旁说:"这是格拉菲拉·彼得罗夫娜她老人家亲手编的。卧室里放着一张狭小的眠榻,帐子是用古老的非常结实的条纹布做的,榻上放着有小山那么高的一堆褪了色的枕头和一条绗过的薄被,床头挂着圣母入殿圣像,那个被人遗忘的孤独的老处女在弥留之际用她的已经冷了的嘴唇最后一次吻了这张圣像。靠窗搁着一张镶铜片的拼花梳妆台,梳妆台的镜子映象已经变形,镀金的镜框也已发黑。卧室旁边是间供奉圣像的祈祷室,祈祷室很小,四壁空空,屋角设着沉甸甸的神龛,地上搁着小小的拜垫,拜垫已经破旧,上边烛泪斑斑,格拉菲拉·彼得罗夫娜当年就是跪伏在这个拜垫上祈祷的。安东领着拉夫列茨基的侍仆去打开马厩和车棚的门,他刚走开,便有一个老媪来替代他。那老媪的年纪几乎跟安东一样老,包头巾一直裹到眉毛上。她的头不停地抖动,目光呆滞,然而却显露出忠诚和久已养成的唯命是从的习惯,同时还包含着一种恭敬的懊悔之意。她上前吻了拉夫列茨基的手,便退到门边听候使唤。他一点都不记得她叫什么名字,甚至不记得是否看见过她。她叫阿普拉克谢娅,四十年前,她被格拉菲拉·彼得罗夫娜逐出老宅,罚她到这里来养鸡。她很少说话,看来已老迈昏聩,然而眼神里还有讨好之色。除了这两个老人和三个鼓肚子的穿长衬衫的孩子——他们都是安东的曾孙——以外,在这幢地主的宅第内还住着一个免除赋税的独臂老农,他像黑琴鸡似的终日咯咯不停地自言自语,什么事也干不了,比他多少还有点儿用处的是那条用吠叫来迎接拉夫列茨基返里的老狗。十年前,格拉菲拉·彼得罗夫娜吩咐下人买根粗链条来把这条狗锁住,自此再也没有解开过,现在它几乎不能走动,拖不动自己的身子了。拉夫列茨基巡视完宅第后,来到果园,对果园大为满意。果园里遍地都是野草、牛蒡、茶藨子和马林果,同时处处绿荫如盖。园内有许多老菩提树,树干的高大、枝桠的奇形怪状令人叹为观止。树木栽植得过于茂密,怕有一百年未曾修剪过了。果园的尽头是个波光粼粼的小池塘,四围长满一种高高的淡红色的芦苇。在这里,人间生活的痕迹很快就会消失,格拉菲拉·彼得罗夫娜庄园虽说还未荒废,然而看来已沉入静谧的深梦,此间的万物都在熟睡,绝无人间的纷扰和尘嚣。费奥多尔·伊万内奇还去村里走了一圈,村妇站在各自农舍的门口,手托着腮,望着他,庄稼汉远远地向他鞠躬行礼,孩子们见到他纷纷逃走,狗冷漠地猇猇狂吠。最后,他觉得肚子饿了,可是他的侍仆和厨子要到天黑前才能赶来;从拉夫里基运食物来的车子也没有到,他只得求助于安东。安东马上张罗起来,他逮了一只老母鸡宰了,拔光了毛。阿普拉克谢娅就像洗件衣服那样,花了很长时间把这只鸡又是搓,又是洗,这才放进锅里去煮。待到终于煮熟,安东便收拾餐桌,铺上桌布,摆好餐具,还在餐具前面放上一只已经发黑了的三条腿的镀银盐瓶和一只有圆玻璃瓶塞的细颈菱形玻璃酒瓶,然后用唱歌一般的声音向拉夫列茨基禀报饭菜已经齐备,随后,他站到主人的椅子后面,手上绕着一条餐巾,身上散发出一股无以名之的强烈的、古老的、有点儿像柏树的气味。拉夫列茨基尝了尝汤,便动手对付那只母鸡,鸡皮上布满一个个大疙瘩,两条鸡腿上各有一根粗筋,鸡肉有一股木头和碱的味道。吃完午餐后,拉夫列茨基说他最好再喝点茶,如果……安东打断了他的话,说:"老爷,我这就给您拿来。"他果真说到做到。他找出一小撮用红纸包的茶叶、一只虽然小却火力很大的、发出喧声的茶炊,而且还找出了一些已碎成小块的、好像已经化了的白糖。拉夫列茨基用一只绘有纸牌图案的大杯子喝着茶。他自小就记得这个只有招待客人喝茶才用的杯子,此刻他用这只杯子喝着茶,也真是像个客人。天黑前,侍仆赶来了。拉夫列茨基不愿睡姑母的床,便吩咐在餐厅里给他铺张床;他吹灭蜡烛后,久久地环顾四周,想的尽是些不愉快的事。他的心底涌起了每个初次住进久无人居的房子的人所熟知的那种感觉。他觉得从四面八方将他团团围住的黑暗,把他这个新入住的人视同陌路,宅第的四壁都因他会睡在这里而大为纳闷。临了,他终于喟叹一声,盖上被子,睡着了。睡得最晚的是安东。他和阿普拉克谢娅压低声音谈了很久,不时唉声叹气,画了两回十字,他们两个怎么也想不通,主子在近旁明明还有一座富饶漂亮的庄园,那里的宅第又那么考究舒适,干吗要住到他们瓦西里耶夫村来？他俩怎么料得到那幢宅第正是拉夫列茨基所深恶痛绝的,会在他心里勾起撕心裂肺的回忆。两人窃窃私语了一阵,安东拿起一根木棍,去敲了几下挂在粮仓边的那块沉寂已久的守夜人的木板,随即蜷着身子在院场里躺了下来,没用任何东西盖住他那满是银发的脑袋。五月的夜是宁静的、温暖的,于是老人沉入了香甜的梦乡。

二十

次日一大早,拉夫列茨基就起床了,跟村长谈了些事,去打麦场看了看,吩咐把看家狗的锁链解开,那条狗只是吠了几声,连窝都没有离开。他回到家里,沉浸在一种心平如镜的麻痹状态中,就此整整一天未能摆脱。"瞧,我现在沉到了河底,"不止一次,他这么对自己说。他坐在窗前,一动也不动,仿佛在谛听周遭宁静的生活如何流逝,谛听这座荒村偶尔传出的声音。这不,那片荨麻后边的什么地方有个人细声细气地唱起歌来,一只蚊子好像为了跟他应和,也哼哼地唱了起来。不一会儿,那人不唱了,可那只蚊子还在哼哼不已;几只苍蝇在嗡嗡地齐声埋怨着什么,叫人听了心烦;盖过这嗡嗡声的是一只肥大的熊蜂的营营声,它还不时用脑袋撞天花板;街上有只公鸡啼了一声,嘶哑地拖长着尾音;一辆大车辚辚驶过,村里谁家的院门吱吱嘎嘎地打开了。突然响起一个妇人的声音:"干吗?""嗬,你呀,我的小心肝!"这是安东在哄抱在他怀里的一个两岁的小妞。又响起了那个妇人的声音:"去把克瓦斯拿来。"突然,又是死一般的寂静;没有车声,没有吱嘎声;没有风吹树叶的窸窣声;几只燕子掠过地面,也没有一息声音,它们无声地飞翔,在人的心底勾起了凄凉感。拉夫列茨基又想:"我沉入河底了。这里的生活永远是,任何时候都是寂静的,缓缓地流逝的。"他还想:"谁落入了这样的生活,就得顺从这种生活;在这里没有什么可激动的,也没有什么可苦恼的。这里,只有像耕夫犁地那样不慌不忙地为自己开拓一条小径的人,才能取得成功。周遭蕴含着多么巨大的力量。在这片无所作为的寂静里蕴含着多么强盛的生机呀!瞧,就在这儿,在窗下,矮壮的牛蒡从茂密的野草中冒出来,元叶当归又将它的多汁的茎秆戳出到牛蒡上边,而圣母泪则把它那粉红色的卷须伸展得还要高;那边,在远处的田野里,裸麦在熠熠闪光。燕麦在抽穗,每棵树上的每一片树叶,每一株草茎上的每一片草叶,都在尽情地舒展。"我却为了一个女人的爱,虚掷了我最好的年华,"拉夫列茨基继续他的沉思,"但愿这里的寂寥能使我清醒,使我安下心来,从容不迫地做些事。"于是他又开始谛听这片寂静,心中无所期待,而同时又好像不断在期待着什么:寂静从四面八方拥抱着他,太阳在宁静的蓝天中恬静地向中天移去,连云朵也恬静地在蓝天中飘浮,好像它们知道要飘往何处,飘去做什么。而此时此刻,在世间的其他地方,生活正在沸腾,喧闹,疲于奔命,而在这里,生活却在无声地流逝,好似水在水草丛生的沼泽里流淌;直到傍晚,拉夫列茨基一直在沉思这流逝而去的生活;往事的痛楚如春雪一般在他心底融化了,——真是奇怪!——对故土的感情,在他心里从来没有像此刻这样深厚,这样强烈。

二十一

费奥多尔·伊万内奇用了两个礼拜的时间,把格拉菲拉·彼得罗夫娜的小宅子整顿一新:清理了院场和果园,从拉夫里基搬来了舒适的家具,从城里运来了酒、书籍和杂志,马厩里也有了马,总之,费奥多尔·伊万内奇把他所需要的一切都置办齐全了,开始过起既像地主又像隐士的生活来。他的日子过得很单调,虽然没有人来人往,他却并不感到无聊。他勤恳地、专注地管理田产,骑马去四处察看,闲来就看看书。不过他书看得不多,他更喜欢听老头儿安东讲他家的往事。通常拉夫列茨基总是坐在窗前,手里捏着个烟斗,面前摆着杯凉茶,而安东则反抄着手,站在门边,慢吞吞地讲远古时候的事,那时好像是神话的年代,那时燕麦和裸麦不是论斗出售,而是论袋出售,而且还是大麻袋,两三个戈比就能买一大麻袋。那个时代,一直到城墙根,遍地都是无法穿过的密林和人迹罕至的草原。"可是现今呢,"这个年已八十的老人抱怨说,"全都给砍了,全都种上了粮食,叫人都闹不清该往哪儿赶车。"安东还讲了许多有关他的女主人格拉菲拉·彼得罗夫娜的事,说她老人家多么通情达理,多么节俭:有个老爷,一个年轻的邻居,想讨得她的欢心,三天两头儿来看望她,她老人家为了接待他,甚至戴上过节才戴的镶有紫红缎带的包发帽和利凡廷绸子连衫裙。可有一回,那个邻居老爷问了不该问的事:"我说,小姐,您想必有一大笔财富吧?"这下可把她老人家气坏了,她吩咐下人从此不准他进门。而且当时就关照下来,她百年以后,所有的东西,哪怕是一小块破布片,统统留给费奥多尔·伊万内奇。安东所言非虚,姑姑的家什原封未动,连那顶过节才戴的缀有紫红缎带的包发帽和利凡廷绸子连衫裙也保存得好好的。至于旧时的书信和有趣的文件,拉夫列茨基本以为可以找到许多,却一件也没有,只有一本破旧的册子,上面有他的祖父彼得·安德烈伊奇记下的一些事。有一处记的是:"亚历山大·亚历山德罗维奇·普罗佐罗夫斯基亲王殿下与土耳其帝国缔结和约[①]成功,——圣彼得堡全城欢腾。"另一处记的是一味医治胸痛的偏方,还有一个附注:"此方乃生命之源圣三一教堂大祭司费奥多尔·阿夫克谢季耶维奇赠予普拉斯科维娅·费奥多罗夫娜·萨尔特科夫将军夫人者。"还有一处是条政治新闻:"有关法兰西虎的消息[②]已不见报

[①] 该和约缔结于一七七四年七月十日。亚·亚·普罗佐罗夫斯基(1732—1809)领大将军衔,曾参加一七六九——一七七四年的第一次俄土战争。
[②] 指十八世纪末的法国革命。

道。"紧接着是:"据《莫斯科新闻》载,米哈伊尔·彼得罗维奇·科雷切夫中校先生故世。此人系彼得·瓦西里耶维奇·科雷切夫之少君乎?"拉夫列茨基还找到了几本老的历书和安博季克先生的那本神秘的著述《象征与图谱》;这本久已淡忘却还是十分熟悉的书,勾起了他许多回忆。拉夫列茨基在格拉菲拉·彼得罗夫娜梳妆台抽屉的最里面,发现了一个用黑丝带缚住的小纸袋,袋口还用黑火漆封着。纸袋里边,面对面叠着两幅画像。一幅是他父亲青年时代的色粉肖像画,只见他柔软的鬈发披在额前,眼睛细长而带有倦意,双唇半启,另一幅肖像画几乎已漫漶不清,画的是一个面色苍白的妇人,穿一身白色连衫裙,手里拿着一朵白玫瑰,——这是她母亲。而格拉菲拉·彼得罗夫娜从来不让人给她画肖像。"费奥多尔·伊万内奇少爷,"安东对拉夫列茨基说,"虽说那会儿轮不到我住在老宅里,可是您少爷的曾祖安德烈·阿法纳西耶维奇我直到今天还记得,怎能不记得呢:他老人家故世那会儿,我都十八岁了。有一回,我在果园里碰到他老人家,吓得我两腿直打哆嗦;可他老人家没把我怎么样,只是问了声我叫什么名字,就派我去他老人家屋里取条手绢。没说的,真正是大老爷,上哪儿都是老子天下第一。我禀告您,这是因为您的曾祖父有个护身香囊,可灵验着呢,是从阿索斯山① 来的一个修士送给他的。这个修士对他老人家说:'老爷,你这么好客,多谢啦,我把这个给你,算是回报,戴上它,你连王法都不用怕。'是呀,少爷,大伙儿都知道在那个年头,老爷他老人家想怎么干就怎么干,谁敢说个不字。哪怕也是地主老爷,要是胆敢跟他老人家抬杠,他老人家就会瞪那人一眼,对他说:'你还差远了。'——他老人家最爱说这句话。他老人家,您的已经升天的曾祖父,一辈子都住在一间小木屋里,可归天后留下了多大一份家当,银子啦,各种各样的东西啦,把所有的地窖都塞满了。是个好当家。那

---

① 在爱琴海左岸,山上有许多希腊正教和俄国东正教的修道院和隐修院。

个玻璃酒瓶,就是您夸它好看的那个,是他老人家置下的,他老人家就是用那个酒瓶喝伏特加的。可是说到您爷爷彼得·安德烈伊奇,给自己盖了好气派的砖房,却没攒下家当,什么事到他老人家手里没有不泡汤的,日子过得比他爹差远了,没享过一天福,钱都叫他老人家败光了,没什么好让人想起他老人家的,他老人家归天后连一把银匙都没留下,多亏格拉菲拉·彼得罗夫娜才保全了这个家。"

"大伙儿,"拉夫列茨基打断了安东的话,"果真都管她叫老妖婆吗?"

"要看这么叫她的都是什么人!"安东大为不悦地反驳说。

"少爷,"有一天老头儿鼓足勇气问道,"我们的少奶奶怎么啦,她打算住在哪儿?"

"我跟妻子离了,"拉夫列茨基费了好大的劲才说出来,"请你别再提起她。"

"遵命,少爷。"老头儿难过地答道。

过了三个礼拜,拉夫列茨基骑马去O市卡利京家,在那里消磨了一个夜晚,莱姆也在座。拉夫列茨基非常喜欢他。拉夫列茨基由于父亲反对,所以什么乐器也不会,可是他热爱音乐,严肃的古典音乐。那晚潘申没来卡利京家,省长派他出城去了。丽莎独自一人弹钢琴,弹得非常准确;莱姆一反常态,显得活跃、兴奋,用纸卷成细细的纸筒,用来指挥弹奏。玛丽娅·德米特里耶夫娜看着他,起初笑了,后来就去睡了。据她说,贝多芬的乐曲过于刺激她的神经。半夜,拉夫列茨基陪莱姆回寓,在他家里一直坐到凌晨三点。莱姆滔滔不绝地谈了许多,他的驼背伸直了,眼睛睁得大大的,炯炯放光,连额上的头发也竖了起来。多少年来,从没有一个人关心过他,可拉夫列茨基却显然同情他,关切而又细心地问他的生活起居。这使老人大为感动,最后把他自己的作品也拿出来给客人看,甚至还用他了无生气的嗓子唱了他作品的某些片段。

其中包括他为席勒①的叙事诗《弗里多琳》②所谱写的全部乐章。拉夫列茨基称赞了他,要他再唱了几节,临出门的时候还邀他上他家去小住数日。一直把他送到街上的莱姆,立刻答应了下来,还紧紧地握住他的手。但是当他独自一人于晨光熹微之际,留在户外清新而又湿润的空气里时,他朝四周看了一眼,眯细眼睛,蜷缩着身子,像做错了什么事似的,蹒跚地走回他的斗室。"Ich bin Wohl nicht klug(我莫不是疯了),"他一面喃喃地自言自语,一面躺到那张又硬又短的床上。几天后,拉夫列茨基坐马车来接他,他推说有病去不了,但拉夫列茨基走进他的房间去说服他,对莱姆回心转意起了最大作用的,是拉夫列茨基特地为他从城里买了架钢琴运到乡间家里。他们二人一起去卡利京家,在那里坐了一个黄昏,然而气氛却远不及上次愉快。潘申也在那里,大讲他此次下乡之行,滑稽突梯地模仿他所见到的那些地主的谈吐和举止。拉夫列茨基笑了,可莱姆却一直缩在他坐的角落里,默不作声,像只蜘蛛似的颤动着身体,闷闷不乐地板着脸,直到拉夫列茨基起身告辞的时候,他才提起精神来。甚至坐上马车后,老人还是畏畏缩缩,像是在生人前那么拘谨,然而宁静温暖的空气、阵阵和风、朦朦胧胧的阴影、青草和白桦的叶芽的清香、无月之夜的安谧的星光、和谐的蹄声和马打响鼻的声音——所有这村道,这春天,这静夜的全部魅力,终于打动了这个命途多舛的德国人的心灵,于是他先开口跟拉夫列茨基谈起话来。

二十二

莱姆开始谈音乐,谈丽莎,后来又回过头来谈音乐。他谈到丽莎

---

① 席勒(1759—1805),德国杰出的剧作家,诗人。
② 席勒这部叙事诗原名:《Der Gang nach dem Eisenhammer》,于一七九七年问世。Φ·米勒于一八五三年将其译成俄文,改名为《弗里多琳》。

时,吐字似乎比谈别的事时要更加缓慢些。拉夫列茨基把话题引到他的作品上,半开玩笑地建议他为他写个歌剧。

"嚯,歌剧!"莱姆说,"非我能力所及,因为我已经没有谱写歌剧所必不可少的那份活力,那份想象力;如今我已体衰才尽……不过,假如我多少还能写点什么的话,我很愿意谱写一首浪漫曲;当然,先得有好词……"

他沉默了,久久地端坐着,举目望着夜空。

"比方说吧,"他终于又开口了,"'像这样一类诗句:'啊,你们,星星,纯洁的星星!'……"

拉夫列茨基稍微掉过头来,注视着他。

"'啊,你们,星星,纯洁的星星,'"莱姆重复道……"'你们一视同仁地俯视着善人和恶人……然而只有善人的心,'——或者诸如此类的话……'才能理解你们,'不,不对,是'才能爱你们。'然而我不是诗人,我哪行呢!不过,总归是这一类话,反正得是崇高的。"

莱姆把帽子推到后脑勺上;在满天星光的朦胧的夜色下,他的脸显得更苍白了,也显得年轻了些。

"'你们也知道,'"他继续说道,声音渐渐低沉下去,"'你们知道谁爱你们,谁能够爱你们,因为你们是纯洁的,只有你们能慰藉……'不,这哪算是诗句!我不是诗人,"他说,"不过,总归是这一类话……"

"我很遗憾,我也不是诗人,"拉夫列茨基说。

"徒然的梦想!"莱姆说,把身子缩在马车的角落里。他合上眼睛,像是打算打个盹。

几分钟过去了……拉夫列茨基留神听着……老人一直在喃喃低语:"星星,纯洁的星星,爱情。"

"爱情。"拉夫列茨基在心底里重复着这两个字,陷入了沉思,只觉得心头沉重起来。

"赫里斯托福尔·费奥多雷奇,您为《弗里多琳》谱写的乐曲好极了,"他大声说道,"您认为,伯爵把这个弗里多琳介绍给他妻子认识后,他马上就做了她的情夫,是吗?"

"这是您这么想,"莱姆说,"因为大概是您的经验……"他猛然打住话头,窘迫地掉过头去。拉夫列茨基强颜一笑,也掉过头去,望着车外的道路。

当马车驶抵瓦西里耶夫村那幢小宅子的门廊时,星星已开始暗淡,天已蒙蒙亮。拉夫列茨基把客人领到为他准备的房间里后,就回到自己的书房里,坐到窗前。果园里有只夜莺正在唱拂晓前的最后一支歌。拉夫列茨基记起卡利京家也有一只夜莺呖呖啼啭,他还记起丽莎在听到那只夜莺的初啭时,她的眼睛怎样静静地转向黑暗的窗扉。他开始想她,心底平静了下来。"纯洁的姑娘,"他轻声说,"纯洁的星星。"他含笑加补了一句,便安然入睡了。

而莱姆却在床沿上坐了很久,膝上搁着本写乐谱用的本子。他觉得有一个前所未有的甜美的旋律正在降至他脑际,他的心已经在燃烧,在激动,他已经感觉到了那旋律临近时的甜蜜和慵倦……然而却未能等到它……

"我既不是诗人,也不是音乐家!"他最后喃喃地自言自语说。

于是他的疲惫的脑袋重重地倒在枕头上。

二十三

次日早晨,主客二人在果园里的一棵老菩提树下喝茶。

"音乐大师!"拉夫列茨基随口说道,"不用多久,您就该写一首喜庆颂歌了。"

"什么喜庆?"

"祝贺潘申先生和丽莎喜结连理。您有没有注意到他昨晚上向她献殷勤的那个劲?看来,他俩的事进行得很顺利。"

"不会有这种事!"莱姆提高嗓门说。

"为什么?"

"因为这是不可能的。不过,话又要说回来,"他沉吟有顷,又补了一句,"世上什么事都可能发生,尤其是在你们俄国。"

"且不谈俄国。您觉得这桩婚事有什么不好?"

"从里到外都不好,都不好。伊丽莎白·米哈伊洛夫娜是个正直、端庄的姑娘,情操高尚,可他……一句话,是个浮—浪—子—弟。"

"可她不是爱他吗?"

莱姆从凳子上站了起来。

"不,她不爱他。就是说,她的心地纯洁无瑕,她还根本不知道何谓爱情。卡利京夫人对她讲,他是个很好的年轻人,而她呢,听信卡利京夫人的话,因为她还完全是个孩子,尽管她已经十九岁了。她每天作早祷,每天作晚祷,这是好事,可她不爱他。她只可能爱美好的,可他并不美好,就是说,他的灵魂不美好。"

莱姆迈着碎步在茶桌前走来走去,两眼扫视着地面,同时激昂地一口气说完了这席话。

"尊敬的大师!"拉夫列茨基突然叫道,"我看出来了,您自己爱上了我的外甥女。"

莱姆猛地收住脚。

"请不要这样取笑我,"他用违心的声音说,"我不是疯子,我两眼望着的是黑暗的坟墓,而不是粉红色的未来。"

拉夫列茨基不由得怜悯起这位老人来,请求他原谅。莱姆喝过茶后,为拉夫列茨基弹奏了一首他自己写的康塔塔,在拉夫列茨基的怂恿下,他又谈起了丽莎。拉夫列茨基怀着好奇心,仔细听他讲。

"赫里斯托福尔·费奥多雷奇,"他终于开口了,"您看怎么样,现在舍下已整顿一新,花园里鲜花盛开……何不请她来这儿玩一天,同时还请她的母亲和我的老姑妈,怎么样?这会让您高兴吗?"

莱姆把头埋在盘子上方。

"您就去请吧。"他用一种几乎听不见的声音说。

"用不着请潘申吧?"

"用不着。"老人说,脸上漾出了孩子般的微笑。

两天后,费奥多尔·伊万内奇前往城里卡利京家。

二十四

他来到卡利京家时,一家人都在,但是他没有马上说明来意,他想先同丽莎单独谈一下。事也凑巧,后来客厅里只剩下他们两人。他俩交谈起来,她已把他当熟人看待,一般来说,她见到任何人都不怯生。他听着她讲,端详着她的脸,心里默念着莱姆的话,觉得他说得对。有时会有这样的事:两个虽已相识,但算不上亲密的人,会突然之间,在几分钟之内,很快就亲近起来。而且这种亲近感会立刻在他们的眼神里,在他们友好娴静的微笑里和他们的举止里流露出来。拉夫列茨基跟丽莎恰好如此。"原来他是这样的。"她亲切地望着他,心里想道。"原来她是这样的。"他也想道。因此当她略略犹豫了一下,告诉他说,她心底久已有些话要跟他讲,又怕他见怪的时候,他并不感到惊异。

"不用怕,您尽管讲。"说罢,他在她面前站住。

丽莎抬起晶莹的眸子望着他。

"您是那么善良,"她开始说,同时心里在想,"是啊,他的确是善良的……""您得原谅我,按说我不该跟您提这件事……然而您怎么可以……您为什么要跟您的妻子分手?"

"我的孩子,"他说,"请您不要碰那个伤口,您的手虽然是温柔的,可仍然碰痛了我。"

"我知道,"丽莎管自说下去,好像没有听见他的话,"她对不起您,我不想为她辩解,可是由上帝结合的,怎么可以拆开?"

"伊丽莎白·米哈伊洛夫娜,在这一点上,我跟您的观点截然相反,"拉夫列茨基不客气地说,"我们彼此不会理解。"

丽莎脸色煞白,她整个身子在微微颤抖,可是她并不住口。

"您应该宽恕别人,"她轻声说,"如果您也希望得到别人的宽恕。"

"宽恕!"拉夫列茨基接口说,"您首先应当弄清楚,您在替什么人说项?宽恕这个女人,再把她,一个灵魂空虚、没有心肝的东西,接回家来!还有,谁告诉您,她想回到我这儿来?得了吧,她对自己的处境满意着呢……这事没什么可谈的!您嘴里不应该说出她这种人的名字。您太纯洁了,您甚至无法理解她是个什么东西!"

"为什么出口伤人!"丽莎费力地说,她的手抖得更明显了,"费奥多尔·伊万内奇,是您自己抛弃了她!"

"可是我要告诉您,"拉夫列茨基不由得恼火地反驳说,"您不知道她是个什么东西!"

"那您为什么娶她做妻子?"丽莎低声说,垂下了眼睛。

拉夫列茨基霍地从椅子上站起来。

"我为什么娶她?当时,我年幼无知;我上了当,我被美丽的外貌迷住了心窍。我不了解女人,什么都不了解。但愿上帝保佑您缔结美满的婚姻!但是请相信我的话,世上什么都靠不住。"

"这么说,我也会同样不幸,"丽莎说(她连声音也开始发抖),"到那时只得听天由命;我不知道怎么说才对,要是我们不听天……"

拉夫列茨基握紧拳头,顿了顿脚。

"请不要生气,原谅我。"丽莎急忙说。

就在这一刻,玛丽娅·德米特里耶夫娜走了进来。丽莎站了起来,转身要走。

"请等一下,"突然,拉夫列茨基在她身后喊住了她,"我想请您母亲和您到我新居一游。您知道吗,我买了架钢琴;莱姆正在寒舍作客,丁香正在盛开,你们可以尽情呼吸乡村的空气,当天就可以返回。二位答应吗?"

丽莎望着她母亲,而玛丽娅·德米特里耶夫娜装出一副病恹恹的样子,可拉夫列茨基不等她开口,抢步上前,吻了她的两只手。玛丽娅·德米特里耶夫娜一向容易被柔情打动,而她又没有料到这头"海豹"竟会这么温情脉脉,心不由得软了下来,一口答应。趁她还在考虑哪天去好,拉夫列茨基走到丽莎跟前。虽然激动尚未平息,却悄没声儿地对她说:"谢谢,您是个善良的姑娘;是我不好……"于是她苍白的脸庞升起了红晕,漾出愉快而又羞涩的微笑,连她的眼睛也笑了。在此之前,她一直担心,她是不是伤害了他。

"潘申先生可以跟我们同去吗?"玛丽娅·德米特里耶夫娜问。

"当然可以,"拉夫列茨基说,"不过,只限于亲戚团聚不是更好吗?"

"但是要知道,依我看……"玛丽娅·德米特里耶夫娜已开口要表示她的看法。忽又改口说,"不过,随您的便。"

决定莲诺奇卡和舒罗奇卡也一同去。马尔法·季莫费耶夫娜谢绝此游。

"亲爱的,我受不了这份罪,"她说,"老骨头会散架的,看来,你那儿也没有地方可以过夜,再说我也睡不惯别人的床。还是年轻人去蹦蹦跳跳吧。"

拉夫列茨基已找不到机会再和丽莎单独在一起,但是他望她时的那种神情,使她既愉快,又害臊,同时又可怜他。他和她告别时,紧紧地握了她的手。只剩下她一人时,她陷入了沉思。

二十五

拉夫列茨基回到家里,有个身材瘦长的人站在客厅门口迎候他。此人穿一件破旧的蓝色斜襟外套,脸上虽然满是皱纹,却精神饱满,颊须花白蓬乱,鼻子又长又直,小眼睛里尽是血丝。这人就是米哈列维奇,他大学时代的同学。拉夫列茨基起初没有认出他来,可来客刚一报出他的名字,他便热烈地抱住他。两人自从在莫斯科一别之后,就再也没有见过面。于是彼此发出一连串的惊叹,提出一连串的询问,早已湮没的回忆又在脑海中涌起。米哈列维奇抽着烟斗——他抽得很猛,一斗抽完,立即又装一斗——不时喝一口茶,挥动着两条长胳膊向拉夫列茨基讲述他的经历。他的经历中并没有十分值得高兴的事,他所从事的事业也未取得可以夸耀的成功,可他却不停地发出嘎哑的神经质的大笑。一个月前,他在一个富有的包税人的私人事务所里谋得一个差使,离O市大约三百俄里,得知拉夫列茨基已经回国,便绕道前来一会老友。米哈列维奇说起话来仍跟年轻时一样激昂,一样大嗓门,一样易于冲动。拉夫列茨基刚谈到自己的境况,米哈列维奇马上打断他的话,抢着说:"我听说了,老兄,听说了——谁能料到会有这种事?"接着就把话锋转到普遍性的话题上。

"老兄,"他说道,"我明天就得走。今天,你可得原谅我,我们要迟一点儿睡觉。我非得知道不可:你成了什么样的人,持什么样的见解和信念,人生给予你什么样的教训(米哈列维奇还沿用三十年代的用语)。至于我,老兄,我在许多方面都变了,因为生活的浪涛拍打我的胸膛——这话是谁说的?——不过在主要的、基本的方面,我依然故我:我仍然相信善,相信真,而且岂止相信,还将其奉为信念,是的——奉为信念,奉为信念。听我说,你知道吗,我现在还写诗;我的诗没有诗意,然而有真理。我这就给你念一首我的新作,在这首诗里我表达了我出自肺腑的信念。请听,"米哈列维奇随即朗诵起他的诗作,诗很长,结尾的四句是:

> 我把整个心灵献与新的感情,
> 我的心灵犹如婴儿重获新生:
> 我昔所膜拜的我皆付之一炬,

付之一炬的我今又奉为神圣。

念至最后两句诗时,米哈列维奇几乎声泪俱下;微弱的痉挛——这是强烈的激动的征兆——掠过他宽大的嘴唇,他的并不好看的脸上放出了光彩。拉夫列茨基听着,听着……不由得起了反感,这名莫斯科大学生随时随地都能呼之即来的激昂慷慨激怒了他。一刻钟还没有过,两个人就争得面红耳赤,这是俄国人才会有的那种无休无止的争论。两个分别多年,且是在不同的环境里生活的人,彼此并不清楚对方的,甚至自己的思想,为了鸡毛蒜皮的字眼上的差异,便抓住对方的片言只语,用同样的片言只语加以反驳,就一些无可再抽象的问题辩论起来,好像这些问题与他们生死攸关。他们扯开嗓门大叫大喊,使屋里所有的人都为之不安。可怜的莱姆,自打米哈列维奇来后,就把自己关在屋里,这时更是如坠五里雾中,甚至感到惊恐、害怕。

"出了这件事后,你又怎样呢?就悲观失望了?"夜里十二点多,米哈列维奇大声嚷道。

"难道我像悲观失望的人吗?"拉夫列茨基反驳说,"悲观失望的人都面无血色,气息奄奄,可我一只手就能把你举起来,要不要试试?"

"好吧,就算没有悲观失望,那也是个坏疑主义者(这时米哈列维奇夹带了他的小俄罗斯乡音①),那就更糟。可你有什么理由要沦为怀疑主义者?比方这么说吧,你在生活中遭遇了不幸,那也不能怪你呀,因为你天生就是一个多情种子,可人家强使你不得接近女人,所以你一旦碰见一个女人,就必然会受她的欺骗。"

"她把你也给欺骗了。"拉夫列茨基冷冷地指出。

"不一定吧,不一定。在这件事上,我做了命运的工具——嗨,我胡说些什么——这跟命运有什么关系。我就是改不掉用词不当的老

---

① 小俄罗斯是旧时俄人对乌克兰的蔑称。坏疑主义是怀疑主义的错读,即所谓乡音者。

毛病。可你说这话又能证明什么呢？"

"证明我自小就给人家弄脱臼了。"

"那你就自己给自己复位！你就不愧是人，不愧是堂堂的男子汉了，况且你有的是精力！不管怎么说，把一个个别的所谓事实拔高为普遍的规律，扩大为不可抗拒的法则，这难道可以吗？难道容许吗？"

"这跟法则有何干系？"拉夫列茨基打断他的话，"我可不承认……"

"不，这是你的法则，你的。"米哈列维奇也把他的话打断。

"你是个不折不扣的利己主义者！"一个小时后，米哈列维奇又吼了起来，"你只想自我享乐，你只想自己过得幸福，你只想到你自己……"

"什么叫自我享乐？"

"结果一切都欺骗你，你脚下的一切都崩溃了。"

"我问你，什么叫自我享乐？"

"崩溃是必然的。因为你在不可能找到支柱的地方去寻找支柱，因为你把房子盖在流沙上……"

"把话说清楚些，别打比方，因为我听不懂你的话。"

"因为——你尽管笑吧——因为你没有信念，没有温暖的心，你只有智力，只有分文不值的智力……你不过是个渺小的、落伍的伏尔泰信徒——你就是这种人！"

"谁？我，我是伏尔泰信徒？"

"是的，跟你老子一模一样，可你自己没有意识到。"

"你既然这么说，"拉夫列茨基吼道，"我就有权利称你狂徒！"

"唉！"米哈列维奇伤心地说，"很遗憾，我配不上这么崇高的称号……"

"现在我想出来了，该怎么称呼你，"深夜三点，又是那个米哈列维奇吼了起来，声震屋宇，"你不是怀疑主义者，不是悲观主义者，也不是伏尔泰的信徒,你是——一名懒汉,而且是一名用心险恶的懒汉,一名头脑清醒的懒汉,而不是糊里糊涂的懒汉。糊里糊涂的懒汉只晓得躺在炉炕上,什么也不做,因为他们什么也不会做;他们的脑袋什么都不想,然而你是个有思想的人——你却高卧不起;你本可以做点什么事——你却什么也不做;挺着你那个吃得饱饱的肚子躺着,嘴里说什么:就是应该躺着,因为不管人们如何忙忙碌碌——都是白忙,到头来是一场空。"

"你何以见得我成天躺着?"拉夫列茨基说,"你凭什么认为我有你说的那种想法?"

"除此之外,你们这一帮人,你们这些同类中人,"米哈列维奇呶呶不休地管自说下去,"全是博古通今的懒汉。你们深知德国人哪里不行,英国人和法国人有什么缺陷,于是你们可怜的知识就可助你们一臂之力,证明你们可耻的懒惰、你们可憎的游手好闲是理应如此的。有的人甚至据以自豪,说什么我聪明过人,所以我躺着,只有傻瓜才忙忙碌碌。是的!我们这儿就是有这样的老爷——不过,我并不是指你——他们一生都是在懒洋洋的无所事事之中打发掉,他们对此安之若素,以沉湎其间为乐事。就像……就像泡在酸奶里的蘑菇,"米哈列维奇说着,不禁为自己的妙喻而笑了,"啊,这种懒洋洋的无所事事——葬送了多少俄罗斯人!这些该死的懒汉,一辈子都打算工作,却……"

"你干吗出言不逊?"这下轮到拉夫列茨基吼了,"工作……做事……你最好说说清楚,该干什么。我的波尔塔瓦的德摩斯梯尼[①]!"

"噢,原来你想知道这个!老兄,这我不会告诉你,该干什么自己应该知道,"德摩斯梯尼讥嘲说。"堂堂的地主,堂堂的贵族——连自己该干什么都不知道!你没有信仰,否则你就会知道该干什么了;你

---

① 波尔塔瓦在乌克兰。德摩斯梯尼(约公元前384—前322),雅典雄辩家。希腊被马其顿征服后,服毒自杀。

没有信仰——所以得不到启示。"

"至少得让我歇一歇,魔鬼;让我先摸清情况。"拉夫列茨基央求道。

"一分钟也不能歇,即使一秒钟也不行!"米哈列维奇做了一个命令式的手势,说,"一秒钟也不行!死亡不等人,生活也不应该等待。"

"究竟打什么时候起,在什么地方人们想起要当懒汉的?"凌晨三点多,他又嚷道,不过嗓子已经有些嘎哑,"就是在这里想起的!就是此时此刻想起的!就是在俄罗斯想起的!而此时此刻我们每一个人对上帝、对人民、对自身都负有天职,负有伟大的重任!可我们却在睡大觉,然而时光在流逝,我们却在睡大觉……"

"请允许我向你指出,"拉夫列茨基说,"此时此刻我们非但没睡大觉,而且还不让别人睡。我们像两只雄鸡,扯开嗓门大叫。听,都鸡啼三遍了。"

这句出乎意外的妙语,逗得米哈列维奇笑了,心情也平静了下来。"明天见。"他微笑着说,把烟斗放进烟袋。"明天见。"拉夫列茨基也说道。可两个朋友还聊了一个钟点……不过两人已不再提高嗓门,而是平心静气地、与人为善地、不无忧伤地谈着心。

第二天,尽管主人一再挽留,米哈列维奇还是走了。费奥多尔·伊万诺维奇虽未能把他留住,却和他作了直抒胸臆的畅谈。一望而知,米哈列维奇囊空如洗。拉夫列茨基昨天就大为心酸,因为他注意到他这位朋友身上处处都有长年来贫困潦倒的迹象,以及由此而养成的习惯:他的鞋跟磨歪了,斜襟外套的后襟缺一个钮扣,手上久未戴过手套,头发上沾着绒毛;他来到后,连想都没想到盥洗一下,吃晚饭时,好似鲨鱼吞食一般,用手把肉撕开,用他那结实的、已经发黑的牙齿咯咯有声地嚼着骨头。原来,他官运也很不佳,现在他把一切希望都寄托在那个包税人身上,而那个人之所以录用他,只不过是为了在自己的事务所里摆上一个"有学问的人"而已。尽管如此,米哈列维奇并未人穷志短，我行我素地过着愤世嫉俗者、理想主义者和诗人的生活，出自衷心地关心人类的命运和自身的使命，终日忧国忧民，至于自己会不会饿死，却绝少想到。米哈列维奇没有结过婚，但是屡屡坠入爱河，为每一个他所爱的女人写诗，其中写得最为炽烈的是献给一个神秘的黑发"潘娜"①的……不过有传闻说，这位潘娜其实只是一个犹太平民女子，跟许多骑兵军官有染……可是仔细想想，这又有什么要紧呢？

莱姆觉得米哈列维奇和他格格不入，因为这个德国人对米哈列维奇大叫大嚷的言谈和粗野的举止，不但不习惯，而且吓坏了……按理说，同是苦命人，即使相隔天涯也能息息相通，然而莱姆已到垂暮之年，难以和别人沟通了，其实这也没有什么可奇怪的，因为他们二人一无共通之处，连志趣也大相径庭。

行前，米哈列维奇又跟拉夫列茨基长谈，预言他如果不及早觉醒，必会毁掉此生，还恳求他认真关心自己农民的疾苦，并以自己为例，说他米哈列维奇已在苦难的熔炉中获得净化，说到这里，他连连称自己是个幸福的人，把自己比作天上的飞鸟和谷中的百合花②。

"你充其量是朵黑不溜秋的百合花。"拉夫列茨基指出。

"唉，老兄，切忌摆出一副贵族派头，"米哈列维奇善意地说，"感谢上帝，幸好你的血管里流着贱民正直的血液。不过，我看现在需要有一个纯洁的天使般的人儿把你从冷漠的状态中拯救出来……"

"多谢你啦，老兄，"拉夫列茨基说，"我可受够了这些个天使般的人儿。"

---

① 波兰、乌克兰、白俄罗斯称贵族夫人或小姐为"潘娜"。
② 典出《圣经》。"飞鸟"见于《圣经·新约·马太福音》第六章第二十六节："你们看那天上的飞鸟，也不种，也不收，也不积蓄在仓里，你们的天父尚且养活他，你们不比飞鸟贵重得多吗。""谷中的百合花"出自《圣经·旧约·雅歌》第二章第一节："我是沙仑的玫瑰花，是谷中的百合花。"

"住口,你这个起恨的人!"米哈列维奇吼了起来。

"是'记恨的人'。"拉夫列茨基纠正他。

"就是起恨的人。"米哈列维奇满不在乎地又说了一遍。

甚至下人把他那只轻得出奇的、瘪瘪的黄皮箱放进了马车,他也坐进马车的时候,他还在说个不停。他裹着一件西班牙斗篷,斗篷的领子已褪成红褐色,钮扣全掉了,钉了几根狮爪搭襻替代,嘴里则滔滔不绝地阐发他对俄罗斯命运的看法,同时挥动着黝黑的手臂,像是在播下未来幸福生活的种子。临了,马终于起步……"记住我最后三个词,"他把整个身子都探出车外大声喊道,眼看要摔出来了,"宗教,进步,人道!……再见啦!"他的脑袋和脑袋上那顶快要遮没眼睛的帽子消失了。拉夫列茨基独自站在门廊里——穷其目力遥望着道路,直至看不见马车。"他的话看来是对的,"他进屋时想道,"我大概是个懒汉。"米哈列维奇的许多话不可抗拒地进入了他的心灵,尽管他当时和米哈列维奇争论过,不同意这些话。一个人只要心地善良——那么谁也无法抗拒他。

二十八

两天后,玛丽娅·德米特里耶夫娜带领全家的年轻人,应约前来瓦西里耶夫村。小姑娘们一下车就跑到果园去了,而玛丽娅·德米特里耶夫娜则懒懒地去各个房间看了看,懒懒地称赞了几句。在她看来,她来拉夫列茨基家作客是大大地给他面子,几乎跟做善事差不多。当安东和阿普拉克谢娅按家奴应守的古礼抢步上前吻她手时,她和蔼地微微笑了笑,用鼻音乏乏地说,她要喝茶。安东特地为此戴上针织的白手套,不料给这位莅临的贵客上茶的差事却没轮到他,被拉夫列茨基雇来的那个侍仆抢了头筹,安东气得七窍生烟,据老头说,那个家伙是什么规矩都不懂的。不过用午餐时,安东总算行使了他的权利:他牢牢地站在玛丽娅·德米特里耶夫娜的椅子后边,对谁也不肯让出自己的位子。瓦西里耶夫村已经好久没有客来,所以有客来老头儿又惊又喜,他看到主子跟上等人交往,打心底里感到高兴。不过那天感到激动的不止他一人,莱姆也很激动。他穿上短短的鼻烟色的燕尾服,紧紧地系着领巾,不断地清着嗓子,见了谁都笑容可掬、彬彬有礼地谦让。拉夫列茨基也欣喜不已,因为他注意到丽莎跟他的亲密关系仍然保持着,她一进门,就友好地把手伸给他。午餐后,莱姆从他不时把手伸进去的燕尾服后袋里取出一小卷乐谱,抿紧嘴唇,默默地将这卷乐谱放到钢琴上,这是昨天夜里他据德国一首咏星的古诗谱就的浪漫曲。丽莎马上坐到钢琴前,试弹这支曲子……说来伤心,乐曲显得紊乱纷杂,有一种叫人难受的紧张感,显然,作曲家本想表达一种热烈而又深邃的感情,结果失败了,一番心血付之东流。拉夫列茨基和丽莎都感觉到了这一点——莱姆也感觉到了,他什么话也没有说,就把自己的浪漫曲放回口袋;丽莎建议让她再试一回,他只是摇摇头,意味深长地说:"现在——完了!"说罢,弓着腰,缩着身子,走了出去。

傍晚,大家一起去钓鱼。果园尽头的池塘里有许多鲫鱼和鳑鱼。在岸边的树荫下,给玛丽娅·德米特里耶夫娜放了一张圈椅,脚下铺了一块小地毯,给她钓鱼用的是最好的钓竿。安东是个钓鱼老手,便由他来伺候她。他卖力地装上蚯蚓,用手拍了拍,再吐上几口唾沫,把钓钩抛出去,抛钓钩时,他整个身子前倾,姿势很是优美。玛丽娅·德米特里耶夫娜当天就向费奥多尔·伊万内奇谈到了安东,她用贵族女子中学那种法语说:"Il n'y a plus maintenant de ces gens comme ça comme autrefois."[①] 莱姆带了两个小姑娘远远地跑到堤坝上去了,拉夫列茨基留在丽莎身旁。鱼儿不断咬钩,一条条鲫鱼被钓上来的时候,鱼腹便在半空中闪闪发光,时而呈金黄色,时而呈银白色。小姑娘的

---

① 法语:不像过去。今天这样的人可没有了。

欢呼声不绝于耳,连玛丽娅·德米特里耶夫娜也娇声尖叫了两次。拉夫列茨基和丽莎钓到的鱼最少,大概是因为他们不像别人那样把心思放在钓鱼上,听凭浮子漂到岸边。在他们四周,浅红色的高高的芦苇发出低微的沙沙声,在他们面前,一池止水静静地闪着光,而他们的谈话也同样是悄没声儿的。丽莎站在一个小小的埠头上,拉夫列茨基坐在一棵倾倒的爆竹柳的树干上。丽莎穿一身白色连衣裙,腰际束一条同样也是白色的宽宽的腰带,她的草帽挂在一只手臂上,另一只手略显吃力地握着弯弯的钓竿。拉夫列茨基望着她纯洁的、略带几分严肃的侧影,望着她掠到耳后的发丝,望着她温柔的、像婴儿一般红彤彤的面颊,心里想道:"啊,你站在我的池畔是多么的可爱呀!"丽莎没有回过头去看他,而是既像蹙眉又像微笑地凝视着池水。近处一棵菩提树的树影落在他俩身上。

"您知道吗,"拉夫列茨基开口说,"关于我们上次的谈话,我想了许多。我得出的结论是:您实在太善良了。"

"我的本意根本不是这样……"丽莎本想这么说,却害羞了,没说出来。

"您实在善良,"拉夫列茨基又说了一遍,"我是个粗线条的人,可是连我都感觉得出,无论谁都会爱您。就拿莱姆说吧,他是真的爱上您了。"

丽莎的眉毛不是皱了起来,而是抖了一下;她听到什么不愿听的话时,总是这样。

"今天,他的浪漫曲失败了,"拉夫列茨基继续说道,"我很替他难受。年纪轻有了闪失——还可以挺得住,可是到了老年,发觉自己已力不从心——那就难受了。尤其伤心的是,你竟没有发觉自己的才情已经衰竭。一个老人是经不起这样的打击的!……留神,有鱼上钩了……据说,"拉夫列茨基沉吟有顷,加补说,"弗拉基米尔·尼古拉伊奇写了一首很漂亮的浪漫曲。"

"是的,"丽莎回答说,"一件小玩意儿,不过挺不错。"

"那么,依您看,"拉夫列茨基问,"他是个出色的音乐家吗?"

"我认为他有很高的音乐天赋;不过,他至今未曾下过苦功。"

"原来这样。那么他为人好吗?"

丽莎笑了,迅速地瞥了费奥多尔·伊万内奇一眼。

"多么奇怪的问题!"她高声说道,把钓钩拉出水面,重又远远地抛出去。

"有什么奇怪的?我初来乍到,又是您的亲戚,自然要向您问问他。"

"亲戚?"

"没错。我大概算得上是您的舅舅吧?"

"弗拉基米尔·尼古拉伊奇心眼挺好,"丽莎说,"也挺聪明。maman 很喜欢他。"

"那么您喜欢他吗?"

"他是个好人,我为什么不能喜欢他?"

"噢!"拉夫列茨基"噢"了一声,就沉默不语了,他脸上掠过一种半是忧愁,半是嘲笑的表情。他目不转睛地盯着丽莎,把她看得不好意思起来,但是她脸上还是挂着微笑。"那好吧,但愿上帝保佑他们幸福!"他终于嘀咕了一句,像是在自言自语,随即扭过头去。

丽莎脸红了。

"费奥多尔·伊万内奇,您错了,"她说,"您想到哪儿去了……难道您不喜欢弗拉基米尔·尼古拉伊奇?"

"不喜欢!"

"为什么?"

"依我看,他这人没有心肝。"

微笑从丽莎的脸上消失了。

"您惯于严厉地责备他人。"她沉默了好一会儿才说道。

"我可不这么认为。得了吧,我自己还需要人家宽恕我,我还有什么权利去责备他人?也许您忘了,只有懒人才不来嘲笑我?……怎么样,"他加补说,"您信守您的诺言了吗?"

"什么诺言?"

"您为我祈祷了吗?"

"是的,我为您祈祷了,而且天天为您祈祷。不过请您不要用轻慢的口气谈这种事。"

拉夫列茨基向丽莎解释,他绝对不曾有过轻慢的念头,他对任何信仰都怀着深深的敬意,然后他开始谈宗教,谈宗教在人类历史上的意义,谈基督教的意义。

"一个人之所以应当做一个基督徒,"丽莎略略用力地说。"倒不是为了要知道天堂……或者……世间的事,而是因为每个人都必有一死……"

拉夫列茨基不由得惊异地抬起眼睛望着丽莎,恰好和她的目光相遇。

"您怎么说这话!"他说。

"这不是我的话。"她回答。

"不是您的话……可是您为什么要提到死?"

"不知道,我常常会想到死。"

"常常?"

"是的。"

"瞧您现在的样子,谁见了也不会想到这件事的:您的脸是那么快乐,那么光彩照人,您在微笑……"

"是的,我现在非常快乐。"丽莎天真地说。

拉夫列茨基真想握住她的两只手,紧紧地握着……

"丽莎,丽莎,"玛丽娅·德米特里耶夫娜喊道,"快过来,瞧我钓到了一条多大的鲫鱼。"

"我就来,maman。"丽莎回答道,向她走去。拉夫列茨基仍坐在他的爆竹柳上,想道:"我乐意跟她交谈,好像我并非心如枯井。"丽莎走掉的时候,把草帽挂在树枝上;拉夫列茨基怀着一种奇异的、近乎是绵绵的柔情望着这顶帽子,望着帽子上微微有点皱的长长的带子。丽莎很快就回到他身边,仍旧站在埠头上。

"为什么您认为弗拉基米尔·尼古拉伊奇没有心肝?"隔了一会儿,她问道。

"我不是跟您说过了,我很可能是错的。孰是孰非,日子长了,就会见分晓的。"

丽莎陷入了沉思。拉夫列茨基开始谈他在瓦西里耶夫村的生活起居,谈米哈列维奇,谈安东;他感到他需要和丽莎谈话,把心里的一切都讲给她听,她那么亲切、那么聚精会神地听着他讲,她偶尔提出的一两个不同的意见,提出的她的看法,在他听来是何等的天真、何等的聪明。他甚至把这个想法也跟她说了。

丽莎大为惊异。

"真的?"她说,"可我一直以为,我跟我的婢女娜佳一样,是没有自己的言语的。有一回她对她的未婚夫说:你跟我在一起,准会感到乏味,你跟我说的话那么好听,我却没有自己的言语。"

"真该谢天谢地!"拉夫列茨基想道。

二十七

这时,夕阳西下,玛丽娅·德米特里耶夫娜表示要回家了。好不容易才把小姑娘们从池畔拽了回来,给她们收拾停当。拉夫列茨基说,他要把客人送至半途,吩咐给他备马,他把玛丽娅·德米特里耶夫娜搀扶上马车时,猛然想起了莱姆,可哪里也找不到这位老人。刚钓完鱼,他就不见了。安东用像他这把年纪的人难得有的力气砰的把车门关上,严厉地吆喝道:"车夫,走!"马车启动了。玛丽娅·德米特里耶夫娜和丽莎坐在后座,两个小姑娘和一名婢女坐在前座。黄昏温暖而静谧,两边的车窗都放了下来。拉夫列茨基骑着马,傍着丽莎那一边,一只手搭在车门上,和马车并排向前小跑而去——他把缰绳扔在他那匹从容地奔驰着的坐骑的脖子上,偶尔同这位少女交谈一两句。晚霞已经逝去,夜降临了,空气却反而更温暖了。玛丽娅·德米特里耶夫娜很快就打起盹来;小姑娘和婢女也都睡着了。马车迅速而平稳地行驶着。丽莎身子前倾,初升的月亮映着她的脸,芬芳的夜风轻吻着她的双眸和两腮。她觉得很舒服。她的手也搭在车门上,挨着拉夫列茨基的手。他也觉得很舒服。他奔驰在安谧的、暖洋洋的夜色中,目不转睛地凝望着这张善良的年轻的脸庞,谛听着即使在低语时也是清脆的年轻的声音所说的纯朴善良的话,竟没有发觉,已走过了一半路。他不想惊动玛丽娅·德米特里耶夫娜,只是轻轻握了握丽莎的手,说:"现在我们是朋友了,对吗?"她点了点头,他把马勒住。马车轻轻地晃动着向前驶去。拉夫列茨基拨转马头回家。他按辔徐行,夏夜的魅力包围着他,周遭的一切显得出乎意料的异样,同时又是他久已熟悉的,那么甜蜜,那么迷人;远近的一切无不静如止水,远处的景物可以望见,然而朦朦胧胧,什么也不能看清;就在这无涯的静谧中,存在着年轻的、如花初绽的生命。拉夫列茨基的马精神饱满地迈着四蹄,有节奏地左右摇摆着,马的庞大的黑影与马并排而行,嘚嘚的马蹄声中有种莫名的神秘、愉快的东西,鹌鹑响亮的叫声也令人感到其中有一种莫名的奇妙、欢乐的东西。繁星隐没在幽明的云烟之中,而弦月则闪耀着永恒的清辉;月光犹如一道蓝色的清溪流淌于天际,把无数淡淡的金点洒在由近处飘过的轻云上。清新的空气湿润着他的双目,温情地拥住他的四肢,将一股无所拘束的湍流注入他的心胸。拉夫列茨基享受着这种愉悦,并为自己能享受到这份愉悦而喜不自胜。"嗯,我们尽可快快乐乐地生活,"他想,"还没有把我们完全毁了……"他没有说出是谁或者是什么把他毁了……接着,他开始想丽莎,想她未必爱潘申,想如果他自己在别的情况下和她相逢,天知道会闹出什么事来,想他理解莱姆说过的话,虽然她没有"自己的"言语。然而这个说法是不对的,她有自己的言语……"不要用轻慢的口气谈这样的事,"拉夫列茨基回味着这句话。他骑在马上垂着头走了很久很久,后来挺直身子,慢慢地念道:

> 我昔所膜拜的我皆付之一炬,
> 付之一炬的我今又奉为神圣。

他随即抽了马一鞭,疾驰回家。

下马的时候,他最后一次环视四周,不由得感激地微微笑了笑。夜,寂静的、温馨的夜,主宰着山丘和山谷,从远方,从远方芬芳的深处,天知道是从什么地方——也许是从天上,也许是从地上——拂来宁馨温柔的暖意。拉夫列茨基最后一次向丽莎遥祝晚安,快步登上台阶。

第二天过得趣味索然。一早就下起了雨。莱姆成天皱着眉头,嘴巴闭得越来越紧,像是发誓永不开口了。就寝时,拉夫列茨基随手把在桌上放了足有两个多礼拜的一叠不曾拆封的法国报纸拿到床上去看。他撕开封套,浏览了一遍标题,什么新闻也没看到。他正要把这叠报刊扔到一边——猛然间,像是叫什么蜇了一下似的,从床上蹦了起来。原来在一张报纸的小品栏里,我们的老相识麦歇茹里向读者报道了一条"不幸的消息",他写道:"勾人魂魄的莫斯科美女,时装皇后之一,为巴黎的沙龙增辉的 Madame de Lavretzki[①] 突然香消玉殒,——遗憾的是这个消息绝对可靠,是他茹里先生刚刚获悉的。而他,"他继续写道,"是死者生前的好友……"

拉夫列茨基披上衣服,走进果园,在一条林荫道上来来回回地走

---

① 法语:拉夫列茨基太太。

着,直到天明。

二十八

次晨喝茶的时候,莱姆请拉夫列茨基给他准备马匹,他要回城。"我该去办正事了,就是说,该去教课了,"老人说,"要不,呆在这里,把大好光阴都荒废了。"拉夫列茨基没有立刻回答,他好像有点心不在焉。"好吧,"他终于答道,"我和您一起去。"莱姆也不叫仆人帮忙,气呼呼地哼哧着,自己动手把小小的行囊收拾好,又将好几页乐谱撕碎,点火烧掉。马匹备好了。拉夫列茨基从书房里出来,一边走,一边把昨晚那张报纸放进口袋。一路上,莱姆和拉夫列茨基很少交谈,各自想着自己的心事,都为对方不打扰自己而高兴。两人分手时,态度都冷冰冰的,不过,这在俄国不足为奇,朋友间常常如此。拉夫列茨基把老人送到他的小屋前,老人下了车,取下自己的箱子,也没把手伸给朋友(他也腾不出手来,两只手全都用来抱那只箱子了),连头都不回,只是用俄语朝拉夫列茨基说了声:"再见,先生!"拉夫列茨基回了声再见,就吩咐车夫直驱他的寓所。他在 O 市租了套房子,以备不时之需。拉夫列茨基在寓所写了几封信,匆匆用过午餐后,便直奔卡利京家。走进客厅,只见潘申一个人在,潘申告诉他,玛丽娅·德米特里耶夫娜马上就来,随即极为亲热地同他交谈起来。在这天以前,潘申对拉夫列茨基的态度虽然说不上倨傲,却总有点纡尊降贵的样子,但是丽莎向潘申提起她昨天的出游时,称拉夫列茨基是个非常好和非常聪明的人,这就足以令他要尽力把这个"非常好的"人笼络过来。于是潘申先是恭维拉夫列茨基,向他描述,用他的话说,玛丽娅·德米特里耶夫娜阖府上下谈到瓦西里耶夫村之行时无不兴高采烈,然后故伎重演,巧妙地把话题转到自己身上,开始谈他的事业,谈他的人生观、世界观和对官场的看法,就俄国的未来说了一两句,还谈到对各省省长应当如何加以管束。说到这里,他笑嘻嘻地自嘲了几句,紧接着像是随口提到的那样,说彼得堡授权给他,要他"de populariserl'idée du cadastre①",他讲了许久,以一种漫不经心的自负,讲他如何解决各种困难,如何像魔术师玩球那样处理最重要的行政上和政治上的问题,而且三句不离"假如我是政府当局,那我就这么办",或者"您是个聪明人,您一听就会同意我的看法"之类的话。拉夫列茨基冷淡地听着潘申夸夸其谈,他不喜欢这个漂亮、聪明、从容不迫的文雅的人,不喜欢他开朗的微笑、彬彬有礼的声调和探究的目光。潘申以其特有的鉴貌辨色的本领,很快就看出谈话对方对他并不怎么感兴趣,便暗自想道,拉夫列茨基也许是个非常好的人,然而不讨人喜欢,为人"aigri②","ensomme③",有几分可笑,于是找了个适当的藉口,脱身走了。玛丽娅·德米特里耶夫娜在格杰奥诺夫斯基的陪同下走了进来,随后,马尔法·季莫费耶夫娜和丽莎来了,接着,家里其他人也都来了,不一会儿爱好音乐的别列尼岑娜也乘车来了。这位夫人娇小、清瘦,美丽的脸庞总是带着倦容,而且小巧得像孩子的一般,她穿一身窸窣发响的连衫裙,手里拿把花花绿绿的扇子,手上戴着沉甸甸的金手镯;她的丈夫也来了,这是个红脸膛的胖子,手很大,脚也很大,睫毛呈白色,厚嘴唇上老是挂着呆滞的微笑,外出做客时妻子从不跟他说话,可回到家里,两人亲热的时候,就唤他"我的小猪崽"。潘申又露面了,客厅里人头济济,很是热闹。拉夫列茨基不喜欢人多的场合,加之别列尼岑娜又不时举长柄眼镜来打量他,使他格外恼火。如果不是为了丽莎,他会马上站起身来就走,他没走是因为他有一两句话要跟丽莎单独谈,

---

① 法语:宣传普及土地调查的思想。此处的"土地调查"在俄国是指为征税目的对土地占有情况登记立册。
② 法语:酸腐、怪僻。
③ 法语:总而言之。

却找不到合适的机会,便满足于用目光紧紧盯着她,心底里充满了喜悦,在他看来,丽莎的容貌今天比往日更高贵,更可爱。相形之下,别列尼岑娜就大为逊色了。那位夫人坐无坐相,老是在椅子上扭动身子,时不时耸起瘦削的肩膀,娇滴滴地纵声大笑,眼睛一会儿眯成一条线,一会儿又睁得老大。而丽莎则端庄地坐着,目不斜视,连笑都不笑。女主人坐下来跟马尔法·季莫费耶夫娜、别列尼岑娜和格杰奥诺夫斯基玩牌。格杰奥诺夫斯基出牌非常慢,时时出错,不断眨巴着眼睛,用手帕揩脸。潘申做出一副郁郁不乐的样子,说话简短、忧伤,若有所指——俨然像个苦于找不到机会一展才华的艺术家,可是,尽管别列尼岑娜一再向他卖弄风情,撒着娇求他演唱他那首浪漫曲,他却不答应,因为拉夫列茨基在座,他感到拘束。费奥多尔·伊万内奇话也很少,一踏进门就脸色有异,使丽莎吃了一惊,她立刻觉察出他有事要告诉她,可是她自己也不知道为什么不敢问他有什么事。最后,她去大厅斟茶时,情不自禁地回过头来看了看他。他马上跟她走进大厅。

"您怎么啦?"她把茶壶放到茶炊上,说。

"难道您发觉什么了?"他说。

"您今天和平日不一样。"

拉夫列茨基把头一直垂到桌子上。

"我想告诉您一个消息,"他开口说,"不过现在不行。您先看看小品文栏里用铅笔勾出来的地方,"他加补说,把随身带来的那张报纸递给她。"这事请保守秘密。我明天早上再来。"

丽莎如坠五里雾中……潘申出现在大厅门口,她连忙把报纸塞进口袋。

"伊丽莎白·米哈伊洛夫娜,您读过《奥贝曼》这部小说[①]吗?"潘

[①]《奥贝曼》是法国浪漫主义作家瑟南古(1770—1846)写的一部长篇小说,作于一八〇四年。屠格涅夫称这部小说是"浪漫主义的感伤小说"。

申若有所指地问她。

丽莎含糊地回答了他几句,就走出大厅上楼去了。拉夫列茨基回到客厅,走到牌桌前。马尔法·季莫费耶夫娜把包发帽的带子都解开了,脸涨得通红,向拉夫列茨基抱怨她的伙伴格杰奥诺夫斯基,据她说,这人连牌该怎么出都不懂。

"显然,打牌,"她说,"可不像造谣那么容易。"

格杰奥诺夫斯基照旧眨巴着眼睛,揿着脸。丽莎走进客厅,在角落里坐下;拉夫列茨基望了望她,她也望了望他——两人不由得都产生了近乎恐惧的感觉。他看到她表情困惑,有一种隐隐的谴责。同她谈谈,这是他求之不得的,可他却办不到;要他作为众客中的一个跟她同处一室,他又受不了,于是他决定走。同她告别时,他趁机又说了一遍他明天再来,还加补说,他信赖她的友谊。

"来吧。"她回答说,脸色仍然是困惑的。

拉夫列茨基一走,潘申顿时活跃起来;他给格杰奥诺夫斯基出点子,跟别列尼岑娜调笑,而且终于唱了他的浪漫曲。但是他跟丽莎说话和看着她的时候,神情还同刚才一样:若有所指,又有点忧伤。

而拉夫列茨基又彻夜未眠。他并不伤心,也不激动,他身心十分平静,可他就是不想睡。他甚至没有去回忆往事,而只是展望他的生活,他的心脏沉重而均匀地跳动着,时间一个小时一个小时过去,可他就是不想睡。只是他的头脑里时不时闪过这样的念头:"这不是真的,是编造的。"他停止思考,垂下头,展望他的生活。

二十九

第二天,拉夫列茨基又来卡利京家,玛丽娅·德米特里耶夫娜对他就不怎么亲切了。"哼,来个没完了。"她心里想道。她本来就不太喜欢他,加之潘申昨晚在赞许他时,她听出潘申的话里嵌有许多骨头,且语含轻蔑,而潘申的话是能左右她的。再说她并不把他当客人看待,而是把他视作跟家里人差不多的亲戚,所以无需她花精神去接待。于是过了半个小时不到,他已经和丽莎来到果园的林荫道上。莲诺奇卡和舒罗奇卡在离他们几步远的花坛上戏耍。

丽莎像平日一样镇静,但是脸色比平日苍白。她从口袋里拿出那张叠得很小的报纸,递给拉夫列茨基。

"这太可怕了!"她说。

拉夫列茨基什么也没回答。

"也许这个消息不准。"丽莎说。

"所以我才请您不要跟任何人谈这事。"

丽莎走了几步。

"告诉我,"她说,"您不难过吗?一点也不?"

"我自己都说不上我有什么感觉。"拉夫列茨基回答说。

"您过去不是爱她的吗?"

"爱过。"

"非常?"

"非常。"

"那么,她死您不感到伤心?"

"对我来说,她并不是今天才死的。"

"您说这话是罪过……您别生我的气。您既然把我视作朋友,那么朋友是可以无所不谈的。我,说真的,甚至感到害怕……昨晚上,您的脸色那么难看……您记得吗,不久前您还骂过她?可那时她很可能已不在人世。这太可怕了。这像是给您的惩罚。"

拉夫列茨基苦笑了一下。

"您这么认为吗?……至少我现在是自由的了。"

丽莎不寒而栗。

"够啦,别这么说。您的自由对您有什么用?您现在想的不该是什么自由,而是宽恕……"

"我早就宽恕她了。"拉夫列茨基挥了挥手,打断了她的话。

"不,我说的不是这个意思,"丽莎反驳说,她脸红了,"您理解错了。我的意思是您该关心的是您是否能得到宽恕……"

"谁的宽恕?"

"谁的?上帝的。除了上帝,还有谁能宽恕我们。"

拉夫列茨基握住她的手。

"唉,伊丽莎白·米哈伊洛夫娜,请您相信,"他提高嗓门,叫了起来,"我已经受够了惩罚,相信我,我所有的罪孽我都赎清了。"

"是否赎清,您不可能知道,"丽莎低声说,"您忘了,没几天前您和我谈话时,还不肯宽恕她呢。"

两人默默地在林荫道上走着。

"您的女儿怎么样了?"丽莎停住脚步,突然问道。

拉夫列茨基打了个寒战。

"噢,您不用担心!我已经给各地发了信。我女儿的未来,就像您对她……就像您说的……是有保障的,您放心!"

丽莎忧伤地笑了笑。

"不过您说得对,"拉夫列茨基继续说道,"我要自由做什么?自由对我有什么用?"

"您是什么时候收到这份报纸的?"丽莎问,没有理会他的问题。

"您去我家后的第二天。"

"难道……难道您竟没有流一滴眼泪?"

"没有。我大吃一惊,可是没有流泪,哪儿来的眼泪?为过去流泪——可过去在我心里早已化为灰烬!……她的行为并没有破坏我的幸福,只是向我证实我从不曾有过幸福。既然如此,为什么要流泪呢?要是早两个礼拜得到这个消息,说不定我会比现在伤心……"

"早两个礼拜?"丽莎说,"在这两个礼拜里发生了什么事?"

拉夫列茨基没有回答,丽莎的脸突然涨得比刚才更红了。

"是的,是的,叫您猜着了,"拉夫列茨基突然接口说,"在这两个礼拜里,我知道了什么是纯洁的女人的心灵,于是我的过去就离我更加远了。"

丽莎羞得不知怎样才好,便慢慢地向花坛那边的莲诺奇卡和舒罗奇卡走去。

"我很满意自己把这份报纸给您看,"拉夫列茨基跟在她身后说,"我已经习惯于什么都不瞒您,深信您也会以同样的信赖回报我。"

"您这么想?"丽莎说,停下了脚步,"那我无论如何应该……噢,不!这事是不可能的。"

"什么事?您说呀,说呀。"

"真的,我觉得我不应该……"丽莎说道,笑吟吟地把脸转向拉夫列茨基,"既坦诚相见,又怎能遮遮掩掩?您知道吗?我今天收到一封信?"

"潘申写来的?"

"是的,他写来的……您怎么知道的?"

"他向您求婚?"

"是的。"丽莎说,严肃地直视着拉夫列茨基的眼睛。

拉夫列茨基也严肃地望着丽莎。

"那么您是怎么答复他的?"他终于问道。

"我不知道该怎么答复。"丽沙说,把交叠在一起的双手垂了下来。

"怎么?您不是爱他的吗?"

"是的,我喜欢他。我觉得他是个好人。"

"您三天前就跟我说过同样的话。我希望知道的是您爱不爱他,对他有没有我们称之为爱情的那种强烈的激情?"

"像您所说的那种——没有。"

"您没有爱上他?"

"没有。难道那是必要的?"

"怎么?"

"妈妈喜欢他,"丽莎说,"他心眼儿好,我没什么可反对的。"

"可是您还在犹豫?"

"是的……也许是您,您的话,使我犹豫不决。您记得您前天说的话吗?这是我软弱……"

"啊,我的孩子!"拉夫列茨基突然大声叫道,连声音都抖了。"您不要自欺欺人,别把您心底的呼声称作软弱,您的心不愿委身于一个您并不爱的人。对于一个您并不爱,而只是愿意属于他的人,您不该承担那么可怕的责任……"

"我只有听从的份,我并不承担任何责任。"丽莎这么说……

"还是听从您的心吧,只有您的心告诉您的才是正确的,"拉夫列茨基打断了她的话……"什么经验、理智——全是空的,是扯淡!您可千万不要剥夺自己在世上最美好的、唯一的幸福。"

"费奥多尔·伊万内奇,这话出了您的口?您自己是恋爱结婚的——您幸福吗?"

拉夫列茨基拍了拍手。

"嗨,请您别把我作为例子!您根本无法理解一个年纪轻轻、一无经验、所受的又是扭曲的教育的男孩,会把什么当作爱情!……是呀,都到了这个份上,我何苦再来出自己的丑?我刚才跟您说,我不曾有过幸福……不,不对!我有过幸福!"

"费奥多尔·伊万内奇,我认为,"丽莎压低声音说(她不同意对方的意见时,总是压低声音,虽然她心里非常激动),"世上的幸福不由我们做主……"

"由我们做主,由我们,相信我的话(他抓住她的两只手;丽莎脸色发白,她几乎是骇怕地,然而又是注意地望着他),只要我们不自己毁掉自己的一生。对于有些人来说,恋爱结婚也许会导致不幸,可是对于您却不会,因为您有沉静的性格,纯洁的心灵!我求您,千万不要出于义务感,出于不违逆母意,或者出于诸如此类的原因嫁人,而不顾自己并无爱情……这等于不信仰上帝,等于只考虑利害得失,甚至还要坏。相信我——我是有权利这么说的,因为我为这个权利付出了昂贵的代价。如果您的上帝……"

就在这一刻,拉夫列茨基发觉莲诺奇卡和舒罗奇卡正站在丽莎身旁,一声不吭地、诧异地望着他。他放开丽莎的手,匆匆地说了声:"请您原谅我。"便朝屋里走去。

"我只请求您一事,"他折回到丽莎身边,说道,"切勿仓促决定,请等一等,考虑一下我跟您说的话。即使您不相信我的话,即使您决定从理智出发考虑婚嫁——即使这样,您也千万别嫁给潘申先生,因为他不配做您的丈夫……您会答应我不仓促决定,对吗?"

丽莎本想回答拉夫列茨基,可是一个字也没说,倒不是因为她已决意"仓促",而是因为她的心跳动得太猛烈了,而且一种近似恐惧的感觉使她喘不过气来。

三十

拉夫列茨基刚走出卡利京家,便遇见了潘申;两人互相冷冷地鞠了一躬。拉夫列茨基回到寓所,把自己锁在房间里。他此刻的心情是他过去从未体验过的。不久以前,他不是处于一种"心平如镜的麻痹"状态中吗?不久之前,他不是感到自己,用他的话说,"沉入了河底"吗?那么是什么改变了他的处境?是什么使他浮出水面的呢?是那桩最平常的、谁都逃不了的,然而总是意料不到的事——"死亡"吗?是的;然而他想的主要不是妻子的死,不是自己的自由,而是丽莎会怎样答复潘申?他觉得在最近三天内,他已用另一种眼光看丽莎了:他记起有一回回家途中,在宁静的夜色下,他一边想着丽莎,一边对自己说:"假如!……"这个"假如"原是指过去,指不可能发生的事,而现在却成了事实,尽管和他向往的不一样——然而仅仅他一方有自由还不够。"她听她母亲的话,"他想道,"她会嫁给潘申;然而即使她拒绝了潘申,对于我来说还不是一样吗?"他走过镜子前时,瞥了一眼自己的脸,不由得耸了耸肩膀。

白天就在他这样东想西想之中飞快地过去了,傍晚来临了。拉夫列茨基前往卡利京家。他急匆匆地走着,可是快到这家人家的时候,他放慢了脚步。门廊前停着潘申的马车。"得了,"拉夫列茨基想,"我不做自私自利的人。"他走进屋去。进屋后,他一个人也没遇到,连客厅里也寂无人声。他推开客厅门,看到玛丽娅·德米特里耶夫娜正在同潘申打辟开①。潘申默默地朝他点点头,女主人叫了起来:"想不到!"随即又微微皱了皱眉头。拉夫列茨基坐到她身边,看她打牌。

"难道您也会打辟开?"她问他,口气中隐隐有点不悦,接着就说她打错牌了。

潘申得了几十分,便彬彬有礼地、不慌不忙地把赢得的牌聚拢,脸色庄重,不卑不亢。外交家就该有这样的牌品;想必他在彼得堡陪某个位高权重的人打牌时,想让对方对他留下一个庄重、老练的良好印象,也是用这种打法的吧。"一百零一,一百零二,红桃,一百零三。"他的声音很有节奏,可拉夫列茨基听不出他的语调是在谴责人呢,还是洋洋自得。

"我可以去见马尔法·季莫费耶夫娜吗?"他看到潘申做出一副更加庄重的样子动手洗牌,便问道。这时在潘申身上,连艺术家的影子都看不到了。

"我想可以,她在楼上自己屋里,"玛丽娅·德米特里耶夫娜回答说,"您先去看看吧。"

拉夫列茨基上了楼。他看到马尔法·季莫费耶夫娜也在打牌,她

---

① 旧时一种纸牌戏,三十二张牌,玩者二至四人。

在和纳斯塔西娅·卡尔波夫娜打"捉傻瓜"[①]。小狗罗斯卡朝他吠个不停,可两个老妇人却亲切地接待他,马尔法·季莫费耶夫娜尤其高兴。

"啊!费佳!请,请,"她说,"坐,我的亲爱的。我们马上就打完了。想吃果酱吗?舒罗奇卡,把那罐草莓酱给他拿来。不想吃?那你就坐着吧;可不许抽烟,我受不了你那股烟味,再说'水手'闻了要打喷嚏的。"

拉夫列茨基急忙说,他一点也不想抽烟。

"你到过楼下了?"老妇人继续问道,"都看见谁了?潘申还赖在那儿不走?看到丽莎了吗?没有?她说要来这儿的……瞧,这不是她吗,说到她,她就到。"

丽莎走进房间,看到拉夫列茨基,脸刷的一下红了。

"马尔法·季莫费耶夫娜,我一会儿就走。"她刚开口说……

"为什么一会儿就走?"老妇人说,"你们这些年轻姑娘,怎么都坐不定?你没看到,我来了客人,陪他聊聊,解解闷。"

丽莎坐到一张椅子边上,抬起眼睛望着拉夫列茨基——她觉得她不能不让他知道她和潘申会面的结果。但是怎么说得出口呢?她又羞又愧。她同这个很少去教堂,而且对自己妻子的死又那么无动于衷的人,才认识多久,她却已经要向他倾诉自己的秘密了……的确,他关心她,而她也信任他,而且感到他对她有股吸引力,但是她还是感到羞愧,好似让一个陌生男子走进了她处子纯洁的闺房。

马尔法·李莫费耶夫娜出来帮忙了。

"要是你不陪他解闷,谁来陪他这个可怜的人?我来陪吧,他嫌我太老,我呢,嫌他太聪明;让纳斯塔西娅·卡尔波夫娜来陪他吧,她又嫌他太老,人家只要小年轻。"

"那叫我拿什么陪费奥多尔·伊万内奇解闷呢?"丽莎说,"要是他高兴,我还是弹弹钢琴给他听吧。"她犹犹豫豫地加补说。

[①] 一种纸牌戏,输者为傻瓜。

"那太好了,你真是个聪明孩子,"马尔法·季莫费耶夫娜说,"下楼去吧,我的亲爱的孩子们,去吧;弹完了再上楼来;瞧,我这回当了傻瓜,我可不愿意当,我要赢回来。"

丽莎站起身来,拉夫列茨基跟在她身后。在楼梯上,丽莎停住了脚步。

"常言说得好,"她开口说,"人心是充满矛盾的。按理说,您的例子本该让我害怕,使我不相信恋爱结婚,可是我……"

"您拒绝他了?"拉夫列茨基打断了她。

"没有,但是我也没有答应他。我把一切,我心里想的一切,都跟他讲了,我请他等等再说。您满意了吧?"她嫣然一笑,加补说,用一只手稍稍扶着栏杆,跑下了楼梯。

"我给您弹点什么呢?"她掀开琴盖,问道。

"随便您。"拉夫列茨基回答说,选了一个可以看到她的位置坐了下来。

丽莎开始弹奏,两眼久久地看着自己的手指。她终于瞥了拉夫列茨基一眼,立即停下来不弹了。她觉得他脸上的表情奇怪而且异样。

"您怎么了?"她问。

"没什么,"他说,"我很好,我为您高兴,我高兴看到您,请继续弹吧。"

"我认为,"过了一会儿,丽莎说,"要是他的确爱我,他就不会写那封信,他凭直觉就可知道,我现在不会答复他。"

"这无关紧要,"拉夫列茨基说,"紧要的是您不爱他。"

"请别说了,我们在谈什么呀!您死去的妻子总是在我眼前转来转去。我怕您。"

就在这时,玛丽娅·德米特里耶夫娜对潘申说:"沃尔特马尔①,我

---

① 潘申的名字弗拉基米尔的法语变音。

的丽莎弹得多好,您说呢?"

"是的,非常好。"

玛丽娅·德米特里耶夫娜深情地看了一眼她的年轻的伙伴,但是年轻的伙伴却摆出一副更加神气而且心事重重的样子,叫出了十四个老K。

三十一

拉夫列茨基年纪已经不轻,对于丽莎在他心底唤起的究竟是什么样的感情,不可能长久地置之不理;就在那一天,他终于确信他爱上了她。但是这并没有给他带来多少喜悦。"都到了三十五岁上了,"他想道,"难道我没有别的事好做,非要再次把自己的心交到一个女人手里不成?但丽莎跟那个人不一样;她不会要我做出可耻的牺牲;她不会使我丢开我的事业;她自己会鼓舞我去从事光明正大的劳动,我们会携手并进,走向美好的目标。是呀,"他在结束他这番冥想时想道,"这一切都很好,然而不好的是,她根本不想跟我走。她说她怕我,那不会是无缘无故的。不过她也不爱潘申呀……然而这颗定心丸是靠不住的!"

拉夫列茨基回到了瓦西里耶夫村,他在那里住了还不满四天,就耐不得这份寂寞了。等待信件也使他苦恼:茹里先生报道的那个消息需要加以证实,可他连一封回信也没收到。他又回到城里,在卡利京家消磨了一个夜晚。他一眼就看出玛丽娅·季莫费耶夫娜对他起了反感,幸好他在打辟开时,输给了她十五卢布,才稍稍缓解了她的不满。那一晚,他有半个小时几乎是单独地同丽莎度过的,尽管她母亲昨天晚上曾规劝过她不要和一个"qui a un si grand ridicule[①]"的人过

[①] 法语:有过丢脸的事。

于亲密。他发觉她变了,变得好像更爱沉思了,还责备他为什么不来,并且问他明天去不去望弥撒。(明天是礼拜天。)

"您去吧,"不等他回答,她就先说了,"我们一起去为她的亡灵祈求安息。"后来她又加补说,她不知道该怎么办,不知道有没有权利让人家潘申再这样等下去。

"为什么?"拉夫列茨基问。

"因为,"她说,"我现在已经怀疑我作出的将是什么样的决定。"

她说她头痛,犹犹豫豫地把手指尖伸给拉夫列茨基,便上楼回自己房间去了。

第二天,拉夫列茨基去望弥撒,走进教堂,只见丽莎已经在那里了。她已发觉他来了,尽管没有转过头来看他。她虔诚地作着祈祷。她的眼睛沉静地发出光彩,她的头沉静地低下,又沉静地抬起。他感觉到她也在为他祈祷——于是一种奇妙的感激之情便充满了他的心灵。他既感到愉快又觉得惭愧。肃然而立的会众,一张张亲切的脸,和谐的合唱,馥郁的神香,从窗口斜射下来的长长的光柱,四壁和拱顶的幽暗——所有这一切都震撼着他的心灵。他很久没有来教堂了,很久没有向上帝倾诉心曲了;即使此刻,他也没有念诵一句祷词,甚至没有默祷,然而有一瞬间,他即使不是在形体上,至少在整个心灵中虔敬地俯伏在地上叩拜了。他记起在他小的时候,他每回在教堂里都专心致志地祈祷,直到觉得似乎有人凉丝丝地在他额上抚摩了一下,这时他就想,守护天使接纳我了,在我额上做了选民的记号。他望了丽莎一眼……"你把我领到这儿来,"他想道,"你也抚摩我吧,抚摩我的心灵吧。"她仍然在沉静地祈祷;他觉得她的脸上洋溢着喜悦,于是他又一次感动了。他开始为另一个灵魂祈求安息,为自己祈求宽恕……

他俩在教堂门前的台阶上相遇。她愉快、亲切而又端庄地向他问好。灿烂的阳光照耀着教堂院落里的嫩草,照耀着妇女们花花绿绿的衣裳和头巾,附近所有教堂的钟声在高空回荡;麻雀在栅栏上喊喊喳喳地叫。拉夫列茨基没有戴帽子,含笑站在那里,轻风吹拂着他的头发和丽莎帽子上丝带的末梢。他把丽莎和跟她一起来的莲诺奇卡扶上马车,把身上的钱统统给了乞丐后,便缓步回家去了。

三十二

　　费奥多尔·伊万内奇受苦受难的日子到了。他像是患了冷热病。每天一早他就去邮局,焦躁地拆开信件和报刊,可哪里都找不到可以证实或者推翻与他命运攸关的传闻。有时他自己也觉得自己行为卑劣。"我这是怎么啦,"他想,"我像乌鸦等着喝血似的等着妻子确凿的死讯!"他每天都去卡利京家,可是在那里他也没好日子过:女主人对他的厌烦溢于言表,接待他时一副纡尊降贵的架势;潘申对他客气得过分,莱姆摆出厌世者的样子,见到他时,爱理不理地点点头,而最主要的是:丽莎像是处处在回避他。即使和他单独相处的时候,她也一反常态,局促不安替代了原先的推心置腹,她不知跟他说什么好,他自己也感到窘迫。才几天工夫,丽莎就完全变了,跟他所熟悉的她已判若两人:在她的举止、声音,乃至笑声中都流露出她内心的不安和过去从未有过的情绪波动。玛丽娅·德米特里耶夫娜是个十足的唯我主义者,对此丝毫没有生疑,可是马尔法·季莫费耶夫娜却开始留心她的宝贝来。拉夫列茨基不止一次责备自己,怎么会把他收到的那份报纸给丽莎看。他断定必是他的精神状态中有什么地方是她纯洁的感情所憎恶的。他认为,丽莎的变化跟她的内心斗争有关,跟她在如何答复潘申这件事上的迟疑不决有关。有一天,她把瓦尔特·司各特[①]的一本小说还给他,这本书是她自己向他借的。

　　"您看完了吗?"他问。

[①] 司各特(1771—1832),英国历史小说家,诗人。

"没有,我现在没有心情看书。"说完,她转身就走。

"请等一等。我们很久没有单独在一起了。您好像怕我。"

"是的。"

"为什么要怕?"

"我不知道。"

拉夫列茨基不作声了。

"请告诉我,"他隔了一会儿又开口说道,"您还没有决定吗?"

"您指什么?"她问道,没有抬起眼睛。

"您明白我的意思。"

丽莎突然涨红了脸。

"请什么也别问我,"她飞快地回答说,"我什么都不知道,我连自己是什么也不知道……"

她说完,马上就走掉了。

第二天饭后,拉夫列茨基去卡利京家,看到他们一家人正忙着为夜祷做准备。餐厅一个角落里放着一张方桌,桌上铺着洁净的台布,贴墙供奉着几尊不大的圣像,圣像的衣饰是黄金的,荆冠上嵌有钻石,钻石的光泽已经暗淡。一名穿着灰色燕尾服和皮鞋的老仆,不慌不忙、轻手轻脚地穿过整个餐厅,把插有两支蜡烛的细巧的烛台放到圣像前,然后画了个十字,行了个礼,又轻手轻脚地退了出去。还没有掌灯的客厅里空无一人。拉夫列茨基走进餐厅去打听是不是谁的命名日?下人把声音压得低低地告诉他,不是命名日,是按照伊丽莎白·米哈伊洛夫娜和马尔法·季莫费耶夫娜的意思做一场夜祷,本来想把那尊显灵的圣像请来,不料叫三十俄里外的一个病家先请了过去。不一会儿,神父携同一名辅祭来了。神父年纪已经不轻,脑袋上秃了一大片,他在门厅里大声咳了一声;太太小姐们闻声立刻从书房里鱼贯而出,走到他面前接受他祝福;拉夫列茨基默默地朝她们鞠了一躬,她们也默默地还礼。神父站了一会儿,又咳了一声,便用他的男低音轻声问道:

"请问,可以开始吗?"

"神父,请开始。"玛丽娅·德米特里耶夫娜说。

神父忙着穿戴圣衣;穿好祭服的辅祭低声下气地要了块火炭,点着了神香,神香散溢出阵阵香味。婢女和男仆纷纷走出门厅,在门口挤成一堆。小狗罗斯卡从来不下楼的,此刻却突然出现在餐厅里,大伙儿都轰它出去,把它给吓坏了,转了几圈,索性蹲了下来;一个男仆捉住了它,把它抱了出去。晚祷开始了。拉夫列茨基退到角落里;他的心情很怪,有几分凄凉之感;但究竟是什么样的感觉,他自己也弄不明白。玛丽娅·德米特里耶夫娜站在最前面,身后是几把圈椅。她慵困地、随随便便地画着十字,一副贵妇人的派头——她一会儿环顾四周,一会儿又突然抬起眼睛往上看,她感到乏味。马尔法·季莫费耶夫娜看上去心事重重;纳斯塔西娅·卡尔波夫娜跪伏在地上,站起来时衣服发出轻微柔和的窸窣声;至于丽莎,站停之后就一直纹丝不动地站在那里;从她脸上专心致志的表情可以看出,她在潜心地、热烈地祈祷。晚祷结束时,她虔诚地吻了十字架,接着又吻了神父红通通的大手。玛丽娅·德米特里耶夫娜邀请神父用茶;他解下圣巾,露出几分俗家人的样子,随着太太小姐们一起步入客厅。大家开始交谈,但并不十分活跃。神父喝了四杯茶,不停地用手帕擦他的秃顶,顺便谈起了商人阿沃什尼科夫捐了七百卢布为教堂的拱顶装金,还谈了一个治雀斑的验方,说是药到病除。拉夫列茨基坐在丽莎身边,可是她神情严肃,几乎可以说是一脸寒霜,自始至终没朝他看过一眼。她像是故意不理睬他,一种冷若冰霜、旁若无人的兴奋充溢了她的整个身心。拉夫列茨基不知为什么老是要笑,想说些逗乐的话;然而他心底却惴惴不安,于是他终于走了,怀着隐秘的困惑……觉得丽莎心底一定有什么事,可他却无法洞烛。

另有一回,拉夫列茨基坐在客厅里正听着格杰奥诺夫斯基婉转取悦然而却令人生厌的高谈阔论,自己也不知道为什么,突然掉过头去,正好遇上丽莎深沉、关切、若有所询的目光……这谜一样的目光是向他投来的。后来,拉夫列茨基整整一夜都在想着这目光。他的恋爱已不像小年轻恋爱;长吁短叹、无病呻吟不是他该做的事了,何况丽莎在他心底激起的也不是这种缠绵悱恻的感情。然而爱情会使不同年龄的人产生不同的痛苦,所以他充分尝到了痛苦的滋味。

三十三

有一天,拉夫列茨基照例坐在卡利京家。那天白天溽暑蒸人,可夜晚却异常美丽,一向讨厌穿堂风的玛丽娅·德米特里耶夫娜,竟然吩咐把朝花园的门窗通通打开,并说今晚她不打牌,这么好的天气不享受自然的美丽却去打牌,简直是罪过。客人只有潘申一人。美丽的夜色感染了他,他虽然不愿意在拉夫列茨基面前唱歌,却难以抑制艺术感受的冲动,便朗诵起诗来。他朗诵了莱蒙托夫的几首诗(那时普希金还不曾再度风行起来),朗诵得很好,只是过于做作,没有必要地强调了某些细微之处。突然,他好像对自己如此不加掩饰地宣泄感情感到羞愧,便借著名的《沉思》①为题,痛斥年轻一代,同时不放过机会吹嘘说,如果有朝一日,他大权在握,他一定按照自己的主张把一切扭转过来。"俄国,"他说,"落后于欧洲;必须迎头赶上。有人硬要我们相信,我们年轻,来日方长,这是无稽之谈,而况我们缺少发明的才能;霍米亚科夫②自己也承认,我们连捕鼠机都发明不了。因此我们只得搬用别人的发明。莱蒙托夫说,我们病了,我同意他的说法;而我们之所以病了,是因为我们只是半个欧洲人;既然我们的病因找到了,就

---

① 《沉思》是莱蒙托夫诗歌方面的压卷之作。作于一八三八年,其起首四句为:我在悲伤地注视着我们这一代人!我们的未来——不是黑暗便是空虚,同时,我们在认识与怀疑的重压下将会一事无成而一天天衰老下去。
② 霍米亚科夫(1804—1860),俄国宗教哲学家,政论家,斯拉夫主义奠基人。

应对症下药。("Lecadastre,①"拉夫列茨基想道。)我们国家的有识之士——les meilleures têtes——早已确信这一点了,"他继续说下去,"所有民族从本质上讲都是一样的;只要引进良好的制度,就万事大吉。看来,良好的制度是可以适应现实的人民的生活方式的,这是我们的事,是我们……(他差点脱口说出"治理国家的人")公职人员的事,然而,如果有必要的话,请不用担心,制度也可改造这种生活方式。"玛丽娅·德米特里耶夫娜听了这席话大为感动,对潘申益发钦佩。"瞧,"她想道,"一个绝顶聪明的人在我家里发表宏论。"丽莎靠在窗上,一声不吭;拉夫列茨基也沉默不语;在角落里和她的女友打牌的马尔法·季莫费耶夫娜,嘴里嘀咕了几句。潘申在客厅里踱来踱去,说得很动听,然而隐含着恶意:看得出,他严加痛斥的不是整整一代人,而是只有他心里清楚的个别几个人。卡利京家花园里繁茂的丁香丛中栖有一只夜莺,在滔滔不绝的高谈阔论的间歇期间,响起了它今宵第一次的啼啭;在菩提树纹丝不动的树冠上,刚刚升起的星星在玫瑰红的夜空中闪烁。拉夫列茨基站了起来,对潘申的话提出异议,一场唇枪舌剑的辩论开始了。拉夫列茨基捍卫俄国的青年一代,捍卫俄罗斯的独立性,为了保护新人,保护他们的信念和愿望,他哪怕牺牲自己,牺牲自己的一代人也在所不惜。潘申气冲冲地、尖刻地作了反驳,声称有头脑的人应当把一切都加以改造,临了,甚至不顾自己是堂堂的宫廷侍从和官场的地位,把拉夫列茨基斥为落伍的保守分子,甚至暗示——当然,是拐弯抹角地——拉夫列茨基没有实际的社会地位。拉夫列茨基并未生气,也没有提高嗓门(他记起来米哈列维奇也说他落伍,不过是落伍的伏尔泰主义者),平心静气地把潘申的论点一一批驳得体无完肤。他向潘申证实,任何跃进,任何改造,如果没有对国情的深刻了解,没有对理想(哪怕是消极的理想)的出自衷心的信仰,而单

---

① 法语:土地调查。

凭长官意志是不可能实现的。他以自己所受的教育为例，要求首先必须承认人民的真理，要虚心地接受人民的真理，如果不虚心接受，就不可能有勇气反对虚伪。最后，对于潘申斥他轻率地浪费了时间和精力，他不但不规避，而且认为这个指责是他应得的。

"这一切都说得很好！"潘申终于气愤地大声喊道，"现在您回到俄国了——您有何打算？"

"种田，"拉夫列茨基回答说，"而且尽力把田种好。"

"毫无疑问，这是很值得称赞的，"潘申说，"有人告诉我，您在这方面已经取得了不小的成绩；然而，您同意吗，并非每个人都有能力以此为业的……"

"Une nature poétique，①"玛丽娅·德米特里耶夫娜说，"当然不会去种田……et puis②，弗拉基米尔·尼古拉伊奇，您是注定要干一番 en grand③ 的。"

这话甚至潘申听了，也觉得过于溢美，他不好意思起来，中止了原来的谈话，想把话题转到星空的美、舒伯特的音乐上，不知怎的，无人理睬，于是他提议和玛丽娅·德米特里耶夫娜打辟开。"什么！在这样的夜晚？"她软弱地反对说；不过还是吩咐拿扑克牌来。

潘申"嚓"的一声拆开一副新牌，而丽莎和拉夫列茨基像是事先说好了似的，同时站起身来，走到马尔法·季莫费耶夫娜身边。他们两人都突然感到十分愉快，反而害怕单独待在一起了。同时，两人都觉得近几天来压在心头的不安已经消失，再也不会回来了。老妇人悄悄地拍了拍拉夫列茨基的面颊，狡黠地眯起眼睛，轻声说："多谢你把这个聪明人斗败了。"客厅里静悄悄的，只有蜡烛在发出轻微的爆裂

---

① 法语：诗人的气质。
② 法语：而况，而且。
③ 法语：轰轰烈烈的事业。

声,还有敲桌子的声音,以及牌客的惊叫声,或者计算得分的声音,再就是夜莺携带着露水的凉意,如潮水似的涌进窗户的肆无忌惮的、清脆有力的啼啭声。

三十四

在拉夫列茨基和潘申争论的时候,丽莎虽不曾说过一句话,却聚精会神地听着,而且她完全站在拉夫列茨基一边。她对政治向来没有什么兴趣;可是那个俗吏的自命不凡的口气(他还从来没有像今天这样把他的马脚暴露无遗)令她反感;他对俄罗斯的蔑视侮辱了她。丽莎从来不曾想过她是个爱国者,但是她喜欢俄罗斯人,喜欢俄罗斯的气质和智慧。每逢她母亲庄园的村长进城来的时候,她总是毫不拘束地跟他谈上好几个小时,把他视作跟她平等的人,从来不摆小姐架子。这一点,拉夫列茨基感觉到了:单单一个潘申,他才不屑加以反驳;他与之辩论只是为了丽莎。在这个晚上,他们两人相互没有讲过一句话,甚至目光也很少接触,然而两人都明白,在这个晚上,他们紧密地走到一起了,两人都明白,他们的爱憎是相同的。只有在一点上,他们间存在分歧,然而丽莎暗中相信能让他皈依上帝。他们两人坐在马尔法・季莫费耶夫娜身边,看来像是在看她打牌,事实上也的确是在看她打牌,——然而他俩的心在各自的胸膛中正越来越充实,在他俩看来,周遭的一切都不是无缘无故存在的:夜莺是为他俩才婉转啼唱的,星星是为他俩才闪烁发光的,被睡意、夏夜的舒适和温暖陶醉得昏昏欲睡的树木是为了他俩才絮絮细语的。拉夫列茨基整个身心都沉醉在使他心旌动摇的波涛中——他心中充满了喜悦。然而少女纯洁的心灵中有些什么感受,则不是语言所能表达的,即使对她自己来说也是个秘密,那么就让它对所有的人来说也永远是个秘密吧。从来没有人知道,没有人看到,也永不会看到一粒种子是怎样在大地的怀抱中发芽、开花、灌浆和成熟的。

钟敲了十下。马尔法·季莫费耶夫娜和纳斯塔西娅·卡尔波夫娜上楼回自己的房里。拉夫列茨基和丽莎穿过客厅,在打开着的通花园的门口站停下来,朝黑洞洞的花园看了一眼,然后相视而笑。看来,他们两人就要握住对方的手,作长夜的畅谈了。可是他们却回到玛丽娅·德米特里耶夫娜和潘申那边,牌局还迟迟没有完,终于最后一张王牌打了出来,女主人叹着气从垫有靠枕的圈椅上站了起来。潘申拿起帽子,吻了吻玛丽娅·德米特里耶夫娜的手,说道:有福气的人现在可以安然就寝或者欣赏夜景,谁都不会来妨害他们,可是他却要通宵达旦地批阅那些愚蠢的公文;然后冷冰冰地朝丽莎鞠了一躬(他不曾料到对他的求婚,她竟然要他等待——因此在生她的气)就走了。拉夫列茨基跟着他离去。他们在大门口分手。潘申用手杖尖戳了戳他的车夫的脖子,把他叫醒,便坐上马车扬长而去。拉夫列茨基不想回家,他走到城外的旷野里。夜静静的,虽然没有月亮,却挺亮。拉夫列茨基在满是露水的草地上徘徊良久,忽然看到有条小径,便信步踏着小径走去,小径把他引到一道长长的栅栏的小门跟前,他自己也不知为什么,试着推了推栅栏门,门发出一声微弱的吱呀声,打了开来,像是特地在等他的手来触碰。拉夫列茨基发现自己置身在一座花园里,他顺着菩提树林荫道走了几步,突然惊愕地站住了,他认出了这是卡利京家的花园。

他马上走到一丛枝叶繁茂的胡桃树投下的阴影里,好半天一动不动地站在那里,心里好生诧异,不时耸着肩膀。

"这是缘份。"他思忖道。

周遭一片寂静,宅第那边没有一息声音。他小心翼翼地朝前走去。到了林荫道的拐弯处,整幢宅第黑魆魆的正面赫然耸立在他面前;只有楼上两扇窗户里还闪烁着亮光:在丽莎闺房白色的窗幔后面,燃着一支蜡烛;马尔法·季莫费耶夫娜卧房里圣像前的那盏长明灯的微弱的红光,宁静地投在圣像镶金的衣饰上。楼下通阳台的门敞开着,像是正在打哈欠。拉夫列茨基坐到一张木头长椅上,用手支着下巴,凝望着这扇门和丽莎的窗户。城里响起了午夜的钟声,宅第里的小钟也敲了十二下;守夜人橐橐地敲响了更板;拉夫列茨基什么也没有想,什么也不企待,他感到很愉快,因为他就在丽莎的近旁,坐在她花园里她曾不止一次坐过的长椅上……丽莎闺房里的烛光消失了。

"晚安,我亲爱的姑娘。"拉夫列茨基悄声说道,他依旧一动不动地坐在那里,目不转睛地望着已经黑了的窗。

突然亮光在楼下的一扇窗内出现了,接着移至第二扇,第三扇……有人拿着蜡烛穿过一间间房间。"莫非是丽莎?不会的!……"拉夫列茨基坐直身子……只见闪过一张熟悉的脸庞,接着,丽莎走进了客厅……她穿一身白色的连衫裙,发辫解开了,披散在肩上,她轻轻地走到桌子前,把蜡烛搁在桌上,弯下身去寻找着什么;后来,她把脸转向花园,向着洞开的门走来,走到门口站停了下来,显得那么洁白,那么轻盈,那么苗条。拉夫列茨基顿觉四肢一阵战栗。

"丽莎!"他脱口而出,声音轻得勉强才能听见。

她一怔,向暗处望去。

"丽莎!"拉夫列茨基略略提高声音,又喊了一声,从胡桃树丛的阴影下走了出来。

丽莎惊恐地探出头来,马上又退了回去:她认出了他。他又第三遍唤她的名字,并把手向她伸去。她走出客厅的门,来到花园里。

"您?"她说,"您在这里?"

"是我……我……您听我说。"拉夫列茨基悄声说,握住她的一只手,牵着她向长椅走去。

她顺从地跟着他;她苍白的脸庞,凝注的目光,以及她所有的动作,无不流露出她难以言说的惊惶。拉夫列茨基把她按在长椅上,自己站在她面前。

"我并不是存心来这里的，"他开口说，"我是被领到这里来的……我……我……我爱您。"他忐忑不安地期期艾艾说道。

丽莎慢慢抬起头，看了他一眼；似乎直到此刻她才明白身在何处，发生了什么事。她想站起来，却又站不起来，便用手捂住了脸。

"丽莎，"拉夫列茨基说，"丽莎。"他又唤了一声，便跪倒在她脚下……

她的双肩开始微微颤抖，苍白的手更紧地捂着脸。

"您怎么啦？"拉夫列茨基问，听到了嘤嘤的饮泣声。他的心怦然直跳……他知道这眼泪意味着什么。"难道您也爱我？"他悄声说，触摸着她的膝盖。

"您站起来，"响起了她的声音，"费奥多尔·伊万内奇，请您站起来。我们这是在做什么呀？"

他站了起来，坐到长椅上，挨着她。她已经不哭了，水汪汪的双目端详着他。

"我害怕：我们这是在做什么？"她又说道。

"我爱您，"他重又说道，"我愿把我的整个生命都奉献给您。"

她又颤栗了一下，好像叫什么蜇了一口，接着，举目仰望着天空。

"这一切全由上帝主宰。"她说。

"丽莎，可您爱我吗？我们会幸福吗？"

她垂下眼帘，他轻轻地把她拥向怀里，她的头偎到他肩上……他把头微微向后仰了仰，吻到了她苍白的双唇。

半个小时后，拉夫列茨基已经站在花园的栅栏门前。门已经上锁，他只得翻过栅栏出去。他回到市内，走过一条又一条沉睡的街道。一种意想不到的巨大的喜悦充溢了他的心灵；他心中所有的疑虑都消除了。"消逝吧，往日的一切，阴暗的幽灵，"他想道，"她爱我。她将是我的。"突然，他觉得在他头顶上空，好似天籁般飘来一种奇妙的、庄严的乐声。他站停下来。乐声更加壮丽了,犹如一股悦耳的、强大的湍流在半空中流淌,这乐声倾诉着,歌唱着他的全部幸福。他环顾四周,发现这天籁之声是从一幢小屋楼上的两扇窗户里飘出来的。

"莱姆!"拉夫列茨基喊道,向那幢小屋奔去,"莱姆!莱姆!"他提高嗓门喊道。

乐声停止了,一个穿着睡袍、敞着胸、头发蓬乱的老人,出现在窗口。"噢!"他不卑不亢地说,"是您!"

"赫里斯托福尔·费奥多雷奇,多么美妙的音乐呀!看在上帝份上,让我进来吧!"

老人一句话也没说,高傲地把手一挥,把大门的钥匙从窗口扔到了街心。拉夫列茨基飞快地跑到楼上,进了房间,正要扑上前去拥抱莱姆,可是莱姆不容分说地指了指椅子,用俄语一个字一个字地说:"请坐下来听。"他自己回到钢琴前,骄傲而严厉地环顾了一下四周,重新开始弹奏。拉夫列茨基很久没有听到这样的音乐了:甜美的、热情的旋律从第一个音符起就攫住了他的心;这旋律璀璨生辉,充溢着灵感、幸福和美;它增长、融化,包容了世上所有宝贵、神秘和圣洁的事物,流露出永恒的忧伤,然后直上九霄,消逝在天际。拉夫列茨基挺直身子,站了起来,兴奋得面色发白,浑身发冷。这乐声注入了他刚刚被爱情所震撼的心灵;这乐声本身就燃烧着爱情。"请再弹一次吧,"刚弹完最后一个和声,他便低声央求。老人向他投去如老鹰般锐利的一瞥,用手拍拍自己的胸脯,不慌不忙地用他本国的语言说:"这是我谱写的,因为我是个伟大的音乐家。"于是他重又弹奏起他所作的奇妙的乐曲。屋里未燃蜡烛,初升的月亮斜射进窗内;敏感的空气在响亮地震颤;贫寒的斗室犹如一座圣殿,在朦胧的银灰色的月华中,老人的头颅充满灵感地、高高地昂着。拉夫列茨基走到他跟前,拥抱他。起初,莱姆对他的拥抱没有反应,甚至用臂肘推开他;他的四肢久久地一动也不动,目光依旧那么严厉,几近凶狠,只是嘴里哼了两次:"啊哈!"

最后,他变了相的脸终于平和下来,舒展了开来,对拉夫列茨基的热烈祝贺作出了反应,先是微微笑了笑,接着哭了,像小孩那样低声啜泣。

"奇怪,"他说,"您恰巧这个时候来;我知道,我全都知道。"

"您全都知道?"拉夫列茨基困惑地问。

"您听了我的乐曲,"莱姆说,"难道您还不明白,我全都知道了?"

拉夫列茨基直到早晨都未能入睡。整整一夜,他都在床上坐着。丽莎也没有睡,她在祈祷。

三十五

拉夫列茨基是怎样成长和发展的,读者都已知道,现在我们再交代几句丽莎受教育的过程。她十岁刚过,父亲便去世了,不过他生前很少管她。他是个性情暴躁、易动肝火、没有耐心的人,成天忙于公务,还要为自己敛财。对于孩子们请教师和家庭教师、添置衣服和其他必需品之类,他是舍得花钱的,然而要他,用他的话说,去哄一群叽叽喳喳的娃娃,他可没这份耐心。再说他也没有时间去哄他们,他要办公,而公务又忙得不可开交,连睡觉的时间也很少,偶尔打打牌,接着又忙着去办公了。他把自己比作一匹拉磨的马。"我的一生一晃就过去了。"他临终时在病榻上喟叹,枯干的嘴上露出一丝苦笑。玛丽娅·德米特里耶夫娜虽然对拉夫列茨基夸口说,教育儿女这副担子全是她一个人挑的,其实她为丽莎操的心,与她丈夫相比,也多不了多少,不过就是把丽莎打扮得像个洋娃娃,当着客人的面抚摸她的小脑袋,叫她一声聪明孩子或者宝贝疙瘩——仅此而已;任何一件要经常操心的事都会叫这位懒散成习的贵妇人生厌。父亲在世时,丽莎由一位从巴黎来的莫罗小姐照料,父亲死后,就由马尔法·季莫费耶夫娜来管她了。马尔法·季莫费耶夫娜读者都已熟悉,那么莫罗小姐是何等样人呢?她是个满脸皱纹的又矮又小的女人,举动像只小鸟,智力也像小鸟。年轻时,她着实风流过一阵,如今上了年纪,她只留下两个嗜好——好吃和好赌。她在大嚼一通之后,如果没有人同她打牌,没有人跟她闲聊,她的脸马上就变得跟死人的差不多,坐在那里干瞪着眼睛,呼吸着空气,一望而知,她的脑袋里空空如也,什么也不想。她这个人甚至都不能说她心肠好,因为鸟是谈不上心肠好不好的;不知是由于她年轻时举止放浪呢,还是由于她自小呼吸巴黎的空气,反正她好像染上了那种习见的廉价的怀疑主义,这通常表现为这么一句话:"Tout ça c'est des bêtises.①"她说的法语虽然不规范,却是地地道道的巴黎土话,她一不搬弄是非,二不使小性子——对于一个女家庭教师还能有什么更多的要求呢?她对丽莎的影响很小。对丽莎产生强有力的影响的,是她的保姆阿加菲娅·弗拉西耶夫娜。

  这个女人的遭际可谓曲折离奇。她出身于农奴家庭,十六岁上把她嫁给了一个农夫,但是她的家境和她村姑姐妹们相比,却有天壤之别。她父亲当了二十年的村长,攒下了不少钱,对她十分娇宠。她是一个罕见的美人儿,且衣着讲究,附近一带无人可比,她生性慧黠,口齿伶俐,胆量又大。她的主子德米特里·佩斯托夫,也就是玛丽娅·德米特里耶夫娜的父亲,为人谦和文静,有一天在打麦场上遇见了她,同她攀谈了一会儿,就热烈地爱上了她。没隔多久,她成了寡妇。佩斯托夫虽然早有家室,却仍然把她接进家门,让她易装,跟家里人一样打扮。阿加菲娅马上就习惯了新的处境,好像有生以来不曾有过另样的生活。渐渐地,她出落得愈加白嫩,愈加富态,她套在细纱袖子里的手臂跟商人妻子的手臂一样"白得像用粉团捏出来的";她的桌上终日摆着茶炊,除了丝绸和天鹅绒,别的面料一概不穿,卧具全是羽绒的被褥。她过了五年这样享福的生活,不料五年后,德米特里·佩斯托夫一命呜呼;他的发妻是个心地善良的贵族夫人,念在亡夫的情分上,

---

① 法语:全是傻蛋。

不想难为她的情敌，况且阿加菲娅从来对她执礼甚恭；话虽这么说，她还是把阿加菲娅配给一个饲养牲口的农夫，把她从眼睛跟前打发走了。过了三年光景，有一回，在夏天一个火伞高张的日子里，夫人顺路去看看她的畜牧场。阿加菲娅向她敬上了那么可口的冰镇奶油，态度又那么谦恭，衣着又那么整洁，心情又那么愉快，对自己的处境又那么满足，使夫人大悦，便宣布宽恕她，让她重进宅第听候使唤，六个月后，女主人凡事都离不开她了，把她提升为管家，把偌大一个家托付给她。阿加菲娅重掌大权，又变得白嫩、富态了。又过了五年，飞来横祸再次落到阿加菲娅头上。她的丈夫，她已经让他当上家仆，忽然酗起酒来，三天两头儿不回家，闹到最后，竟偷了主子六把银匙，藏在妻子的箱子里，伺机变卖。不料东窗事发，他被逐出府门，再去饲养牲畜，阿加菲娅也失去了主子的宠信，虽没有把她赶出府去，却革去管家职务，降为女裁缝，吩咐她从此不得再戴包发帽，改扎包头巾。使阖家上下惊讶的是，阿加菲娅竟恭顺平静地承受这无妄之灾。她那时已三十开外，子女先后夭折，丈夫也没活上多久。是到了她该大彻大悟的时候了。她也真大彻大悟了。她变得沉默寡言，笃信上帝，每天都做早祷和日祷，从不漏掉一次，并把她所有的好衣服分送他人。她平静、谦恭、稳重地过了十五年，从未跟人争过一句，对任何人都退让。谁要是朝她骂骂咧咧，她总是向那人鞠个躬，感谢人家教育她。女主人早就宽恕了她，贬黜也早已撤消，并脱下自己的包发帽要给她戴上，可她就是不肯解下头巾，而且成天穿着深色衣裙。女主子去世后，她变得益发沉默，益发低头伏小。要使一个俄国人怕你或者爱你是容易的，但是要一个俄国人尊敬你却是困难的，尊敬不是在一夕之间就可取得的，也不是任何人都能取得的，可阖家上下都十分尊敬阿加菲娅；甚至没有一个人会想起她过去的不是之处，仿佛那一切都随亡故的男主人葬入了坟墓。

卡利京娶了玛丽娅·德米特里耶夫娜后，想把家务交给阿加菲娅管理，可是她一口拒绝，说是"怕受诱惑"；他呵斥她，她一躬到地，转身走了出去。聪明的卡利京有知人之明，他也洞悉阿加菲娅，没有忘掉她。搬到城里后，他征得她的同意，让她当了丽莎的保姆，那时丽莎才四岁多一点。

  起初，丽莎害怕新保姆凛若寒霜的严肃的脸，但很快就习惯了她，不但如此，还深深地爱上了她。丽莎自己就是个严肃的孩子，她的面貌像卡利京，线条分明，五官端正，只有一双眼睛不像父亲；这双晶莹的眼睛露出关注和善良的神情，这在孩子身上是罕见的。她不爱玩洋娃娃，从不放声大笑，更不笑个不停，举止端庄稳重。她并不常常沉思，如果陷入沉思，必不是无缘无故的；她沉默一会儿之后，往往会向年长的人提出一个问题，这个问题表明她小脑袋里在思考新的印象。她很快就结束了咿呀学语的阶段，才只三岁多就口齿清楚了。她怕父亲，对母亲的感情却难以说清——她既不怕母亲，也不向母亲撒娇，她就是对阿加菲娅也不撒娇，虽然她只爱阿加菲娅一个人。阿加菲娅和她寸步不离。看着她们两人在一起，总让人觉得怪。阿加菲娅黑衫黑裙，头上包着一方深色头巾，脸庞瘦削，像蜡一般透明，可仍然美丽而富于表情，她背挺得笔直地坐着织袜子；脚边的小椅子上则坐着丽莎，也在做着什么事，或者一本正经抬起亮晶晶的小眼睛，听阿加菲娅给她讲故事；不过阿加菲娅从不给她讲童话故事，她用平静的声音不快不慢地给她讲述圣母的传记，独修者[①]、上帝的侍者和苦行修女[②]的行传；

[①] 以苦身修行为宗旨，隐居独处为特征的基督徒，盛行于三至五世纪。他们为逃避罗马帝国的迫害和世俗生活，遁迹深山旷野，专事内心修养，其修行规则主要有静默、劳作、斋戒、苦行、祈祷等。俄国在彼得大帝登基后，旧教徒（分裂派教徒）为逃避迫害，有不少人也遁居荒漠，独处苦修。

[②] 指离开父母家庭，隐遁旷野深山修行的女（男）修士。东正教规定，此类修士须向天主发三绝大愿，即绝财、绝色、绝意（不持私意，唯修会之命之是从），过苦行修道生活。

跟丽莎讲这些圣徒怎样在荒漠中生活,怎样拯救自己的灵魂,怎样受饥寒之苦,怎样不畏帝王,怎样信奉基督,天上的飞鸟怎样给他们送来食物,地上的走兽怎样听从他们,在他们鲜血染红的地方,怎样生长出鲜花。"是桂竹香吗?"有一日,丽莎问道,她非常爱花……阿加菲娅向她讲述这些时,神态肃穆而又恭顺,好像她觉得自己是不配讲如此崇高、如此神圣的事的。丽莎听着她讲,于是无所不在、无所不知的上帝的形象便以一种甜美的力量进驻她的心灵,使她的心灵充满了纯洁虔诚的敬畏,而耶稣基督则成了她的与她息息相通的、近乎亲人一般的熟人。阿加菲娅还教会了她祈祷。有时天方破晓,她便叫醒丽莎,匆匆给她穿好衣服,偷偷拉着她去教堂做晨祷。丽莎屏住气,踮起脚尖,跟着她走。拂晓时的寒意和朦胧的晨光,教堂内清新的空气和阒然空寂的氛围,突然私出家门这件事本身的神秘,蹑手蹑脚回到家里重又钻进被窝的这类举动——所有这一切被禁止的、奇特的、神圣的行动搀杂在一起,震撼了小女孩,并深深地进入她身心的深处。阿加菲娅从不责备任何人,也从未因丽莎淘气而詈骂过她一句。每当阿加菲娅有什么不满的时候,她只是沉默;而丽莎是懂得这沉默的意思的。遇到阿加菲娅对旁人不满,不管是对玛丽娅·德米特里耶夫娜,还是对卡利京不满时,丽莎以儿童敏锐的观察力,清楚地知道她的心意。阿加菲娅照管丽莎三年多工夫,后来就由莫罗小姐替代了她。然而这个开口闭口就粗鲁地大叫"Tout ça c'est des bêtises"的肤浅而又轻浮的法国女人,并不能从丽莎心里把她亲爱的保姆排挤出去,因为阿加菲娅播下的种子已深深地扎根在她的心中了。况且阿加菲娅虽然不再照料丽莎,可还留在宅子里,常常能见到她带领过的孩子,孩子仍像从前那样信赖她。

可是马尔法·季莫费耶夫娜住到卡利京家以后,阿加菲娅却同她合不来。这位性情急躁的任性的老妇人见了这个过去"穿粗布裙子的农妇"那种自命不凡的、一脸正经的样子就来气。阿加菲娅请求让她去朝圣,这一走就再也没有回来。隐隐约约传说她好像进了分裂派教徒的隐修院,然而她在丽莎心里留下的印痕却是不可磨灭的。丽莎照旧去做日祷,像是过节一样。她以一种有所克制的羞涩的热情,满怀喜悦地祈祷,这使玛丽娅·德米特里耶夫娜暗暗感到惊愕,而马尔法·季莫费耶夫娜尽管对丽莎从来不加管束,还是竭力劝说她克制她的热情,不许她跪拜,说这有失贵族的身份。丽莎书读得很好,就是说十分用功;上帝并没有赐予她出众的天赋和聪明才智。她的成绩无一不是她苦学得来的。她钢琴弹得很好,但是只有莱姆知道,她为此作了多少努力。她读书不多,她没有"自己的言语",但是她有自己的思想,走她自己的路。无怪乎人家说她像父亲,因为她父亲也从不问别人他该怎么做。她就是这样长大的——平静地、不急不忙地长到了十九岁。她非常漂亮,然而她自己却没有意识到。她一举手一投足无不流露出一种天生的、羞涩的袅娜,娴雅,她的声音清脆似银铃,洋溢着处子的青春美,任何一件使她愉快的事,哪怕再小,都会令她的双唇露出粲然的微笑,为她的明眸平添了深邃的光辉和某种隐隐的柔情。她整个身心都渗透着义务感,唯恐伤了他人,不管那是什么人。她有一颗善良温存的心,她爱所有的人,但并不特别爱某一个人。她唯独爱上帝,那爱是热烈的、羞怯的、充满柔情的。拉夫列茨基是破坏了她平静的内心生活的第一个人。

以上就是丽莎的经历。

三十六

次日十二时许,拉夫列茨基去卡利京家。半路上,迎面遇见潘申从他身旁疾驰而过,帽子一直压到眉毛上。拉夫列茨基到了卡利京家,竟遭到挡驾——自从跟这家人交往以来,这还是头一回。仆人禀告他说,玛丽娅·德米特里耶夫娜正在"安寝","她老人家"头疼。马尔法·季莫费耶夫娜和伊丽莎白·米哈伊洛夫娜都不在家。拉夫列茨基折到花园栅栏外,怀着一线希望或许能碰见丽莎,却一个人也不曾碰着。两小时后,他又来了,得到的是同样的回答,而且那仆人不知怎的竟对他侧目而视。拉夫列茨基觉得在同一天内再作第三次拜访,不免有失体统,便决定去瓦西里耶夫村,那里本来就有事等他去料理。途中,他设想着各种各样的计划,一个比一个美好,但是到了他姑姑的小村子里,心头却突然惆怅起来。他找安东聊天,可是这老头儿像是存心跟他作对,脑袋瓜里想的尽是不愉快的事。他告诉拉夫列茨基,格拉菲拉·彼得罗夫娜临终时怎样咬自己的手,他沉默了一会儿,叹了口气说:"好少爷,每个人都命里注定要自己吃掉自己①的。"拉夫列茨基回转城里时,天色已晚。昨夜的琴声犹不绝于耳,丽莎娴静的形象栩栩如生地在他心头浮现;他想到她爱他,就宽慰多了——他怀着平静而又幸福的心绪回到他在市内的小小的寓所。

他一踏进门厅,首先使他吃惊的是扑鼻而来的一股他所最厌恶的广藿香的香水味;厅里堆放着不知谁人的大大小小的箱子。侍仆急忙奔过来迎他,他觉得侍仆神色有异。他还没弄清楚是怎么回事,脚已跨过客厅的门槛……只见一位穿着镶有皱边的黑绸衣裙的夫人,从沙发上站起来,用一方细麻纱手绢半掩着苍白的脸,迎着他朝前走了几步,低下她那精心梳理过的香气四溢的头,跪倒在他脚下……直到这时他才认出了她:这位夫人是他的妻子。

他的气喘不过来了……他把身子靠在墙上。

"特奥多尔②!不要把我赶出去!"她用法语说道,她的声音好比一把利刃,剜着他的心。

他茫然地望着她,不由自主地发现她比以前更白、更丰腴了。

---

① 俄谚,有作茧自缚、自寻烦恼之类的意思。
② 特奥多尔是费奥多尔法语的变音。

"特奥多尔!"她继续说,偶尔抬起眼睛看看他,小心翼翼地搓着她那涂有粉红色蔻丹的、美得惊人的十指。"特奥多尔,我做了对不起您的事,非常对不起您的事,说得重些,我是个罪人;不过请您听我说,悔恨折磨着我;我成了我自己的累赘,我再也忍受不了我的处境;不知有多少次,我想回到您身边,但是我怕您发怒;我已经同过去的一切一刀两断……puis, j'ai été si malade①,我大病了一场,"她加补说,举起一只手摸了摸额头和面颊,"到处谣传我死了,我就乘此机会抛下一切,日夜兼程赶到这里;我犹豫了好久,来还是不来见您,我的裁判者——paraître devant vous, mon juge②;但是我想到您一向与人为善,我终于决意回到您身边来;我在莫斯科打听到了您的地址。请相信我,"她轻轻地从地上爬起,坐到一张圈椅的边沿上,继续往下说,"我常常想一死了之。我倒是有足够的勇气自尽的——唉,现在生命对于我,已成了不堪忍受的重负!——但是一想到我的女儿,想到我的阿多奇卡③,我又打消了死的念头;她就在这儿,在隔壁房间里睡觉,可怜见的!她累坏了——您去看看她吧;至少,她在您面前是无辜的,啊,我多么伤心呀,多么伤心!"拉夫列茨基夫人高声叫道,眼泪扑簌簌地流了下来。

拉夫列茨基终于恢复了神志,他离开墙壁,转身向门口走去。

"您要走?"他的妻子绝望地说,"嚎,这是残酷的!——连一句话都不跟我说,甚至一句责骂的话都不说……这种轻蔑叫人怎么活得下去,太可怕了!"

拉夫列茨基停住了脚步。

"您要我向您说什么?"他说,声音低哑。

"没有什么,没有什么,"她连忙接茬儿说,"我知道我不配提出任

---

① 法语:况且,我大病了一场。
② 法语:来到您面前,我的裁判者。
③ 阿多奇卡是阿达的昵称。

何要求；请相信我，我不是疯子；我不指望，也不敢指望您会宽恕我，我只是大着胆子前来请求您吩咐，我该怎么办，住到哪里去？我会像个女奴那样按您的吩咐去做，不管您吩咐什么。"

"我有什么可吩咐您的，"拉夫列茨基依旧用那种声音说，"您自己也知道，我们之间一切都结束了……而现在，更是如此。您爱上哪儿去住就往哪儿去；要是您嫌给您的赡养费少……"

"嗳，请您别说这样可怕的话，"瓦尔瓦拉·帕夫洛夫娜打断了他，"请饶恕我吧，哪怕……哪怕为了这个小天使……"才说了半句，瓦尔瓦拉·帕夫洛夫娜一阵风似的奔进邻室，立即抱着一个穿着得非常雅致的小女孩奔了回来。大朵大朵栗壳色的鬈发披散在孩子可爱的红润的小脸蛋上和睡意朦胧的眼睛上，眼睛又大又黑；孩子一边笑，一边怕光地眯细着眼睛，一只胖嘟嘟的小手搂着母亲的颈项。

"Ada, vois, c'est ton pèpe，①"瓦尔瓦拉·帕夫洛夫娜说，把披到孩子眼睛上的鬈发掠到一边，重重地亲了她一下，"prie le avecmoi②。"

"C'est ça, papa？③"小女孩咿呀地说。

"Oui, mon enfant, n'est ce pas, que tu l'aimes？④"

这时，拉夫列茨基再也按捺不住了。

"在哪个闹剧里好像有个场面跟这一模一样吧？"他咕哝了一句，掉头就走。

瓦尔瓦拉·帕夫洛夫娜在原地站了一会儿，微微耸了耸肩膀，把小女孩抱进邻室，给她脱掉衣服，安顿她睡下。然后她取过一本书，在灯下坐等了约摸一个小时，最后管自上床睡了。

---

① 法语：阿达，这就是你的爸爸。
② 法语：跟我一起来求他吧。
③ 法语：这就是爸爸？
④ 法语：是的，我的孩子，你爱他，对吧？

"Eh bien, madame？①"她从巴黎带来的女仆给她解下紧身胸衣。问道。

"Eh bien, Justine, ②"她说,"他老了许多,不过,我看他还是跟过去一样善良。请把我过夜戴的手套给我,把我明天要穿的高领连衫裙准备好;还有别忘了阿达的羊肉饼……虽说羊肉饼在这儿难以买到,可还是得想想办法。"

"A la guerre comme à la guerre, ③"茹斯京说,随即把蜡烛灭了。

三十七

拉夫列茨基在街头踯躅了两个多小时。巴黎近郊的那个夜晚,又回到了他的记忆中。他的心碎了,他的脑袋空落落的,几乎处于昏迷状态,翻来覆去地转着相同的几个阴郁的、荒诞的、狠毒的念头。"她还活着,她就在这儿。"他反反复复地低声自语,每说一次,心头就感到一阵惊诧。他感觉到他已失去丽莎。满腔的愤怒使他窒息;这个落到他头上的打击实在太突然了。他怎么会这样轻易地相信了小品文的无稽之谈,相信一片破纸? "不过,即使我当时不相信,那跟今天又有什么不同呢?"他心里想,"我倒反而不会知道丽莎爱我,她自己也不会知道她是爱我的。"他无法驱走头脑里妻子的模样、声音、目光……他诅咒自己,诅咒世上的一切。

天快拂晓时,他来到莱姆的家门前。他敲了好久的门,没有人应答。终于,窗口出现了老人戴着睡帽的脑袋,一脸的褶子,一脸的不悦,这跟二十四小时前,那个从艺术家嵯峨的峰巅以王者的气度俯视拉夫

---

① 法语:太太,怎么样?
② 法语:茹斯京,没什么。
③ 法语:打仗就得像个打仗的样。

列茨基的脑袋,已绝无相似之处了。

"您干什么?"莱姆问,"我可不能天天夜里弹琴,我在服汤药。"

但是,拉夫列茨基的神色显然异乎寻常;老人手搭凉篷,看了看这个深夜来客,便放他进门了。

拉夫列茨基走进屋,瘫坐到一把椅子上。老人站在他面前,掩上他那件破旧的花睡袍的衣襟,瑟缩着身子,嚅动着嘴巴。

"我的妻子来了。"拉夫列茨基抬起头说,猛然间,不由自主地放声大笑。

莱姆的脸上露出惊愕的神色,他一无笑意,只是把睡袍裹得更紧。

"您知道吗,"拉夫列茨基继续往下说,"我原以为……我在报上看到,说她死了。"

"哦——哦,不久前看到的?"莱姆问。

"不久前。"

"哦——哦,"老人又哦了一次,高高地扬起眉毛。"她非但没死,而且来了?"

"来了。她现在在我寓所里,唉,我……我是个不幸的人。"

说罢,他苦笑了一下。

"您是个不幸的人。"莱姆慢慢地重复他的话说。

"赫里斯托福尔·费奥多雷奇,"拉夫列茨基开口了,"您肯替我传个字条吗?"

"嗯,可以问一下传给谁吗?"

"伊丽莎……"

"啊,是呀,是呀,我明白。行。字条要什么时候送到?"

"明天,越早越好。"

"嗯。我可以让我的厨娘卡特琳送去。不,还是我自己去的好。"

"您肯给我带回条吗?"

"给您带回条。"

莱姆叹了口气。

"是呀,我可怜的年轻朋友,您,真是一个——不幸的年轻人。"

拉夫列茨基给丽莎写了寥寥数字,告诉她说,他的妻子来了,请她定个时间跟他见次面。写完后,便一头倒在一张窄沙发上,面朝墙壁睡了;老人也上了床,久久地辗转反侧,咳嗽着,一口一口地啜着汤药。

天亮了;两人起来,互相用异样的眼光对视了一下。此刻拉夫列茨基真想把自己杀了。厨娘卡特琳给他们端来了劣质咖啡。钟敲八下。莱姆戴上帽子,说他本该十点钟去卡利京家授课,不过他可以找个适当的借口提前去,说罢就走了。拉夫列茨基重又躺到窄沙发上,心底重又发出一阵苦笑。他先想着他妻子怎样把他从寓所逼走,后来他闭上眼睛,把手枕在脑后,想象着丽莎的处境。莱姆终于回来了,给他带来了丽莎用铅笔写的一张便条,上边写着:"我们今天不能会面。明晚或许可以。再见。"拉夫列茨基冷冷地、神思恍惚地谢过莱姆,便回家去了。

踏进家门,看到妻子在用早餐;阿达满头鬈发,穿一身饰有天蓝色丝带的白衣裙,正在吃羊肉饼。拉夫列茨基一走进餐厅,瓦尔瓦拉·帕夫洛夫娜马上站起来,恭顺地迎上前去。他请她跟他到书房去,一进书房,他随手带上书房门,在屋里来回踱着。她坐了下来,文雅地把一只手叠放在另一只手上,用她那双虽淡淡地描了眼影,却仍然十分美丽的眼睛注视着他。

拉夫列茨基久久没有开口;他感到他还不能控制自己;他看得很清楚,瓦尔瓦拉·帕夫洛夫娜根本不怕他,却装出一副马上就要吓得晕过去的样子。

"夫人,请听我说,"他终于开口了,费力地喘着气,还不时咬咬牙齿,"我们彼此间无须再装腔作势;我不相信您悔悟了,即使您真心悔悟,要我和您破镜重圆,跟您一起生活——我是断断办不到的。"

瓦尔瓦拉·帕夫洛夫娜闭紧双唇,眯细眼睛。"他厌恶我,"她想,

"完了！在他眼里，我甚至连女人都不是。"

"断断办不到，"拉夫列茨基又重复了一遍，把衣服上的扣子一直扣到领口，"我不知道您何以要光临此地：大概钱花完了吧。"

"天哪！您这是侮辱我。"瓦尔瓦拉·帕夫洛夫娜轻声说道。

"不管怎么样——遗憾的是，您总归还是我的妻子。我总不能把您撵走……所以我向您建议，如果您愿意的话，您住到拉夫里基去。今天立即动身。您也知道，那里的宅子很舒适，除了赡养费之外，您还可得到一切必需品……您同意吗？"

瓦尔瓦拉·帕夫洛夫娜用一方绣花手帕掩住了脸。

"我已经跟您说了，"她低声说，嘴唇神经质地牵动着，"无论您怎样安排，我都听从；这一回我只有一个问题要请问您：至少您会允许我对您的宽宏大量表示感谢吧？"

"不必感谢，请您还是免去客套的好，"拉夫列茨基连忙说，"如此说来，"他一面向房门口走去，一面继续说，"我可以认为……"

"明天我一准去拉夫里基，"瓦尔瓦拉·帕夫洛夫娜轻声说，恭敬地站了起来，"但是，费奥多尔·伊万内奇（她不再叫他特奥多尔了）……"

"有什么事？"

"我知道我还不配得到您的宽恕，可是我能不能希望，至少将来有一天……"

"唉，瓦尔瓦拉·帕夫洛夫娜，"拉夫列茨基打断了她的话，"您是个聪明女人，可我也不是个傻瓜；我心里有数，您根本就不稀罕什么宽恕不宽恕。何况我早已宽恕您了；但是我们两人之间永远隔着一道深渊。"

"我会服从的，"瓦尔瓦拉·帕夫洛夫娜说，低下了头，"我没有忘记我的过失，即使我知道了您在得悉我的死讯之后，甚至额手称庆，我也不感到奇怪，"她低眉顺眼地说着，用手稍稍指了指拉夫列茨基遗忘在桌子上的那张报纸。

费奥多尔·伊万内奇不由得打了个激灵,因为那篇小品文上有他用铅笔做的记号。瓦尔瓦拉·帕夫洛夫娜更加谦卑地望了他一眼。在这一瞬间,她美丽得宛若天人。巴黎制的灰色连衫裙合身地裹着她柔美的、几乎是豆蔻年华的少女的胴体,她那由洁白的衣领围着的白嫩如螬蛴的纤弱的颈项,她那起伏有致的胸部,她那不戴首饰的粉臂和纤指——她的整个躯体,从有光泽的秀发直到微露的鞋尖,都是那么妍丽雅致……

拉夫列茨基以愤恨的目光扫了她一眼,几乎要大声喝彩:"Brava!①"几乎要一拳朝她的脑门打去——可是他走了。一个小时后,他已登程去瓦西里耶夫村,两个小时后,瓦尔瓦拉·帕夫洛夫娜吩咐给她雇一辆城里最好的马车,戴上有黑面纱的朴素的草帽,披上素净的大披肩,把阿达托付给茹斯京,就往卡利京家去了;她盘问过女仆,知道她丈夫每晚都要去卡利京家。

三十八

拉夫列茨基的妻子来到 O 市的那一天,对拉夫列茨基来说是个苦恼的日子,对丽莎来说也同样是个痛苦的日子。她未及下楼去向母亲请安,窗下便传来嘚嘚的蹄声,她看见潘申正策马驰入院子,不由一阵惊恐,想道:"他这么早就来是要听最后的答复。"果然不出所料。他在客厅里转了几圈,就提议她同他一起去花园,要求她对他的命运作出决定。丽莎鼓足勇气对他说,她不能做他的妻子。他侧身站在她面前,把帽子一直拉到额上,听她把话说完。他彬彬有礼地,但是声调变了,问她:这是不是她的最后决定,是不是他有什么不当之处使她

---

① 法语:好!

改变了主意?接着,他用一只手捂住眼睛,短促地连叹几声,把手放了下来。

"我本来不想走人家的老路,"他声音嘎哑地说,"我想按我内心的喜爱来为自己找位佳偶。别了,我的梦想!"他朝丽莎深深地鞠了一躬,便回屋里去了。

她以为他马上就会走掉,岂料他走进了玛丽娅·德米特里耶夫娜的书房,在她那里待了将近一个小时。临走的时候,他对丽莎说:"votre mère vous appelle; adieu à jamais...①"他一出门廊便跃上马背,绝尘而去。丽莎走进书房,去见玛丽娅·德米特里耶夫娜,看到她在流泪,潘申把他的不幸都对她说了。

"你干吗要气死我?你干吗要气死我?"伤心的寡妇就这样开始了她的埋怨,"你还要找什么样的人?他哪点不配当你的丈夫?堂堂的侍从官!是人长得不帅?他在彼得堡爱娶宫中哪个女官都能娶到。我,我多么巴望结这门亲呀!您从什么时候起对他变心的?很久了吗?这朵黑云从什么地方刮来的,总不会自己飞来的吧?莫非是那个傻瓜撺掇的?你可找到了个好参谋!"

"可是他呢,亲爱的,"玛丽娅·德米特里耶夫娜继续说道,"他是多么敬重我,他自己都伤心成这样了,还那么体谅我!哎唷,这事我怎么受得了!哎唷,我的头疼得要裂开了!去把帕拉莎给我叫来。你要是不回心转意,就是存心要把我活活气死,听见没有?"她骂了两声没良心的,就打发丽莎走了。

丽莎回到自己屋里,还没来得及从回绝潘申和听母亲的训斥中缓过气来,一场狂风暴雨又向她袭来。而且偏偏来自她万万没想到的方面。马尔法·季莫费耶夫娜一走进她的房间,就砰的一声把门带上。老妇人面色煞白,包发帽歪到了一边,眼睛冒火,手和嘴唇嗦嗦发抖。

---

① 法语:您母亲叫您去,别了……

丽莎大吃一惊,她还从来没有见过通情达理的聪明的姑婆恼火成这副模样。

"好呀,小姐,"马尔法·季莫费耶夫娜压低声音说,声音发颤,语不成句,"你干的好事!你这是向谁学的,我的小姑奶奶……给我口水,我话都说不出来了。"

"姑婆,慢慢说,您怎么啦?"丽莎一边说,一边把一杯水递给她,"不是您自己也看不中潘申先生吗?"

马尔法·季莫费耶夫娜放下杯子。

"我不能喝,要不会把我剩下的最后几颗牙都磕碰掉的。什么潘申不潘申?这跟潘申有什么关系?你最好还是跟我说说清楚,是谁教会你深更半夜跟人约会的,啊,我的小姑奶奶?"

丽莎面如缟素。

"你休想抵赖,"马尔法·季莫费耶夫娜继续说下去,"舒罗奇卡都看到了,是她告诉我的。我不许她去瞎说,可这孩子是不会撒谎的。"

"姑婆,我并不想抵赖。"丽莎说,声音低得几乎听不见。

"啊——啊!原来这样,我的小姑奶奶!是你约他。约这个老色鬼,约这个正人君子相会的啰?"

"不是的。"

"那怎么会这样?"

"我下楼到客厅里去拿本书;他在花园里,叫我过去。"

"你就去了?好极了。那么你是爱他的啰,是吗?"

"我爱他。"丽莎平静地轻声说。

"我的妈呀!她爱他!"马尔法·季莫费耶夫娜将包发帽一把扯了下来,"爱一个有妇之夫!啊?爱他!"

"他告诉我……"丽莎开始说。

"他告诉你什么,这只雄鹰告诉你什么来着?"

"他告诉我,他的妻子死了。"

马尔法·季莫费耶夫娜画了个十字。

"愿她早升天国,"她说,"一个骚货——别提这个啦。啊,原来这样,他又成了光棍。看不出,他倒是挺有能耐的。刚把一个老婆整死,又忙着找第二个了。还说他老实、本份呢!只是我要告诉你,我的侄孙女,在我们那个年月,我年轻那会儿,姑娘家做出这种事来,就有她受的。你别生我的气,我的小姑奶奶;只有傻瓜听到人家规劝他才会生气。今天我已经关照下人不许他进门。虽说我喜欢他,可这件事我永远不会原谅他。哼,好一个光棍!给我拿水来。至于说,你让潘申碰了一鼻子灰,说明你是好样的;可是你千万别跟那些个公山羊,那些个臭男人,深更半夜坐在一块儿;你别伤我这个老婆子的心!你要晓得,我并不是只会跟人亲亲热热,惹急了,我也会咬人的……哼,好一个光棍!"

马尔法·季莫费耶夫娜走了,可丽莎却坐在屋角落里哭泣。她心里很痛苦,她不该受这样的屈辱。爱情给她带来的不是欢乐,从昨晚起,她这是第二次流泪了。她心里刚刚萌发出新的、意想不到的感情,她就为这种感情付出了沉重的代价,别人的手多么粗暴地摧残她深藏于心底的珍贵的秘密!她感到羞愧、伤心、痛苦,但是她心里没有动摇,也没有害怕,不但如此,在她心里拉夫列茨基更加亲爱了。当初,她自己也不理解自己的时候,她是犹豫的;可是在那次邂逅后,在那次亲吻后,她已不再犹豫;她知道她是爱他的,而且爱得那么忠贞,那么认真,终身不渝——她不怕任何威胁;她感到再大的暴力也拆散不了她跟他的这层关系。

三十九

玛丽娅·德米特里耶夫娜听到仆人向她通报瓦尔瓦拉·帕夫洛夫娜·拉夫列茨卡娅求见,好不惊慌,她甚至不知道要不要接待她;她生怕得罪了费奥多尔·伊万内奇。最后好奇心占了上风。"那又有什么呢,"她想,"好歹她还是亲戚。"于是坐到安乐椅上,对仆人说:"有请!"不一会儿,门打开了;瓦尔瓦拉·帕夫洛夫娜脚步轻得几乎听不出来,快步走到玛丽娅·德米特里耶夫娜跟前,不等她从安乐椅上站起来,几乎就跪倒在她紧跟前。

"姑姑,感谢您,"她以一种深受感动的口吻,轻轻地用俄语说道,"感谢您,我没想到您会待我如此宽厚,您像天使一般善良。"

说过这几句话,瓦尔瓦拉·帕夫洛夫娜出其不意地抓住玛丽娅·德米特里耶夫娜的一只手,轻轻地握在戴着儒文牌的淡紫色手套的手里,谄媚地将它举到她丰腴的樱唇上。看到这样一个衣着典雅的美妇人几乎就跪在她的脚下,玛丽娅·德米特里耶夫娜茫然不知所措,她一会儿想把自己的手抽回,一会儿又想请她坐下,跟她讲几句亲热的话,结果,她却欠起身来,在瓦尔瓦拉·帕夫洛夫娜滑腻如羊脂的香喷喷的额上吻了一下。这一吻,把瓦尔瓦拉·帕夫洛夫娜吻得浑身发软了。

"您好, bonjour①,"玛丽娅·德米特里耶夫娜说,"当然,我没想到……不过,我当然很高兴见到您。您是理解的,我亲爱的,夫妻之间的事,不是我可以来判断是非的……"

"我的丈夫完全对,"瓦尔瓦拉·帕夫洛夫娜打断了她的话,"都是我的错。"

"您这样想,很值得称赞,"玛丽娅·德米特里耶夫娜说,"很值得。您来了很久了吗?见到他了?您坐呀,请坐。"

"我昨天到的,"瓦尔瓦拉·帕夫洛夫娜谦卑地坐到椅子上,回答说,"我见到了费奥多尔·伊万内奇,跟他谈过了。"

"啊!那么,他对您怎么样?"

---

① 法语:您好!

"本来我生怕突然回来,会惹他恼火,"瓦尔瓦拉·帕夫洛夫娜继续说下去,"可他并没有拒绝见我。"

"就是说,他并没有……是呀,是呀,我明白了,"玛丽娅·德米特里耶夫娜说,"他这人只是外表上有些粗鲁,其实心挺软的。"

"费奥多尔·伊万内奇没有宽恕我;我的话,他不要听……可他的心肠那么好,他指定我住到拉夫里基去。"

"啊!那是一处非常漂亮的庄园!"

"遵照他的旨意,我明天就去那里;但是我认为我理应先来拜见您。"

"我亲爱的,非常非常感谢您。一个人无论什么时候都不应该把亲戚忘掉。您知道吗,您俄语讲得这么好,真让我惊奇 C'est étonnant。①"

瓦尔瓦拉·帕夫洛夫娜叹了口气。

"我在国外待得太久了,玛丽娅·德米特里耶夫娜,这我是明白的;但是我的心永远是俄国人的心,我从没有忘记过自己的祖国。"

"是呀,是呀;这是再好不过的。但是费奥多尔·伊万内奇压根儿没想到您会……是的,请您相信我的经验之谈:La patrie avant tout②。喏,请让我看看您这条漂亮的大披肩好吗?"

"您喜欢这条披肩吗?"瓦尔瓦拉·帕夫洛夫娜马上从肩上取下披肩,"这是条很普通的披肩,madame Baudran③ 的作品。"

"一眼就看出来了。是 madame Baudran… 多么漂亮,多么高的品位呀!我相信,您一定带回来很多美妙的东西。要是我能一饱眼福就好了。"

---

① 法语:这真令人惊奇。
② 法语:祖国高于一切。
③ 法语:波德兰夫人。她是当时巴黎最有名的时装设计师。

"最亲爱的姑姑,我所有的服装都可任您支配。要是您允许的话,我可以挑几件来交给您的婢女。我从巴黎带了个女仆来,她是个非常好的女裁缝。"

"我亲爱的,您的心地太好了。不过,我可不好意思。"

"不好意思……"瓦尔瓦拉·帕夫洛夫娜用责怪的口吻重复她的话说,"如果您看得起我,您尽管吩咐,就当我是您的亲女儿!"

这席话听得玛丽娅·德米特里耶夫娜浑身酥软了。

"Vous êtes charmante,[①]"她说,"您怎么不把帽子和手套摘了?"

"怎么?您允许?"瓦尔瓦拉·帕夫洛夫娜问,装出深受感动的样子,轻轻地把两只手叠放在一起。

"那还用说。您不是要同我们一起用午餐吗。我希望,我……我要把您介绍给我的女儿。"玛丽娅·德米特里耶夫娜稍稍有点儿犹豫,转念一想:"哎哟,没什么大不了的!"便说道:"她今天不知怎的,有点儿不舒服。"

"噢,ma tante[②],您太好了!"瓦尔瓦拉·帕夫洛夫娜叫了起来,随即拿起手绢来拭眼睛。

男仆进来禀告,格杰奥诺夫斯基来了。这个瞎话连篇的老头儿走了进来,脸上堆着微笑,一连鞠了几个躬。玛丽娅·德米特里耶夫娜把他介绍给她的客人。他起初局促不安,但是瓦尔瓦拉·帕夫洛夫娜用一种寓狐媚于恭敬的态度对待他,弄得他的耳朵都发烫了,于是谣言、谎话、恭维就像蜜糖似的从他嘴里源源不绝地流出来。瓦尔瓦拉·帕夫洛夫娜听着他讲,不时抿嘴一笑,她也稍稍打开了话匣子,谦逊地谈到巴黎,谈她去各地的旅行,谈到了巴登;两次逗笑了玛丽娅·德米特里耶夫娜;过后,每次她都轻轻地叹口气,像是在暗自责

---

① 法语:您是迷人的。
② 法语:我的姑姑。

备不该这么高兴;她请求允许她把阿达也带来,得到了主人的允许;她脱下手套,举起光滑的、用 à la guimauve① 香皂洗过的手指,指点着哪里该打折,哪里加花边,哪里钉蝴蝶结;她答应带一瓶新出品的 Victoria's Essence② 来,当玛丽娅·德米特里耶夫娜表示愿意接受这份礼物时,她高兴得像个小孩子似的;她回忆着她回国后第一次听到俄国教堂的钟声时如何百感交集,说着说着眼泪就挂下来了。"这钟声深深地震撼了我的心灵。"她低声说。

正在这一刻,丽莎走了进来。

早晨,从她读了拉夫列茨基的字条,惊骇得浑身发冷的那一刻起,她就准备和他的妻子会面,她预感到她会见到那个女人。她决意不回避她,作为对自己的,按她的说法,有罪的觊觎的惩罚。她的命运所发生的突如其来的剧变彻底摧毁了她。只两个小时工夫,她的脸就一下子瘦了,然而她没有流一滴眼泪。"我这是自作自受!"她对自己说,她艰难而且激动地把从她心底翻涌而起,连她自己也为之惊骇的那一阵阵痛苦而又凶狠的冲动克制下去。"行了,该走了!"她刚一得悉拉夫列茨卡娅到来,便这么想,于是她走下楼去……她在下决心打开客厅门之前,在门外站了很久,心想:"我在她面前是有罪的。"她抱着这样的想法,跨过了门槛,强使自己望了望那个女人,强使自己微微笑了笑。瓦尔瓦拉·帕夫洛夫娜一看见她,就迎上前去,微微地,然而仍然是恭而敬之地朝她施了个礼。"请允许我自我介绍,"她用奉承的口气说道,"您的 maman 待我那么宽厚,因此我希望您待我也……好。"瓦尔瓦拉·帕夫洛夫娜说最后一个字时,她狡狯的微笑,她冷冰冰的同时又是温柔的目光,她手和肩膀的动作,她的衣服,乃至她整个人——在丽莎心里激起了那么强烈的憎恶。以致她一句话也回答不出,费了

---

① 法语:蜀葵。
② 法语:维多利亚香水。

很大的劲才强使自己把手伸给她。"这个小姐嫌恶我。"瓦尔瓦拉·帕夫洛夫娜暗忖,便紧握着丽莎冰冷的手指,掉过头来对玛丽娅·德米特里耶夫娜轻声说道:"Mais elle est délicieuse！"① 丽莎的脸微微地红了:在这声赞美里,她听出了讥讽和侮辱;但是她决定不去相信自己的印象。管自坐到窗前的绣架前。可瓦尔瓦拉·帕夫洛夫娜连她绣花时也不让她安静,走到她跟前,一迭声地夸她审美力高,夸她手艺巧……丽莎的心猛烈地、痛苦地跳着,她如坐针毡,她硬克制着自己,才未离座而去。她觉得,瓦尔瓦拉·帕夫洛夫娜全都知道了。所以暗暗得意,拿她耻笑。幸而格杰奥诺夫斯基出来解围,他找瓦尔瓦拉·帕夫洛夫娜攀谈,把她的注意力吸引了过去。丽莎一面低着头绣花,一面偷偷地打量着她。"这个女人,"她暗忖,"就是他爱过的。"但她马上把涉及拉夫列茨基的念头从头脑中驱走,她生怕控制不住自己,她感到头有些晕。就在这时,玛丽娅·德米特里耶夫娜谈起了音乐。

"我亲爱的,听人说,"她说道,"您是个高超的音乐家。"

"我很久没弹琴了,"瓦尔瓦拉·帕夫洛夫娜说,马上就坐到钢琴前,手指敏捷地掠过琴键。"请问,您要我弹吗？"

"请吧。"

瓦尔瓦拉·帕夫洛夫娜非常内行地弹奏了赫尔茨②的一支出色的,然而难度很大的练习曲。她的弹奏生气蓬勃,技巧娴熟。

"真是如闻仙乐！"格杰奥诺夫斯基叫了起来。

"真是不同凡响！"玛丽娅·德米特里耶夫娜也有同感。"啊,瓦尔瓦拉·帕夫洛夫娜,"她第一次用她的名字称呼她,"我得承认,您真让我惊奇;您简直可以举办音乐会。我们这里有个音乐家,是个老头,德国人,脾气很怪,可是很有学问;他给丽莎上课;他听了您的演

---

① 法语:她真标致!
② 赫尔茨(1806—1888),德国作曲家、钢琴演奏家,其钢琴曲在十九世纪颇为流行。

奏,准会高兴得发疯。"

"伊丽莎白·米哈伊洛夫娜也是音乐家吗?"瓦尔瓦拉·帕夫洛夫娜微微向丽莎转过脸去,问。

"是的,她弹得还可以,她爱好音乐,但是怎么能跟您比呢?不过我们这儿还有一个年轻人,您应该跟他认识认识。他是个——天生的音乐家,曲也作得很好。只有他一人能给予您充分的评价。"

"年轻人?"瓦尔瓦拉·帕夫洛夫娜问,"是个什么样的人?想必是一介寒士吧?"

"瞧您说的,他是我们这儿天字第一号的骑士,岂止在我们这里——et à Pétersbourg①。是位侍从官,进出最上流社会。您想必听说过他,他叫潘申,弗拉基米尔·尼古拉伊奇。他因有公干来这儿……将来必能当上大臣,您看着好了!"

"而且还是一位艺术家?"

"是位天生的艺术家,待人和蔼可亲。他近来常来我这儿;我请他今晚来;我深信他会来。"玛丽娅·德米特里耶夫娜加补说,短短叹了一声,还若有所指地苦笑了一下。

丽莎懂得这苦笑的含义,可是她管不了这许多了。

"而且年轻?"瓦尔瓦拉·帕夫洛夫娜又问了一遍,指尖在琴键上从一个音调滑到另一个音调。

"才二十八岁,一表人才。Un jeune homme accompli.②您看到就知道了!"

"可以称得上青年的表率。"格杰奥诺夫斯基指出。

猛然间,瓦尔瓦拉·帕夫洛夫娜弹起施特劳斯的一首喧闹的华尔兹,一开始就是强烈而急骤的颤音,甚至把格杰奥诺夫斯基吓了一大

---

① 法语:还在彼得堡。
② 法语:一个极好的年轻人。

跳;弹到一半,她又猛地转为忧伤的曲调,最后以《鲁西娅》① 中的咏叹词《Fra poco》② 收尾……她意识到处于她的境地弹奏欢快的音乐是不适宜的,便在《鲁西娅》的咏叹调中加重了感伤的音调,使玛丽娅·德米特里耶夫娜深为感动。

"多么伤感的心情。"她轻声对格杰奥诺夫斯基说。

"如闻仙乐!"格杰奥诺夫斯基又赞美道,随即举目望着天空。

午餐的时候到了。汤已经端上桌子了,马尔法·季莫费耶夫娜才下楼来。她对瓦尔瓦拉·帕夫洛夫娜非常冷淡,对这个女人讨好的言辞,只答以一言半语,而且连看都不看她一眼;瓦尔瓦拉·帕夫洛夫娜马上明白了这个老太婆是讨好不上的,便不再跟她讲话;然而玛丽娅·德米特里耶夫娜对自己的客人却格外亲热,姑姑这么无礼,使她很是生气。不过,马尔法·季莫费耶夫娜并非只是不看瓦尔瓦拉·帕夫洛夫娜一人,她连丽莎也不看,虽然她的眼睛仍同过去一样炯炯有光。她坐在那里像尊石像,一动也不动,面色蜡黄、苍白,嘴唇紧闭,而且什么也不吃。丽莎看上去倒很平静,她觉得心里平静多了,其实她是被一种异样的麻木,一种被判了刑的犯人的麻木主宰了。用餐时,瓦尔瓦拉·帕夫洛大娜很少讲话,她仿佛又变得胆怯了,一脸谦卑、忧郁之色。只有格杰奥诺夫斯基一人在饭桌上天南地北地神聊海吹,虽然他不时胆怯地偷觑马尔法·季莫费耶夫娜一眼,干咳一两声——每逢他当着她的面要撒谎时,便嗓子发痒,干咳起来,——然而她并没有碍他的事,也没有打断他的话头。午餐后,发现瓦尔瓦拉·帕夫洛夫娜对朴烈费兰斯极为喜爱,这使玛丽娅·德米特里耶夫娜高兴得心花怒放,她心里想道:"费奥多尔·伊万内奇真是个大笨蛋,搁着这么

---

① 《鲁西娅》(全名为《拉墨摩的鲁西娅》)是意大利作曲家康尼采蒂(1797—1848)写于一八三五年的歌剧。

② 意大利语:《不久以后》。

好的一个女人,他却不识货!"

她坐下来同瓦尔瓦拉·帕夫洛夫娜和格杰奥诺夫斯基打牌。马尔法·季莫费耶夫娜说,丽莎脸色很难看,准是犯头痛病了,便带着丽莎上楼去她的房间。

"是啊,她头痛起来可吓人呢,"玛丽娅·德米特里耶夫娜一面对瓦尔瓦拉·帕夫洛夫娜说,一面做出翻白眼的样子,"我自己也老犯偏头痛……"

"瞧您形容的!"瓦尔瓦拉·帕夫洛夫娜说。

一走进姑婆的房间,丽莎便瘫坐到椅子上。马尔法·季莫费耶夫娜默默地久久望着,轻轻地跪在她面前——仍旧默不作声,开始轮流吻她的两只手。丽莎俯下身去,脸发红了,哭了起来,但是并没有扶起马尔法·季莫费耶夫娜,也没有缩回自己的手,她觉得她没有权利把手缩回来,没有权利阻止这位老妇人表示她的失悔和同情,没有权利阻止老妇人向她请求原宥昨天那件事。而马尔法·季莫费耶夫娜则吻不够这双可怜的、苍白的、无力的手——于是无言的泪水便从她的眼睛里和丽莎的眼睛里涌了出来。小猫"水手"在宽大的安乐椅上那团织袜用的绒线旁咪咪地叫着,长明灯长圆形的火焰在圣像前微微地颤动、摇曳,在隔壁那间小屋的门后,纳斯塔西娅·卡尔波夫娜站在那里,也在用卷成一团的方格手绢偷偷地拭着泪水。

四十

而这时候,楼下的客厅里正在打朴烈费兰斯。玛丽娅·德米特里耶夫娜赢了,情绪极好。仆人进来通报潘申到。

玛丽娅·德米特里耶夫娜放下手里的纸牌,身体在椅子上移过来,挪过去。瓦尔瓦拉·帕夫洛夫娜半带讥嘲地瞟了她一眼,就转过脸去望着门。潘申出现了,身着黑色燕尾服,英国式的高领一直扣到领口,

"遵命在我是痛苦的,可是您看,我还是来了。"——这就是他刚刚修过面的、没有笑容的脸上的表情。

"得了吧,沃尔德马尔,"玛丽娅·德米特里耶夫娜大声说道,"过去您一向不经通报就进来的!"

潘申朝玛丽亚·德米特里耶夫娜望了一眼作为回答,彬彬有礼地向她鞠了个躬,但是没有走上前去吻她的手。她把瓦尔瓦拉·帕夫洛夫娜介绍给他,他退后一步,同样彬彬有礼地朝她鞠躬致礼,只是格外优雅、尊敬,随后坐到牌桌旁边。朴烈费兰斯很快就结束了。潘申问起伊丽莎白·米哈伊洛夫娜,得知她不大舒服,便表示他深为遗憾;后来,他同瓦尔瓦拉·帕夫洛夫娜攀谈起来,像个外交家那样,说的每个字都经过细心的推敲、斟酌,对她的回答都恭而敬之地听完。然而他那副外交家的庄重在瓦尔瓦拉·帕夫洛夫娜身上并不起作用,并不能感染她。相反,她却愉快地端详着他的脸,随随便便地同他攀谈,她的纤巧的鼻翼微微颤动,好像忍不住要莞尔一笑。玛丽娅·德米特里耶夫娜开始称赞起她的才华来;潘申恭敬地、在他的高衣领所许可的限度内低下头来说:"对此早就深信不疑。"说罢,他差点儿要把话锋转到梅特涅① 身上。可瓦尔瓦拉·帕夫洛夫娜没等他开口,便眯起她那天鹅绒般的双眸,悄声说道:"您不也是演员吗? un confrère②。"又把声音压得更低地说:"Venez!③"指头朝钢琴那边指了指。这声随随便便说出的"Venez!",好似一张勾魂票,于一瞬之间便使潘申面貌大变,原先那种谨小慎微的态度一扫而光;他笑了,活跃了,解开了燕尾服的扣子,一再地说:"唉,我算什么演员!倒是您,我听说,才是真正的演员。"他跟在瓦尔瓦拉·帕夫洛夫娜身后向钢琴走去。

---

① 梅特涅(1773—1859),奥地利首相、外交家,曾是左右欧洲政局的风云人物。
② 法语:同行。
③ 法语:来吧!

"让他唱那首浪漫曲——《冷月挂中天》。"玛丽娅·德米特里耶夫娜叫道。

"唱吗?"瓦尔瓦拉·帕夫洛夫娜说着,用她那双明眸睃了他一眼,"请坐。"

潘申再三推辞。

"请坐下。"她又说了一遍,不容分说地敲了敲椅背。

他坐了下来,清了清嗓子,解开衣领,唱了他谱写的那首浪漫曲。

"Charmant,①"瓦尔瓦拉·帕夫洛夫娜说,"您唱得美极了,vous avez du style②,请再来一遍吧。"

她绕过钢琴,站到潘申的正对面。他又唱了一遍浪漫曲,唱腔中加入了情节剧式的颤音。瓦尔瓦拉·帕夫洛夫娜把臂肘支在钢琴上,用她那双白嫩的纤手托住两腮,与朱唇高度相平,双眸直视着潘申。

"Charmant, charmante idée,③"她以行家的口吻,平静而又自信地说,"请问,您有没有写过什么是给女声,给 mezzo-soprano④ 唱的吗?"

"我几乎什么也不写,"潘申答称,"这首曲子是公余之暇,偶一为之的……您也唱歌吗?"

"唱。"

"哦!你们俩给我们唱点什么吧!"玛丽娅·德米特里耶夫娜说。

瓦尔瓦拉·帕夫洛夫娜把披到桃腮上的头发往上一掠,甩了甩头。

"我们的嗓音应该是配得拢的,"她对潘申说,"我们来唱二重唱。您会唱《Son geloso》⑤,或者《La ci darem》⑥,或者《Mira la bianca

---

① 法语:美极了。
② 法语:有自己的风格。
③ 法语:美极了,意思也美。
④ 法语:女次高音。
⑤ 意大利浪漫曲曲名,可译作《皓月当空》。
⑥ 意大利浪漫曲曲名,可译作《醋海风波》。

luna？》①吗？"

"我当年曾唱过《Mira la bianca luna》,"潘申回答说,"不过是很久以前的事了,我都忘了。"

"没关系,我们先小声练练。我来弹。"

瓦尔瓦拉·帕夫洛夫娜坐到钢琴前。潘申站到她身旁。他俩先小声练了遍二重唱,其间瓦尔瓦拉·帕夫洛夫娜多次纠正他,后来两人放声唱了起来,此后又再唱了两遍《Mira la biancalu...u..una》。瓦尔瓦拉·帕夫洛夫娜的歌喉已不那么清新圆润,但她却运用得非常巧妙,潘申最初有几分胆怯,而且稍稍有些走调,后来,激情来了,虽说他唱得并非无懈可击,可是他不时扭动他的肩膀,摇晃他的身子,还时不时把手高高举起,俨然像个歌唱家。瓦尔瓦拉·帕夫洛夫娜还弹了塔尔贝格②的小品,又风情万种地"弹唱了"一支法国小咏叹调。玛丽娅·德米特里耶夫娜高兴得无可名状,几次想差人去把丽莎叫来。格杰奥诺夫斯基找不到喝彩的词句,只是一个劲地摇头晃脑。——不料突然间打了一个哈欠,差点来不及用手捂住嘴。这个哈欠没有逃过瓦尔瓦拉·帕夫洛夫娜的眼睛;她马上转过身来,背靠着钢琴说:"Assez de musique comme ça,③我们还是来聊聊吧。"她把两臂交叉在胸前。"Oui, assez de musique,④"潘申欣然同意,便跟她聊了起来,是用生动流畅的法语交谈的。"简直跟最上等的巴黎沙龙一模一样。"玛丽娅·德米特里耶夫娜听着他俩闪烁其辞的轻松的交谈,不由得在心里感慨道。潘申满心喜欢,眼睛放光,笑容可掬;起初,他间或同玛丽娅·德米特里耶夫娜的目光相遇时,还要用手撸撸脸,皱皱眉头,叹几声气,可后来,他完全把

---

① 意大利浪漫曲曲名,可译作《虚情假意》。
② 塔尔贝格(1821—1871),奥地利钢琴家,作曲家。
③ 法语:音乐该适可而止了吧。
④ 法语:是的,音乐该适可而止了。

她置之脑后了,整个身心都沉醉在半社交、半艺术的交谈之中。瓦尔瓦拉·帕夫洛夫娜显示出她对哲学有很深的造诣,任何问题都难不倒她,她都能对答如流。显而易见,她是经常同许多饱学之士交谈的。她所有的思想感情无不以巴黎为中心。潘申把话题引到文学上,不料她跟他一样,只看法语小说:乔治·桑令她愤慨;巴尔扎克是她钦佩的,虽然使她厌倦;她认为苏①和斯克里布②是伟大的心理学家;她崇拜大小仲马和费瓦尔③,其实她心坎里却认为保尔·德·科克④比所有的人都伟大,但是,在别人面前,她当然连他的名字都不会提起。其实,她对文学并无多大兴趣,凡是会叫人联想起她处境的一切,哪怕是拐弯抹角的,瓦尔瓦拉·帕夫洛夫娜都非常巧妙地加以回避;至于爱情,她是绝口不提的,不唯如此,她言谈中还以绝望的、无奈的口吻对沉迷情欲予以抨击;潘申不以为然,反驳了她;她又倒过来反驳潘申……然而说来也怪! ——她嘴里明明吐出的是批评,而且往往是严厉的批评,可是语调却那么柔美,那么含情脉脉,她的眼睛也在说话……至于这双勾魂摄魄的眼睛究竟说的是什么——就难以断定了,不过,说的不是严厉的话,也不是清楚明确的话,而是甜蜜的情话。潘申极力想揣摩出这种话的隐秘的含义,极力想也用眼睛来说话,然而他觉得这是他力所不及的;他意识到瓦尔瓦拉·帕夫洛夫娜这头外国的真正的牝狮,比他高明得多,所以他无法对自己驾驭自如。瓦尔瓦拉·帕夫洛夫娜有个习惯,和人交谈时往往会轻轻碰一碰对方的袖子;这种瞬间的接触使弗拉基米尔·尼古拉伊奇神摇意夺。瓦尔瓦拉·帕夫洛夫娜有个本领,她能轻而易举地使任何人把她引为知交;两个小时还不到,潘申就觉

---

① 即欧仁·苏(1804—1857),法国作家。
② 斯克里布(1791—1861),法国剧作家。
③ 费瓦尔(1817—1887),法国通俗小说作家。
④ 保尔·德·科克(1794—1871),法国二流通俗小说作家,作品多描写巴黎小市民。

得他和她相交已有许多许多年了。至于那个丽莎,他毕竟爱过的,昨天还向她求过婚的丽莎,却好像消失在迷雾中了。茶端了上来,谈话更加无拘无束了。玛丽娅·德米特里耶夫娜唤来小厮,吩咐他去对丽莎说,如果她头痛见轻的话,就请她下楼来。潘申一听到丽莎的名字,就大谈其自我牺牲,还谈到谁更能作出牺牲——是男人还是女人。玛丽娅·德米特里耶夫娜马上来劲了,她断言女人更能自我牺牲,并且宣称,她只需三言两语就可证实这一点,结果却前言不搭后语,最后还作了一个不伦不类的比方。瓦尔瓦拉·帕夫洛夫娜拿过一本乐谱半遮着脸,嘴里吃着一块牛奶饼干,唇边和眼角挂着一抹镇定自若的微笑,将身子倾向潘申,悄声说:"Elle n'a pasinventé la poudre, la bonne dame."①潘申一怔,对瓦尔瓦拉·帕夫洛夫娜这么大胆感到惊奇,却不懂得这句突如其来的评语中还包含着多少对他本人的轻蔑;于是,他竟把玛丽娅·德米特里耶夫娜平日待他的种种好处,请他吃饭,还借钱给他,一古脑儿都忘到九霄云外去了。于是他(一个可怜不足惜的人)带着同样的笑容,用同样的口气说:"Je crois bien,"②——而且回答之快,甚至把"Je crois bien"这几个字说成了"J'crois ben"。

瓦尔瓦拉·帕夫洛夫娜亲切地睃了他一眼,站起身来。丽莎走了进来。马尔法·季莫费耶夫娜没能留住她,因为她决心把考验忍受到底。瓦尔瓦拉·帕夫洛夫娜和潘申一同迎了上去。潘申的脸上又恢复了原来那种外交家的表情。

"您身体好吗?"他问。

"我现在好些了,谢谢。"她回答。

"我们刚才唱了一会儿歌;可惜您没有听见瓦尔瓦拉·帕夫洛夫娜唱。她唱得好极了, en artiste consommèe.③"

---

① 法语:这位可亲的夫人,她没有发明火药的才能。
② 法语:是的,我想是这样。
③ 法语:像一位技巧圆熟的女演员。

"到这儿来,ma chère①,"响起了玛丽娅·德米特里耶夫娜的声音。

瓦尔瓦拉·帕夫洛夫娜立刻像个听话的孩子,乖乖地走到她跟前,在她脚边的一张小凳子上坐了下来。玛丽娅·德米特里耶夫娜喊她过去,一则是让她女儿可以单独和潘申在一起,哪怕片刻也好;她私心还在巴望女儿能回心转意,再则她脑子里有了个主意,不吐不快。

"您知道吗,"她轻声对瓦尔瓦拉·帕夫洛夫娜说,"我想试试看,由我出面叫你们夫妻和解,我不敢打包票,可是我打算试试。您知道吗,他可尊重我哩。"

瓦尔瓦拉·帕夫洛夫娜慢慢地抬起眼睛望着玛丽娅·德米特里耶夫娜,姿势优美地将双手叠在一起。

"那您就是我的救星了,ma tante,"她用忧心忡忡的声调说,"我不知道该怎么来报答您的深情厚谊;可是我实在太对不起费奥多尔·伊万内奇了,他不会原谅我的。"

"难道您……果真……"玛丽娅·德米特里耶夫娜满怀好奇地正开口想问下去……

"请不要问我,"瓦尔瓦拉·帕夫洛夫娜打断了她,低下了头,"我那时年轻,做事轻率……不过,我并不想为自己开脱。"

"好吧,不管怎样,不妨试试,您说呢?不要往绝路上想。"玛丽娅·德米特里耶夫娜说,本想去拍拍她的腮帮子,可是瞅了瞅她的脸,就不敢拍了。"她虽说谦恭温雅,"她想,"可的确是头牝狮。"

"您还痛吗?"其时潘申这么问丽莎。

"是的,我不舒服。"

"我理解您,"他沉默了很久之后,说道,"是的,我理解您。"

"您说什么?"

"我理解您。"潘申说,似乎这话意味深长,其实他不知道说什么好。

---

① 法语:我亲爱的。

丽莎感到很窘,继而一想:"随他去!"潘申摆出一副神秘莫测的架势,一声不吭,神情严峻地望着一旁。

"好像已经敲过十一点了吧。"玛丽娅·德米特里耶夫娜说。

客人们懂得这个暗示,纷纷起身告辞。瓦尔瓦拉·帕夫洛夫娜答应明天来吃午饭,把阿达也带来。格杰奥诺夫斯基坐在角落里,差点睡着了,这时他自告奋勇,表示愿送她回家。潘申态度庄重地向大家鞠躬告别,在门廊边,他扶着瓦尔瓦拉·帕夫洛夫娜坐上马车,和她握了握手,跟在车后喊道:"Au revoir!"① 格杰奥诺夫斯基在她身旁坐了下来;一路上,她存心逗他,装得像无意地把自己的鞋尖搁到他脚上;他的心怦怦乱跳,一味地对她讲恭维话;她吃吃地笑着,每当路灯射进马车时,她便向他送去一个媚眼;她刚才弹过的那支华尔兹在她的脑袋里轰鸣,使她激动不已;无论身在何处,她只要一想到灯烛辉煌的舞厅,伴着音乐翩翩起舞,她的心立即会燃烧起来,眼睛会异样地发饧,唇边会荡漾着微笑,一种优雅而又狂热的激情便会传遍她全身。到家时,瓦尔瓦拉·帕夫洛夫娜轻捷地跳下马车——只有牝狮才会这样一跃而下——转过身来,对着格杰奥诺夫斯基发出一串银铃般的笑声。

"好一个迷人精,"这位五等文官在回家的路上想道,家里一名仆人正拿着一瓶肥皂樟脑擦剂②在等候他,"幸亏我是个坐怀不乱的人……可她笑什么呢?"

马尔法·李莫费耶夫娜整整一夜都守在丽沙的床头。

四十一

拉夫列茨基在瓦西里耶夫村待了一天半,他几乎一直在村子四周

---

① 法语:再见。
② 旧时用于治风湿病的一种油膏。

转来转去。他无法在一个地方待久,忧伤啃啮着他;一种无休无止的、急剧而无力的冲动使他痛苦不堪。他记起回返乡间后的次日控制他心灵的那种感情;记起他当时的打算,不由得对自己产生强烈的愤恨。是什么迫使他抛开他视为自己的天职、自己未来的任务的东西的?是渴求幸福——又一次渴求幸福!"看来,还是米哈列维奇说得对。"他这么寻思。"你这是想再一次尝到人生的幸福,"他自言自语道,"你忘了,幸福光顾一个人,哪怕仅仅一次,也已经是一种奢侈了,已经是领受不起的恩泽了。你会说,那次的幸福是不完美的,是虚假的;可你又有什么权利要获得完美的、真正的幸福呢!看看你的四周吧,有谁过得幸福,有谁在享受生活的乐趣?瞧,有个庄稼汉正驾着车下地去收割,他对自己的命运倒是满意的……怎么样,你愿不愿意跟他对换一下?想想你的母亲吧:她的要求是多么少,多么低,而她的命运又怎么样呢?你对潘申说,你回到俄国是来种地的,那不过是在他面前夸口罢了。你不看看自己都这么一把年纪了,还去追求人家小姑娘,这就是你回来的目的。一有消息说你自由了,你立即抛下一切,把什么都丢置脑后,像男孩子扑蝴蝶似的扑过去……"丽莎的形象不断地在他的思绪中出现,他努力将这个形象驱走,同时也把那个死缠住他不放的形象,那张沉着而又狡狯、美丽而又可憎的脸庞逐出他的思绪。老头儿安东看出少爷心境不好,在门外叹了几口气,进门又叹了几口气,终于下决心走到少爷跟前,劝他喝些什么热的。拉夫列茨基朝着他吼叫,喝令他出去,可后来又向他道歉,这反而使安东更加难过。拉夫列茨基不敢坐在客厅里,因为他觉得他的曾祖父安德烈从画布上蔑视地睥睨着他的这个不肖子孙。"哼,你呀!是个窝囊废!"他觉得他曾祖父歪向一边的嘴在这么说。"难道说,"他想,"我就不能自拔了,为了这么一点……区区小事就垮了不成?(在战场上,重伤员总是把自己挂彩说成是'区区小事'。一个人到了连自己都欺骗不了的地步,他在世上也就活不下去了。)难道我真是个没用的孩子?终生的幸福都已经在眼前了,几乎就要抓到手了,却让它突然消失了,就跟轮盘赌一样,只消轮盘再转过去一丁点儿,一个穷光蛋也许就会变成富翁了。泡汤就泡汤吧,反正结束了。我就咬紧牙关,去干正事,强迫自己沉默;好在我也不是第一次这样鞭策自己了。再说,我为什么要逃避,干吗要坐在这里,像鸵鸟似的把头埋在灌木丛里?不敢正视不幸——是懦夫的行为!""安东!"他大声喊道,"马上备车。""是呀,"他又想道,"应当强令自己沉默,应当对自己严加管束……"

拉夫列茨基就这样苦苦思索,竭力想借此摆脱心头的痛苦,然而他的痛苦太深,太强烈了,就连那个不但老得糊涂,而且老得什么感情都没有了的阿普拉克谢娅,看着他坐上马车进城去,也连连摇头,伤心地目送着他。马放开四蹄奔驰着,他挺直身子,一动不动地坐着,一动不动地望着前方。

四十二

丽莎昨晚写条子给拉夫列茨基,让他今晚到她家去;可他先回到自己的寓所。他到家没碰见妻子和女儿;从下人那儿,他得知她带着女儿到卡利京家去了。这使他又是惊讶,又是愤怒。"明摆着的事,瓦尔瓦拉·帕夫洛夫娜存心不让我活了。"他怒火中烧地想。他开始在屋里走来走去,不停地把凡是挡住他路的东西,什么儿童玩具啦,书本啦,各种各样妇女用品啦,不是踢到一边,就是扔到一旁;他唤来茹斯京,吩咐她把所有这些"垃圾"统统拿走。"Oui, monsieur,[①]"她扮了个鬼脸说,随即姿势优美地弯下身子,开始收拾房间,她的每一个动作都让拉夫列茨基感到,在她眼里他是一头粗野的狗熊。他憎恶地望着她那已经色衰,然而还不失"妖娆"的、带有嘲弄的表情的巴黎人的

[①] 法语:是,先生。

脸,望着她的白袖罩、绸围裙和轻巧的包发帽。他终于把她打发走后,犹豫了很久(瓦尔瓦拉·帕夫洛夫娜迟迟没有回来),最后还是决心去卡利京家——不是去玛丽娅·德米特里耶夫娜那边(他决不会踏进她的客厅,踏进他妻子所在的客厅),而是去马尔法·季莫费耶夫娜那里;他记得有一条供女仆上下的楼梯直通她的房间。拉夫列茨基就这样做了。事有凑巧,他在院子里恰好碰到舒罗奇卡;她把他领到马尔法·季莫费耶夫娜屋里。他看到她一反常态,独自一人待在屋角,没有戴帽子,弓着背,两手交叉在胸前。老妇人一看见拉夫列茨基,顿时手忙脚乱。她慌忙站起来,在屋里来回乱转,像是在找她的包发帽。

"啊,是你,你来啦,"她说,避开他的目光,显得不知所措,"唔,你好。唉,这下怎么办?怎么办呢?你昨天上哪儿去了?嗯,她回来了,嗯,是呀。嗳,好歹得……想个办法吧。"

拉夫列茨基坐到椅子上。

"对,坐下,坐下,"老妇人继续说,"你是直接上楼的吗?嗯。是的,当然是的。怎么样?你是来看我的吗?谢谢。"

老妇人沉默了。拉夫列茨基不知道跟她说什么好;可她明白他的来意。

"丽莎……是呀,丽莎刚才在这儿,"马尔法·季莫费耶夫娜接着说下去,把手提包上的带子结了又解,解了又结,"她身体不怎么好。舒罗奇卡,你在哪儿?到这儿来,我的小姑奶奶,你怎么坐不住?我也头痛。准是叫这些个唱歌啦、音乐啦给吵的。"

"姑姑,什么唱歌?"

"怎么不是给吵的;他们在这儿唱那个,叫什么来着,对,二重唱。全是意大利话:叽叽喳喳,活像两只喜鹊。音调拖得那么长,叫人听了揪心。这个潘申,还有你的那一位。一下子就打得火热了,已经像至亲一样,一点儿礼节都不讲了。不过,俗话说得好,哪怕是条狗,也要找个窝呀;人家不把它撵走,就不至于没有活路。"

"说实话,我没料到会有这一着,"拉夫列茨基说,"这可要有很大的胆子呀。"

"不,我的心肝,这不是胆子,是会算计。唉,上帝保佑她吧!听说,你让她住到拉夫里基去,是真的吗?"

"是真的,我把那个庄园给了瓦尔瓦拉·帕夫洛夫娜。"

"她要钱了吗?"

"目前还没有。"

"嘿,不消多久就会开口的。我这会儿仔细瞅了瞅你。你身体好吗?"

"好。"

"舒罗奇卡,"马尔法·季莫费耶夫娜突然喊道,"去告诉伊丽莎白·米哈伊洛夫娜——不,我是让你去问她一声……她不是在楼下吗?"

"是在楼下,您哪。"

"嗯,行呀;你去问她一下:我那本书,她搁到哪儿去啦?她知道的。"

"是,您哪。"

老妇人又手忙脚乱了,把五斗橱的抽屉一个个打开。拉夫列茨基一动不动地坐在椅子上。

忽然,楼梯上传来轻微的脚步声——丽莎走了进来。

拉夫列茨基站了起来,向她鞠了个躬;丽莎在房门口站住了。

"丽莎,丽佐奇卡①,"马尔法·季莫费耶夫娜慌忙说,"你把我的书,我那本书搁到哪儿去了?"

"姑婆,哪本书?"

"天哪,就是那本书!可是我并没有叫你上来……唔,上来就上来吧,反正一样。你们在楼下干什么?瞧,费奥多尔·伊万内奇来了。"

---

① 丽莎这个名字的爱称。

你头还痛吗?"

"没什么。"

"你老是说没什么,没什么。你们在楼下干什么,又是音乐?"

"不——他们在打牌。"

"是呀,她什么都在行。舒罗卡奇,我瞧你是想到花园里去玩。去吧。"

"不,我不想去玩,马尔法·季莫费耶夫娜……"

"别顶嘴,去吧。纳斯塔西娅·卡尔波夫娜一个人到花园去了。你去陪陪她。要尊敬老人。"舒罗奇卡走了。"我的帽子到哪儿去啦?真的,塞在哪儿啦?"

"让我来找吧。"丽莎说。

"你坐着,坐着;我的腿还动得了。大概搁在我的卧室里了。"

马尔法·季莫费耶夫娜皱紧眉头看了拉夫列茨基一眼,便走了出去。她本来让房门开着的,可突然又走回门口,把门关上。

丽莎靠在圈椅的椅背上,默默地用手捂住了脸;拉夫列茨基还站在原来的地方。

"没料到我们会在这样的情况下见面。"他终于说。

丽莎把捂在脸上的手放下。

"是呀。"她声音喑哑地说,"对我们的惩罚来得这么快。"

"惩罚,"拉夫列茨基说,"凭什么您要受到惩罚?"

丽莎抬起眼睛望着他。眼睛里既无痛苦,也无惊慌;只是这双眼睛似乎变小了,变得黯淡了。她的脸是苍白的,微启的双唇没有一丝血色。

拉夫列茨基的心颤栗了,由于怜惜,由于爱。

"您在给我的信里说:一切都结束了,"他悄声说,"是呀,一切都结束了——在还没有开始之前。"

"这一切都该忘掉,"丽莎说,"您来了,我很高兴;我本想给您写封信,您来了更好。不过要尽快利用这几分钟的时间。现在,我们两人都得履行自己的义务。您,费奥多尔·伊万内奇,应该跟您的妻子和解。"

"丽莎!"

"我请求您这样做;只有这样做才能赎清……过去的一切。您好好考虑一下——不要拒绝我。"

"丽莎,看在上帝份上,您这是强人所难,您无论命令我做什么,我都愿意去做;可是现在要我跟她和解……我什么都可以答应,我把一切都忘掉了;可是我不能迫使我的心……别这样,这太残酷了!"

"我并没有要求您去做……如您所说的那样;如果您办不到,可以不必跟她同居,但是要跟她和解,"丽莎说道,又把手捂住了眼睛,"想想您的小女儿;请为我这样做吧。"

"好,"拉夫列茨基咬咬牙说,"假定说,我照这样做,算是履行我的义务。那么您呢——您的义务是什么?"

"这我自己知道。"

拉夫列茨基猛地打了个寒战。

"总不至于是嫁给潘申吧?"他问。

丽莎几乎看不出地微笑了一下。

"啊,不会!"她说。

"啊,丽莎,丽莎!"拉夫列茨基叫道,"我们本来可以多么幸福呀!"

丽莎又看了他一眼。

"费奥多尔·伊万内奇,现在您自己看到了,幸福不取决于我们,幸福取决于上帝。"

"是呀,所以您……"

通隔壁房间的那扇门猛地打开了,马尔法·季莫费耶夫娜手里拿着包发帽,走了进来。

"总算找到了,"她说道,站在拉夫列茨基和丽莎中间,"是我自己放的。唉,这就叫人老了,真是要命!不过话说回来,年纪轻也不见得好多少。怎么,你亲自陪妻子去拉夫里基吗?"她转过身来,面朝费奥多尔·伊万内奇问道。

"陪她去拉夫里基?我陪?我不知道。"他沉吟了一会儿,说。

"你不到楼下去吗?"

"今天——不去。"

"噢,好吧,随你的便;至于你,丽莎,我想,你还是得下楼去。哎哟,我的天,我忘了给灰雀喂食了。你再待一会儿,我这就……"

说罢,马尔法·季莫费耶夫娜又跑了出去,连包发帽都没戴。

拉夫列茨基快步走到丽莎跟前。

"丽莎,"他用央求的声音说,"我们就此永别了,我的心碎了。在这生离死别的时刻,请把您的手给我吧。"

丽莎抬起头来。她的疲惫的、光芒几乎已熄灭了的眼睛谛视着他……

"不,"她说,把已经伸出去的手又缩了回去,"不,拉夫列茨基(她第一次这么称呼他①),我不能把手给您。何苦呢?您走吧,我请求您。您知道,我是爱您的……是的,我爱您,"她费力地说,"啊,不……不。"

她用手绢捂住了嘴。

"至少把这方手绢给我。"

房门吱哑一声打开了……手绢滑到丽莎的膝上。拉夫列茨基不等手绢掉到地上,一把接住它,迅速地塞进他的侧袋,他掉过头去,正好和马尔法·季莫费耶夫娜的目光相遇。

"丽佐奇卡,我听见好像你妈在叫你。"老妇人说。

丽莎马上站了起来,走了。

马尔法·季莫费耶夫娜又坐回到角落里。拉夫列茨基准备向她

---

① 俄俗:直呼其姓是疏远的表示。

告辞。

"费佳。"她突然说。

"姑姑,什么事?"

"你是个言而有信的人吗?"

"怎么?"

"我问你,你是个言而有信的人吗?"

"我相信:是。"

"嗯,那么你就言而有信地向我保证,你是个言而有信的人。"

"好吧。不过这是为了什么?"

"我自然知道为了什么。你呀,我的亲人,你要是好好想想,你又不笨,你就会明白我为什么这么问你。现在,亲爱的,再见吧。谢谢你来看我。你要记住你说过的话。费佳,过来吻我一下。唉,我的心肝,我知道你心里难受,可大家也不轻松。我过去常常羡慕苍蝇:瞧,我想,苍蝇在世界上活得多自在,可有一回夜里,我听到了一只苍蝇在蜘蛛的爪子下哀鸣——我寻思,不,连苍蝇也会遇到灾难的。有什么办法呢,费佳;你得记住你讲过的话。你走吧。"

拉夫列茨基从后门出去,眼看就要走到门口了……一个仆人追上了他。

"玛丽娅·德米特里耶夫娜请您上她那儿去。"他向拉夫列茨基禀告道。

"你转告她,小兄弟,我现在不能去……"费奥多尔·伊万内奇刚开始说。

"她老人家特地盼咐我来请您,"仆人接着说,"她老人家盼咐我禀告您,就她老人家一个人。"

"客人都走了?"拉夫列茨基问。

"是的,您哪。"仆人说,咧开嘴笑了。

拉夫列茨基耸了耸肩膀,跟着他走了。

四十三

玛丽娅·德米特里耶夫娜独自一人坐在她书房里一张伏尔泰椅[①]上嗅花露水；身旁的小桌子上放着一杯香橙花水。她显得很兴奋，似乎还有点儿胆怯。

拉夫列茨基走了进来。

"您要见我。"他说，冷冷地鞠了个躬。

"是的，"玛丽娅·德米特里耶夫娜回答说，喝了一口水。"我听说您直接去了姑姑那里；我叫下人请您过来；我有事得跟您谈谈。请坐，"玛丽娅·德米特里耶夫娜透了口气。"您知道吗，"她接着说，"您妻子来过。"

"我知道。"拉夫列茨基说。

"唔，是呀，费奥多尔·伊万内奇，我想跟您说，她来拜访过我，我也接待了她。我，感谢上帝，可以说，受到大家的尊敬，我这人从没做过有失体统的事。费奥多尔·伊万内奇，虽然我料到这件事会让您不高兴，可我总不能不让她进门；她是我的亲戚——是您面上的人，您设身处地替我想想，我有什么权利将她拒之门外——您说呢？"

"玛丽娅·德米特里耶夫娜，您毋需担心，"拉夫列茨基说，"您做得完全对，我一点儿没有生气。我根本不想剥夺瓦尔瓦拉·帕夫洛夫娜去拜访她的熟人的权利。今天我没来见您，是我不想遇见她，——没有别的意思。"

"啊，费奥多尔·伊万内奇，听您这么说，我真是高兴，"玛丽娅·德米特里耶夫娜叫了起来，"不过，这也是我意料中事，因为您的感情一向是高尚的。至于我感到不安——这并不奇怪，因为我是个女人，又是个做母亲的。而您的太太……当然，您跟她之间的事，我判断不

[①] 一种高背深座的安乐椅。

了——我对她也是这么说的;不过,她是一个多么水灵的人儿,跟她在一起,让人喜欢都来不及。"

拉夫列茨基冷笑了一下,摆弄着他的帽子。

"费奥多尔·伊万内奇,我还要跟您说,"玛丽娅·德米特里耶夫娜接着往下说,把身子稍稍向他移近些,"要是您看到就好了,她待人接物是多么谦逊,多么恭敬!真的,看着叫人感动。可惜您没听到她是怎样说到您的!她说,她实在太对不起您;她说,她当初不懂得珍惜您;她还说,您是天使,不是凡人。真的,她就是这么说的:您是天使。她悔恨交加……我,真的,还没见过有谁这么真心诚意地悔恨的!"

"那么,玛丽娅·德米特里耶夫娜,"拉夫列茨基说,"恕我好奇,请问一下:据说,瓦尔瓦拉·帕夫洛夫娜在府上唱歌;她是悔恨得唱起歌来,还是怎的?……"

"唉,您怎么好意思说出这种话来!她唱歌、弹琴是因为我再三求她,几乎用了命令的口气,她为了让我高兴才这么做的。我看她心情沉重,非常沉重,我想,得让她分分心——况且,我听人说,她在这方面有非凡的才能!得啦,费奥多尔·伊万内奇,她痛苦极了。不信您可以问谢尔盖·彼得罗维奇;一个悲痛欲绝的女人,tout-à-fait[①],亏您还说这种话?"

拉夫列茨基只是耸了耸肩膀。

"再说,你们那个阿多奇卡真是个小天使,多么可爱呀!——多漂亮,多聪明;法语讲得多好,俄语也懂——管我叫好姑姑。说到怕生,像她这样年纪的孩子差不多都怕生,可她一点也不。费奥多尔·伊万内奇,她长得真像您,像极了。眼睛、眉毛……跟您一模一样。坦白地说,像她这么大的小不点儿,我是不太喜欢的;可是您那个女儿呀,真叫我心疼死啦。"

---

① 法语:完完全全。

"玛丽娅·德米特里耶夫娜,"拉夫列茨基突然问道,"请允许我问一下,您跟我说这么一大堆话是为了什么?"

"为了什么?"玛丽娅·德米特里耶夫娜又嗅了嗅花露水,喝了口水,"我说这些话是为了,费奥多尔·伊万内奇,我说这些话是……我是您的亲戚,因此我十分关心您……我知道,您的心地是再好不过的。您听我说, mon cousin,我好歹是个有经验的女人。知道什么该说,什么不该说:原谅您的妻子吧,原谅她吧。"玛丽娅·德米特里耶夫娜的眼睛突然噙满泪水。"宽恕她吧,年轻,没有经验……嗯,不定学了坏的榜样,又没有母亲好指引她走正道。原谅她吧,费奥多尔·伊万内奇,她受的惩罚够厉害的了。"

眼泪沿着玛丽娅·德米特里耶夫娜的腮帮子流下来;她爱哭。拉夫列茨基如坐针毡。"老天爷呀,"他想,"我这是受的什么罪,今天是我的什么倒霉日子!"

"您不说话,"玛丽娅·德米特里耶夫娜又开口说,"那我该怎么理解您呢?难道您的心就这么狠?不,我不相信。我感觉到我的话已经打动了您。费奥多尔·伊万内奇,善有善报,现在,从我手里把您的妻子领回去吧……"

拉夫列茨基不禁从椅子上蹦了起来,玛丽娅·德米特里耶夫娜也站了起来;快步走到屏风后面,把瓦尔瓦拉·帕夫洛夫娜领了出来。她面如土色,半死不活,两眼望着地,做出一副样子来,让人觉得她已失去自己的思想,失去任何意志,把自己整个儿交到了玛丽娅·德米特里耶夫娜手中。

拉夫列茨基往后退了一步。

"您在这儿!"他叫了起来。

"不要责怪她,"玛丽娅·德米特里耶夫娜马上说,"她说什么也不肯留下来,是我硬叫她留下来的,是我叫她躲在屏风后面的。她一再对我说,这益发会让您生气;她的话我听都不要听,我比她更了解您,从我手里把您的妻子领回去吧;来呀,瓦里娅①,别害怕,跪到您丈夫面前(她拉着他妻子的手)——我来给你们祝福……"

"慢着,玛丽娅·德米特里耶夫娜,"拉夫列茨基打断了她,声音嘎哑,然而令人惊骇,"您好像很喜欢这种引得人淌眼泪的场面(拉夫列茨基没有说错:玛丽娅·德米特里耶夫娜自打念贵族女子中学起,一直酷爱某些戏剧性场面);这种场面您觉得有趣,可别人看了却觉得是在受罪。不过,我不跟您谈,在这场戏里您不是主角。"他掉过头来对妻子说:"夫人,您对我有什么要求?凡我力所能及的,不都为您做到了?您不必对我说,这场好戏不是您出的点子;我不相信您,——您也知道,我无法相信您。您究竟还有什么要求?您是聪明人——没有目的的事您是不会做的。您应当明白,要我和从前一样跟您共同生活,我是断断办不到的。倒不是因为我生您的气,而是因为我已经完全变了,变成另外一个人了。这话在您回来的第二天,我就对您说了,在这一刻,您自己心里也同意我的话。可是您希望在众人心目中恢复您的地位;我让您住在家里,您还嫌不够,您还希望跟我住在一个屋顶底下——对不对?"

"我希望您宽恕我。"瓦尔瓦拉·帕夫洛夫娜说,头仍然低着。

"她希望您宽恕她。"玛丽娅·德米特里耶夫娜重复她的话说。

"并不是为我自己,是为了阿达。"瓦尔瓦拉·帕夫洛夫娜低声说。

"并不是为她,是为了你们的阿达。"玛丽娅·德米特里耶夫娜又重复她的话说。

"很好。您要的就是这个?"拉夫列茨基好不容易才说出了这句话,"行,这我也答应。"

瓦尔瓦拉·帕夫洛夫娜迅速地瞟了他一眼,而玛丽娅·德米特里耶夫娜则叫了起来:"嗥,谢天谢地!"她又一次拉过瓦尔瓦拉·帕夫

---

① 瓦尔瓦拉这个名字的小称。

洛夫娜的手来。"现在请您从我手里……"

"慢着,我要跟您把话说明,"拉夫列茨基打断了她,"瓦尔瓦拉·帕夫洛夫娜,我同意和您一起生活,"他继续说,"就是说,我把您送到拉夫里基,并且和您生活在一起,直到我忍受不下去,那时我就走——能走多远就走多远。您看见了,我不想骗您,不过,您也不要再提什么要求了。假如我按照我尊敬的亲戚的想法,把您搂在怀里,劝解您说什么……过去的事只当不曾发生过,砍倒的树还会再开花,您听了一定会忍俊不禁,笑出声来的。可是我明白,我只好屈服。如果您对这句话理解错了……那也无所谓。我再说一遍,我跟您一起生活……或者不跟您一起生活,这我不能作出承诺……总之,我可以跟您住在一起,重新认您是我的妻子……"

"您既然答应了,至少得跟她握一下手呀。"玛丽娅·德米特里耶夫娜说,她的泪水早已干了。

"到现在为止,我对瓦尔瓦拉·帕夫洛夫娜从没有食言过,"拉夫列茨基说,"我的话她相信的,就这样。我把她送到拉夫里基——不过,瓦尔瓦拉·帕夫洛夫娜,您记住,只要您离开拉夫里基,我们之间的这个协定就作废了。现在请允许我走吧。"

他向两位夫人鞠了一躬,转身就走了。

"您不带她走。"玛丽娅·德米特里耶夫娜在他身后喊道……

"随他去吧。"瓦尔瓦拉·帕夫洛夫娜悄声对她说,随即拥抱她,感谢她,吻她的手,连连称她是救星。

玛丽娅·德米特里耶夫娜以一种纡尊降贵的姿态接受了她亲热的谢意,可她心里对拉夫列茨基,对瓦尔瓦拉·帕夫洛夫娜,对她所安排的这出戏都不满意。戏演得不够缠绵悱恻,照她的心意,瓦尔瓦拉·帕夫洛夫娜应该扑上前去,跪倒在丈夫的脚下。

"您怎么不明白我的意思?"她说,"我不是跟您说了吗,要下跪。"

"这样更好,亲爱的姑姑;您放宽心吧,一切都很好。"瓦尔瓦拉·帕夫洛夫娜一再说。

"唉,要知道他冷得像块冰,"玛丽娅·德米特里耶夫娜说,"再说,您没哭,我倒对他哭得什么似的。他想把您关在拉夫里基。怎么,连您来看看我也不行?男人的心全是铁打的。"她下结论说,意味深长地摇着头。

"可是女人对于好心,对于宽宏大量是懂得知恩图报的。"瓦尔瓦拉·帕夫洛夫娜说,随即轻手轻脚地跪在玛丽娅·德米特里耶夫娜跟前,用两只手抱住她肥硕的身体,把脸贴在她身上。她的脸在偷偷窃笑,可玛丽娅·德米特里耶夫娜却又流下了眼泪。

拉夫列茨基回到家里,把自己锁在他的侍仆的房间里,一头扑到沙发上,就这样一直躺到早晨。

四十四

次日是礼拜天。教堂早祷的钟声并未惊醒拉夫列茨基——他本来就一夜不曾合眼,——却使他想起了他曾按丽莎的意愿去了教堂的另一个礼拜天。他急忙起来,有个神秘的声音告诉他,他今天也能在教堂里遇见她。他悄悄离开家,给此刻还在高卧的瓦尔瓦拉·帕夫洛夫娜留下话,说他要回来午膳的,然后大步流星地向单调、忧伤的钟声召唤着他的那个地方走去。他到得很早:教堂里几无一人;只有执事在唱诗班的席位上喋读祷文。他低沉的声音有节奏地时高时低,间或被他自己的咳嗽声打断一下。拉夫列茨基站在离门口不远的地方,只见信徒一个个进来,站住脚画着十字,朝四方行礼;他们的步履在空旷和寂静中发出的声音,清晰地回响在拱顶下。一个年老体衰的老妇人,穿件破旧的连风帽的披风,跪在拉夫列茨基身旁热烈地祈祷;她瘪着一张嘴的满是皱纹的蜡黄的脸上,现出虔诚、紧张的神情;布满血丝的眼睛仰望着高处圣像壁上的圣像;一只骨瘦如柴的手不断地从披风中伸出来,慢慢地、用力地大幅度地画着十字。一个满面浓密的络腮胡子,头发凌乱,一脸愁容和倦容的庄稼汉走进教堂。他一进来,就双膝跪下,立刻急急忙忙地画着十字,每叩拜一次就后昂起头抖动一下。他的脸,他的一举一动,无不流露出椎心泣血的痛苦。拉夫列茨基不禁走到他跟前,问他发生了什么事。庄稼汉吃了一惊,冷漠地后退一步,望了望他……"儿子死了。"他急促地说,重又跪拜起来……"对他们来说,还有什么可替代教堂的安慰?"拉夫列茨基思忖,自己也想祈祷祈祷,可是他的心太沉重了,充满了恚恨,他的思想远远地离开了这里。他一直在等丽莎,可丽莎没有来。教堂里已挤满了人;还是不见她来。弥撒开始了,执事已经啐毕福音书,响起了最后祈祷的钟声。拉夫列茨基稍稍向前挪了几步,突然看见了丽莎。她比他早到,但他没有发现她;她站在唱诗班席位与墙壁之间,不曾回顾,也不曾挪动地方。直到弥撒结束,拉夫列茨基的眼睛始终没有离开她;他这是在和她诀别。人们渐渐散去,她却仍然静立不动;看得出,她在等拉夫列茨基走掉。终于,她最后画了个十字,头也不回地走了,由一个婢女陪伴着她。拉夫列茨基跟在她后面走出教堂,在街心追上了她,她走得很快,低着头,放下了面纱。

"伊丽莎白·米哈伊洛夫娜,您好,"他勉力装出随随便便的样子,大声招呼说,"我可以送您一程吗?"

她不作一声,他和她并肩而行。

"您对我满意了吗?"他压低声音问她,"昨天的事您听说了吧?"

"听说了,听说了,"她低声说道,"这样很好。"

她步子走得更快了。

"您满意吗?"

丽莎只是点了点头。

"费奥多尔·伊万内奇,"她开始说,声音平静而微弱,"我要请求您一件事,别上我们家来了,赶快离开这儿;我们也许什么时候还能见面,过上一年半载吧。可现在为了我您离开这儿;看在上帝份上,答应我的要求吧。"

"伊丽莎白·米哈伊洛夫娜,您怎么说,我就怎么做;可是我们难道就这样分手,您难道连一句话都不跟我说吗?……"

"费奥多尔·伊万内奇,您现在走在我身边……可实际上您离开我很远很远,而且不只您一个,其他人……"

"把话说完,我求您……"拉夫列茨基叫了起来,"您究竟要说什么?"

"也许,您迟早会听到……不过,不管怎么样,请您忘掉……不,不要忘掉我,记住我吧。"

"要我忘掉……"

"够了,永别了。别跟着我。"

"丽莎,"拉夫列茨基正要说下去……

"永别了,永别了!"她重复说,把面纱拉得更低,几乎是跑着向前去。

拉夫列茨基目送着她远去,然后低着头,走在街上。他几乎跟莱姆撞了个满怀。莱姆也是把帽子压到鼻子上,眼睛望着脚下。

两人默默对视。

"有何见教?"拉夫列茨基终于开口说。

"我能有什么见教?"莱姆反问道,满脸抑郁之色,"我一无见教。一切都死了,我们也死了(Alles ist todt, und wir sind todt[①])。您该是往右走吧?"

"往右。"

"可我往左。别了。"

翌日早晨,费奥多尔·伊万内奇和妻子前往拉夫里基。她坐前面一辆马车,同车的有阿达和茹斯京;他乘后面一辆旅行马车。那个漂

[①] 德语,意即前句。

亮的小妞儿始终不曾离开过马车的窗口,她对一切:什么农夫、农妇、农舍、水井、马轭、马脖子上的小铃铛和许许多多的白嘴鸦都感到新奇;茹斯京也和她有同感;瓦尔瓦拉·帕夫洛夫娜听着她们的交谈和赞叹总是忍不住要笑。她的心情很好;她在离开 O 市之前,和她丈夫有过一次交谈,表白了她的心思。

"我明白您的处境,"她对他说,但是从她那双聪明的眼睛里他可以断定,她其实并不完全明白他的处境,"可是您至少得说句公道话吧:我这人是很容易相处的;我不会缠住您不放,我不会妨碍您的自由;我只要阿达的未来有保证,此外我什么也不要。"

"是呀,您已达到了您的全部目的。"费奥多尔·伊万内奇说。

"如今我只有一个愿望:永远归隐乡野,永远记住您的恩德。"

"呸,够了。"他打断了她。

"而且我会尊重您的自由和您的平静。"她把她预先准备好的话说完。

拉夫列茨基向她深深一躬。瓦尔瓦拉·帕夫洛夫娜明白,她丈夫心底里是感激她的。

次日傍晚,他们抵达拉夫里基;过了一个礼拜,拉夫列茨基给她妻子留下五千卢布,供她日用开销,便动身去莫斯科了。拉夫列茨基走后第二天,潘申就来了。瓦尔瓦拉·帕夫洛夫娜曾请求他,在她幽居乡野的时候不要忘了她。她以无可再大的热情款待他,直到深夜,宅第高敞的房间内和果园内都响彻着音乐声、唱歌声和欢快的法语交谈声。潘申在瓦尔瓦拉·帕夫洛夫娜那里盘桓了三天之久,临别时他紧紧地握着她美丽的手,答应她尽快回来——他果然没有食言。

四十五

丽莎在她母亲宅子的二层楼上,单独有一间卧室。卧室不大,窗明几净,光线充足,放有一张洁白的小床,屋角和窗前搁着盆花,还放有一张小巧的书桌和一个同样小巧的书橱,壁上挂着耶稣受难像。这间小屋叫儿童室;丽莎就是在这间小屋里呱呱坠地的。丽莎在教堂里遇见拉夫列茨基后回到家里,比平时更加细心地整理房间,把各处的灰尘都揩干净,翻阅了她所有的笔记和女友的书信,用丝带将它们分别扎好,锁上了所有抽屉,给花浇了水,还用手抚摩了每一朵花。她做这些事时,从容不迫,没有一点声音,脸上露出深受感动的、平静关切的神情。终于,她在房间中央站停下来,环顾了一下四周,走到书桌前,耶稣受难像就挂在书桌上方的墙壁上。她跪了下来,把头搁在握紧的手上,不再动弹。

马尔法·季莫费耶夫娜走进屋,看到她正这样跪在地上。丽莎没有发觉她进来。老妇人又蹑手蹑脚走出去。在门口大声咳了几下。丽莎连忙站起来,拭了拭眼睛,可眼睛里仍闪烁着未曾流下的晶莹的泪花。

"我看你又收拾过你的小小的修道室了,"马尔法·季莫费耶夫娜说,低下头去闻一盆新近绽放的玫瑰,"嗬,香喷喷的!"

丽莎若有所思地望着她的姑婆。

"您说的是什么词儿!"她低声说。

"什么词儿,什么词儿?"老妇人马上接茬说。"你想说什么?太吓人了,"她说,突然把包发帽一扔,坐到丽莎的小床上,"我可受不了啦,今天已经第四天了,我的心像是在油锅里煎;我不能再装得好像什么都没看到,我不能眼看着你这样面无血色,一天天瘦下去,整天流眼泪,我不能,不能。"

"姑婆,你这是怎么了?"丽莎说,"我并没有什么……"

"没有什么?"马尔法·季莫费耶夫娜叫了起来,"这话你去跟别人说,别跟我说!没有什么!那么现在是谁跪在地上?谁的睫毛上眼泪还没干?没有什么!你去照照你的脸,都叫你闹成什么样了,你的眼睛成了什么样了？——没有什么！难道我什么都不知道？"

"这会过去的,姑婆,过一阵就会过去的。"

"会过去,要等多少时候才能过去？上帝呀,我的上帝,我的主呀！难道你真这么爱他？丽佐奇卡,要知道他是个老头子了。是呀,我不否认他是个好人,没有害人之心,可是这有什么呢？我们都是好人；世界大得很,像这种好人有的是。"

"我对您说,这一切都会过去的,这一切已经过去了。"

"丽佐奇卡,听我跟你说,"马尔法·季莫费耶夫娜把丽莎拉到身边,让她挨着她坐在床上,一会儿给她理理头发,一会儿又给她整整头巾,突然宽慰她说,"这事儿是因为你一时想不开,才觉得你心头的痛苦是治不好的。唉,我的心肝,只有死才无药可救！你只消对自己说：'我是压不垮的,去它的吧！'过后你自己也会觉得奇怪,这一切多么快,多么轻松就过去了。你得耐着性子才是。"

"姑婆,"丽莎说,"这一切已经过去了,全都过去了。"

"过去了！哪里过去了！你瞧瞧你那个小鼻子都尖成什么样了,可你还说什么过去了。说得轻巧,'过去了！'"

"是的,姑婆,过去了,只要你肯帮我忙,"丽莎突然精神一振,扑过去搂住马尔法·季莫费耶夫娜的脖子,"亲爱的姑婆,做我的朋友,帮我的忙吧,别生我的气,理解我……"

"这是怎么回事,我的小姑奶奶,是怎么回事？你别吓唬我,求求你；别这么看着我,我要叫啦；快说呀,怎么回事！"

"我……我要……"丽莎把脸埋在马尔法·季莫费耶夫娜的怀里……"我要进修道院。"她声音喑哑地说。

老妇人霍地从床上跳了起来。

"快画个十字,我的小姑奶奶,丽佐奇卡,醒醒吧,你是怎么啦,上帝保佑你,"她终于说道,急得语不成句,"快躺下,宝贝,稍为睡一会儿,这都是因为你缺觉,我的心肝。"

丽莎抬起头来,她的面颊在燃烧。

"不,姑婆,"她说,"别说了。我铁了心,我祈祷过,我请求上帝给我指示;一切都结束了,我跟你们在一起的生活也结束了。这样的教训并不是无益的;何况我不是第一次想出家。幸福跟我无缘;就是在我有希望得到幸福的时候,我的心也是揪紧的。我全都知道,我自己的罪孽,别人的罪孽,还有爸爸是怎么攒下这份家当的,我统统知道。这都得祈求赦罪,祈求赦罪。我舍不得您,舍不得妈妈,莲诺奇卡;可是有什么办法呢;我觉得,这里不是我生活的地方。我已经跟一切都告别了,已经最后一次跟家里所有的人鞠躬告别了;好像有什么在召唤着我;我厌恶这个世界,我要与世隔绝,永生永世隔绝。别阻拦我,别劝说我,帮助我吧,要不我就一走了之……"

马尔法·季莫费耶夫娜听她侄孙女这么说,不由得心惊肉跳。

"她病了,在说胡话,"她想道,"得去请大夫,可是请谁呢?格杰奥诺夫斯基前些时候说,有个大夫医术怎么怎么高明;可他这人没一句真话——没准这一回倒是真话呢。"但是后来,她终于确信丽莎没有病,也不是在说胡话,不管她怎么劝,丽莎回答她的还是这几句话,这可把马尔法·季莫费耶夫娜吓得魂飞魄散,她痛心欲绝。

"可是你哪里知道,我的心肝宝贝,"她开始开导她,"修道院里过的是什么日子!我的亲人呀,要知道,她们给你吃的是发青的大麻油,给你穿的是粗布衣服,冰天雪地还逼着你往外跑,丽佐奇卡,这样的苦你是受不了的。这都是阿加菲娅干的好事,是她把你给教糊涂了。可要知道,她年轻的时候过的是好日子,享过福;你也该好好过日子嘛。至少你也得先让我安安心心地死。等我眼睛一闭,你爱怎么着就怎么着。有谁见过为了一个山羊胡子,上帝原谅,为了一个男人,吵着闹着要进修道院的?你要是心里难受,你尽管去朝圣啦,祷告啦,做彻夜祈祷啦,就是千万不要把黑纱往自己头上戴,唉,我的老天爷呀,我的妈呀……"

说着说着,马尔法·季莫费耶夫娜放声痛哭。

丽莎安慰她,给她揩去眼泪,自己也哭了,可是决心不变。马尔法·季莫费耶夫娜走投无路,试图采用威胁的办法,说要把所有的事统统告诉她母亲……然而这也没有奏效。不过由于老妇人抵死哀求,丽莎才答应她推迟半年实行自己的意图;不过马尔法·季莫费耶夫娜必须答应她,假如六个月后丽莎没有改变主意,她就得帮她取得玛丽娅·德米特里耶夫娜的同意。

随着初冬的到来,已积下一大笔钱的瓦尔瓦拉·帕夫洛夫娜,不顾她当初作出的隐居乡野的承诺,迁居到彼得堡去了。她在那里租下了一套简朴然而舒适的公寓,这是比她早一步离开 O 省的潘申替她找的。潘申在逗留 O 市的后期,完全失去了玛丽娅·德米特里耶夫娜的宠信;他突然不再去拜访她,几乎一步也没有离开过拉夫里基。瓦尔瓦拉·帕夫洛夫娜把他变成了她的奴隶,名副其实的奴隶:除了奴隶两字之外,找不到别的字可以用来形容她对他的无限的、无偿的、不可抗拒的权力。

拉夫列茨基在莫斯科过的冬,次年春天,他得悉丽莎出家了,进了俄国最边远地区的 Б 修道院当了修女。

尾　声

八个年头过去了。又是春回大地……我们先来交代几句米哈列维奇、潘申和拉夫列茨基夫人的命运——然后就同他们永别。米哈列维奇经过长年浮萍浪迹,漂泊西东,最后终于找到了他真正的事业:他在一所国立学校谋得了学监长的职位。他对自己的命运至为满意,他的弟子都"崇敬"他,虽说常常要摹仿他那种可笑的样子。潘申官运亨通,仕途得意,迁升总办已指日可待,他的背已经有点弯,想必是挂在他脖子上的弗拉基米尔勋章太沉,压得他的身体直往前倾。他的官气已把他艺术家的气质绝对地压了下去,他的脸虽然显得还年轻,可已经发黄,头发也稀少了许多,他不再唱歌,也不再画画,但还在偷偷地从事文学创作;他写了一个类似《谚语大全》的小喜剧。既然时下写书的人都一定要在他们的书里"描绘"某个人或者某件事,他自然也不甘寂寞,在他的小喜剧里描绘了一个风流女子的风流韵事,并已秘密地向两三位赏识他的夫人朗诵过这个剧本。然而他并没有结婚,虽然有过多次得结良缘的机会。在这件事上,瓦尔瓦拉·帕夫洛夫娜是难辞其咎的。至于说到她,她仍像当年那样常住巴黎。费奥多尔·伊万内奇给她开了张支票,买得了自己的自由,以免她再次突如其来回俄国找他。她老了,也胖了,可风韵犹在。每个人都有自己的理想。瓦尔瓦拉·帕夫洛夫娜在小仲马先生的剧作里找到了自己的理想。只要剧院上演患肺痨的、多愁善感的茶花女的戏,她每场必去。能成为多什夫人①,在她看来是人生至高无上的幸福,有一回她宣称,她女儿要是能有这么一天,她就别无奢望了。可我们但愿命运开恩。千万不要赐给mademoiselle Ada②这样的幸福;她原来是个面色红润的胖嘟嘟的小妞儿,现在却变成了一个脆弱的、面色苍白、神经衰弱的姑娘。瓦尔瓦拉·帕夫洛夫娜的崇拜者已经日益见少,但并未绝迹,有几个她大概可以保持到生命终了。近来跟她打得最火热的要数一个名叫库尔达洛—斯库贝尔尼科夫的退役近卫军军官,此人三十八岁,体格健壮得罕见其匹,拉夫列茨基夫人的沙龙里的法国客人都称他为"le gros taureau de l'Ukraine③"。瓦尔瓦拉·帕夫洛夫娜从不邀请他参加她举办的时髦的晚会,可他却充分享有她的爱宠。

---

① 多什夫人(1821—1900),法国女演员,以演小仲马的《茶花女》而闻名。
② 法语:阿达小姐。
③ 法语:乌克兰的大犍牛。

就这样……八个年头过去了。明媚幸福的春光又笑意盎然地洒向大地,洒向人间。在春光的抚爱下,世间万物又开始恋爱,开花,歌唱。这八年里,O 市没有多大变化,倒是玛丽娅·德米特里耶夫娜的宅第反而像是返老还童了。宅第粉刷一新的洁白的墙壁粲然迎人,洞开的玻璃窗被夕照映得通红,熠熠地闪着光;从这些窗户里传出阵阵欢快的、轻松的、似银铃般清脆的青春的声音和从不间断的欢笑声;整幢房子似乎都充满沸腾的活力,洋溢着极度的欢乐。宅第的女主人早已永眠地下:玛丽娅·德米特里耶夫娜在丽莎出家后的第二年就撒手人寰,马尔法·季莫费耶夫娜也不比她的侄女活得长多少,如今她们两人并排地长眠在市内的墓地里。纳斯塔西娅·卡尔波夫娜也去世了;这位忠心耿耿的老妇人生前那几年每个礼拜都去她老友的坟上凭吊……她的时辰也终于到了,她的遗骨归于黄土,归于那湿润的黄土……不过,玛丽娅·德米特里耶夫娜的宅第并未落到旁姓手里,仍为她的骨血所有,老窝依然完好无恙。莲诺奇卡已出落成一个窈窕美丽的少女,她的未婚夫是个一头淡黄色头发的骠骑兵军官;玛丽娅·德米特里耶夫娜的儿子新近在彼得堡结了婚,此次偕同年轻的新妇来 O 市共享春光;他的妻妹是贵族女子中学的学生,才只十六岁,两颊红润,双眸亮丽;舒罗奇卡长大了,比过去俊了不少——就是这群年轻人的欢歌笑语,声震卡利京家的屋宇。这幢宅第中的一切都变了,变得无一不和新主人的情趣合拍。不蓄胡子、能说会笑的年轻仆人,替代了昔日古板的老仆;早先吃得又肥又壮的罗斯卡大摇大摆地走来走去的地方,如今由两条猎狗在那里发疯似的奔跑,而且这两条狗还在沙发上欢蹦乱跳;马厩里圈有精瘦强壮的小走马、慓悍的辕马、鬃毛编起来的拉边套的烈马,还有供骑乘用的顿河马。一日三餐的时间七颠八倒,几乎搅和在一起了;照邻居们的说法:"这家人乱成了一锅粥。"

在我们所要提到的那个傍晚,卡利京家的人(他们中间年纪最大的是莲诺奇卡的未婚夫,不过也只二十四岁)正在玩一种并不十分复杂,然而从他们老是齐声大笑看来,却是他们认为非常有趣的游戏:他们满屋子的跑,你抓我,我抓你;狗也是跑呀,叫呀;连挂在窗前鸟笼里的金丝雀也都扯着嗓子乱叫,它们发疯似的唧唧喳喳的尖叫声,使屋里益发喧闹不堪。正当这震耳欲聋的游戏达到最高潮的时候,一辆沾满尘土的旅行马车驶抵门口,一个身穿旅行服装、约摸四十五岁的旅人走下车来,惊愕得停住了脚步。他呆呆地站了好一会儿,审视着这幢宅第,然后从侧门走进庭院,慢慢地登上台阶。前厅里一个人也没有;但客厅门突然打开了,舒罗奇卡满面通红,从厅里冲了出来,紧接着,全体年轻人大喊大叫地追了出来。这群年轻人看到他这个陌生人,都突然收住脚步,不再作声;但是一双双注视着他的眼睛仍然是那么亲切,一张张青春活泼的脸上仍然笑容可掬。玛丽娅·德米特里耶夫娜的儿子走到来客面前,彬彬有礼地问他有何贵干?

"我是拉夫列茨基。"来客说。

回答他的是齐声欢呼——这倒不是因为这群年轻人见到他这位几乎已被忘掉的亲戚远道而来感到特别高兴,而是因为他们时时都想欢呼狂叫,只等有适当的机会。他们立刻把拉夫列茨基围得铁桶也似;莲诺奇卡作为老相识,首先报了自己的名字,并要他相信,只要再等这么一会儿,她准能认出他来,接着她把其他人逐一介绍给他,甚至介绍了自己的未婚夫,且一概以小名称之。这一大群人穿过餐厅,走进了客厅。两个房间里的壁纸都已换过,不过家具没有动;拉夫列茨基一眼就认出了那架钢琴;连绣架也放在窗前的老地方——上面有幅尚未完成的刺绣,怕仍旧是八年前的那一幅吧。他们请他坐到一张舒适的安乐椅上,大家规规矩矩地围他坐下。于是询问、惊叹、叙说就像雨点似的争先恐后地落了下来。

"我们好久没见到您了,"莲诺奇卡天真地说,"瓦尔瓦拉·帕夫洛夫娜也好久没见到了。"

"那还用说!"她哥哥连忙接过话头,"我把你带到彼得堡去了,而费奥多尔·伊万内奇又一直住在乡下。"

"是呀,何况从那时起,妈妈已经不在世上了。"

"马尔法·季莫费耶夫娜也去世了。"舒罗奇卡说。

"还有纳斯塔西娅·卡尔波夫娜也过世了,"莲诺奇卡说,"还有莱姆先生……"

"什么,莱姆也故世了?"拉夫列茨基问。

"是呀,"年轻的卡利京回答说,"他离开这儿去了敖德萨;据说,他是上了人家的当,他死在那儿了。"

"你们知道他有没有留下什么音乐作品?"

"不知道;不见得会有。"

大家都不再作声,默默地相对而视。一朵愁云掠过了所有年轻人的脸。

"可水手还活着。"莲诺奇卡突然迸出了这么一句。

"格杰奥诺夫斯基也还活着。"她哥哥加补说。

一听到格杰奥诺夫斯基这个名字,立刻哄堂大笑。

"是呀,他还活着,还像从前一样,谎话连篇,"玛丽娅·德米特里耶夫娜的儿子接着说,"您想想看,这个促狭鬼(他指指那个女学生,他的妻妹),昨天把胡椒面撒到他的鼻烟壶里。"

"闹得他一个劲儿打喷嚏!"莲诺奇卡高声说,于是不可抑止的大笑又从四面八方爆发出来。

"不久前,我们有了丽莎的消息,"年轻的卡利京说,四下又鸦雀无声。"她还可以,她的健康渐渐恢复了。"

"她还在那个修道院?"拉夫列茨基费了很大的劲才问出这句话。

"还在那里。"

"她有信给你们吗?"

"没有,从来没有。我们是通过别人得到的消息。"

一阵深邃的沉默骤然降临,"一位静穆的天使飞过了。"大家都在想。

"您想不想去花园看看，"卡利京问拉夫列茨基，"现在花园里非常美，虽说我们没有好好修剪过，有点荒芜了。"

拉夫列茨基来到花园，首先进入他眼帘的是那张长椅。这张长椅上，他曾和丽莎一起度过了些许幸福的不可复得的瞬间；长椅已经发黑，且已歪斜，然而他却认出了它，一种无比甜蜜却又无比悲伤的感情充溢了他的心灵——这是对一去不复返的青春的伤悼，是对一度享有过的幸福的悲痛的追忆。他同青年人一起，在林荫道上漫步，八年来，菩提树稍稍老了些，长高了些，树荫也浓密了些；灌木丛生气勃勃，覆盆子繁密茂盛，胡桃树却枯死了，到处都散溢着新生的小树丛、林木、青草和丁香的芬芳。

"这儿玩'抢四角'可好着呢，"莲诺奇卡走到一小片周围都是菩提树的草地上，忽然叫了起来，"我们正好五个人。"

"你把费奥多尔·伊万内奇给忘了吧？"她的哥哥指出，"或者你忘了把自己算进去。"

莲诺奇卡的脸微微露出羞赧之色。

"像费奥多尔·伊万内奇这样的年纪，难道还会……"她说。

"你们请便，"拉夫列茨基连忙接过话头说，"别管我。要是我知道，我没有使你们感到拘束，我反而高兴。你们不用照顾我；我们老人自有你们还不理解的，任何娱乐也替代不了的乐趣，那就是回忆。"

这群青年人以亲切的、略略带点儿嘲弄的毕恭毕敬的态度听拉夫列茨基讲，那神态就像听老师讲课。接着，他们突然一下子都从他身旁跑开，跑到那片草地上，四个人分站在四角的树旁，一个人站在中央——游戏开始了。

而拉夫列茨基呢，回到屋里，走进餐厅，来到钢琴前，按动了一个琴键，响起了一声微弱然而纯正的声音，使他的心不由得暗暗颤栗。许久以前，在那个最幸福的夜晚，莱姆，已故的莱姆，正是用这个音符开始了那支充满灵感的乐曲,将他带入狂喜之中。后来,拉夫列茨基踱进客厅,在那里逗留了很久。在这间他以前经常和丽莎会面的房间里,她的倩影更加真切地浮现在他眼前,他仿佛觉得他四周无处没有她的痕迹;对她的思念是沉重的,无奈的,全然不同于因伊人已逝而驻于心头的那种平静的追思。丽莎还活着,住在遥远偏僻的地方,他所思念的是一个活着的人,他怎能认出那个身穿修女的长袍、半隐在袅袅不绝的神香的烟雾中的、矇眬苍白的幽灵,就是他当年曾经钟情的那个少女。如果拉夫列茨基跟他想象丽莎那样来想象自己,他也定然认不出自己了。在这八年里,他的生活终于发生了转折,像这样的转折许多人都未曾经历过,然而不作此转折,那么一个人就不可能成为名副其实的正派人;他确确实实不再去考虑个人的幸福和个人的私利。他已心如枯井,而且——何必要讳言真实的情况呢——他已经老了,衰老的不但是他的身体和面貌,还有他的心灵;有的人说,人应当到老还保持一颗年轻的心,这是困难的,而且几乎是可笑的;一个人如果到老还未失去对善的信仰,还未失去坚定的意志和对事业的酷好,他就应该满足了。拉夫列茨基有权感到满足;他真的成了个好当家,真的学会了种地,而且他克勤克俭不单是为了自己,还为了尽力保证和改善他的农民的生活。

拉夫列茨基出了屋,步入花园,坐到他熟悉的那张长椅上——就在这弥足珍贵的地方,凝望着那幢房子,当初他就是在这幢房子里,最后一次把自己的双手伸向盛有沸腾的金色美酒的幸福之杯,结果却成为泡影;他,一个孑然一身浪迹天涯的人,在耳际传来的已经取代了他的年轻一代的欢笑声中,回首自己的一生,他心头充满惆怅,然而并不沉重,也不悲伤;懊悔他是有的,但是于心有愧的事——却没有。"青春的力量,玩吧,欢乐吧,成长吧!"他如是想,没有丝毫的忧伤,"你们前途无量,你们的生活会比我们容易;你们无需像我们那样在黑暗中寻觅自己的道路,斗争,跌倒,又爬起来;我们千辛万苦地忙于如何得以活下来——我们中间有多少人没能活下来呀！可你们只需忙于你们的事业,忙于工作,我们这些老人会祝福你们。至于我,在经过了今天这样一天之后,在经历了这许多感受之后,我要做的就是向你们致以最后的告别礼。在我的生命行将结束,无需多久,就将去见等待着我的上帝的时候,我心中虽然悲伤,却一无妒忌,也没有一丝阴暗的想法,我要说：'欢迎你,孤独的老年！燃尽吧,无用的生命！'"

拉夫列茨基悄悄地站了起来,悄然离去,没有人发现他走,也没有人挽留他；从花园内绿荫丛浓的参天的菩提树下传出的欢叫声比先前更加强烈,更加响亮了。他坐上旅行马车,吩咐车夫取道回家,任马缓缓而行。

"就这么完了?"不满足的读者也许要问。"拉夫列茨基后来怎么样了？丽莎又怎么样了？"但是关于那些虽然健在然而已绝尘世的人,有什么可说的,何必再去提他们。据说,拉夫列茨基去过丽莎遁迹其间的那所遥远的修道院,并且见到了她。她由一个唱诗班的席位走向另一个唱诗班席位的时候,从离他身边很近的地方走过。她迈着修女稳重、急促而又平静的步子走了过去,并没有望他一眼；只是靠他这边的眼睫毛几乎无法觉察地颤栗了一下,而她瘦削的脸也垂得更低,她绕有念珠的两只手握得更紧了。他们俩在想什么？有什么感觉？谁知道？谁又能说？生活中有那样的瞬间,那样的感受……是只可意会而不可言传的。

译 后 漫 笔

我还是半大小子那会儿，生性顽劣，不肯在求学这样的正经事上下功夫，所以闲的时候较多。而在那个年月，一个中学生闲下来除看几场电影外，少有其他娱乐，只好看看小说解闷，小说中我喜欢看外国小说。于是，屠格涅夫的作品，当时凡有中译本的，我差不多都看过，独《猎人笔记》，我几次拿起，只翻了几页就撂下了，总觉此书枯燥，乏味。可见那时我把屠格涅夫的小说是当作闲书来看的。

他的小说只有一部我终于没有将其视为闲书，那就是《贵族之家》。

这部小说是我同寝室的一位学友借给我的(他现在已是大陆之外深负盛名的中国作家了)，记得他郑重其事地跟我说：这是一本使全俄国为之流泪的书。我迫不及待地拿过书来，上课时放在台板下边偷看，晚自修时溜回寝室看，熄灯后打着电筒看，一夜下来，枕头湿了一片。

这部小说以其所营造的完美的悲剧氛围，令我的心灵激荡不已，我所看过的小说还没有一本给予我如此强烈的美感的触动、悲剧的启示和无尽的遐思。

所以此次蒙出版社谬爱，邀我译《贵族之家》，我欣然从命，竟不顾此前已有多位名家以他们的如椽大笔译过此书，也不顾我本已债台高筑，旧的译债远未了清，又接起新的生活来。这颇有点像驰骋于上海住房装潢市场的杂牌装修队，一家人家的房子还没有装修好，又急着去揽新的生意，让人家久久不能搬入新居，呜呼，世道之不古！

不料动手翻译了相当一段时间，我总觉纳闷，怎么少年时代那份心灵的激荡如今连影子也没有了？不唯如此，甚至对小说有些生厌，怎么老是像报流水账那样叙述一个个人的经历和家史，不见情节展开，不见人物性格？我埋怨自己草率地接受了这件译事。然而译了一半之后，自觉译得越来越投入，有时忍不住老泪盈眶。我很高兴，我在这部小说中找到了自己久已失却的青春。

　　此时我方悟及,屠格涅夫之可贵,就在于他并不是那种一开始就把读者紧紧抓住的侦探小说大师,更不是一味雕琢的文人。他是以其最后的结局使读者回肠荡气,沉醉在不绝于耳的余音之中的语言巨匠。窃以为《贵族之家》的结局是对人性的高度概括,而人性是超越一切时代、超越一切国界的。这就是好的小说能传诸久远,感动一代又一代人的原因所在。我终于认识到看屠格涅夫的小说,不可像我那样抱浮躁的心态,要细细品味,要懂得没有前面的铺垫,何来结尾的苍凉遒劲。写到这里,我忽然想到如果天公假我以时日,我会抽空一读《猎人笔记》,在欣赏作者对俄罗斯景色诗意盎然的描写中,渐入佳境,否则这部小说何以会受到普遍的推崇。

　　此次出版社邀我译《罗亭》和《贵族之家》,我本想尽力译得好些,结果却力与心违,徒怀虚愿,只好在自己心中留下深深的歉意。

戴　骢